민음 한국사 조선01

15세기

조선의
때 이른 절정

강문식
강응천
김 범
문중양
박진호
송지원
염정섭
오상학
장지연
지음

문사철
편저

집필

강문식 (서울대학교 규장각한국학연구원 학예연구사, 1부 1장-조선 건국의 국제정치학,
　　　　 1부 3장-왕의, 왕에 의한, 왕을 위한 조선)

오상학 (제주대학교 지리교육과 교수, 1부 2장-조선이 본 세계)

장지연 (대전대학교 역사문화학과 교수, 15세기의 창-경도와 궁성)

염정섭 (한림대학교 사학과 교수, 2부 2장-농업의 왕국)

문중양 (서울대학교 국사학과 교수, 2부 3장-천문의 왕국)

송지원 (서울대학교 규장각한국학연구원 책임연구원, 2부 4장-예악의 왕국)

박진호 (서울대학교 국어국문학과 교수, 2부 5장-문자의 왕국)

김　범 (국사편찬위원회 연구사, 3부-조선의 길)

강응천 (출판기획 문사철 대표, 15세기의 세계, 2부 1장-무위의 왕국)

문사철

주간　　　강응천

편집　　　김진아, 김경미, 김유리, 강준선

아트디렉터 김용한

디자인　　김원용, 노상용, 조혜림

민음 한국사 조선01

15세기
조선의
때 이른 절정

강문식
강응천
김 범
문중양
박진호
송지원
염정섭
오상학
장지연
지음

문사철
편저

15세기의 서 序

『15세기—조선의 때 이른 절정』은 21세기의 시각에서 지난 수천 년의 한국사를 세기별로 되돌아보고 성찰하는 '민음 한국사' 시리즈의 조선 시대 편 첫 권이다. 방대한 시리즈의 첫 편을 조선에서 시작하는 것은 상대적으로 풍부한 자료와 연구 성과 때문이기도 하지만 무엇보다도 21세기 오늘의 현실적 관심에서 비롯된 측면이 크다.

오늘날 세계의 뚜렷한 흐름 가운데 하나는 인류가 근대를 새롭게 사유하고 있다는 것이다. 짧게는 백여 년, 길게는 수백 년간 수많은 사람들에게 근대는 황금알을 낳는 거위이거나 오매불망 동경하는 파랑새였다. 다른 나라를 살필 것도 없이 19세기 말 이래 한국사는 끊임없이 근대를 갈구하며 그 파랑새를 손에 넣기 위해 때로는 자신의 목숨을 던지기도 하고 때로는 남의 목숨을 빼앗기도 하던 군상의 피와 땀으로 얼룩져 있다.

근대가 자본주의 경제와 그에 기반한 정치·사회·문화 등의 체제라고 한다면, 한국 사회가 이미 근대에 도달했을 뿐 아니라 그 최전선에서 달려 나가고 있다는 것을 부정할 사람은 많지 않을 것이다. 그러나 그러한 최첨단 사회에 살면서 우리는 묻는다. 도대체 근대는 어디에 있는가? 우리는 정말 그토록 희구하던 근대에 살고 있는 것인가? 그리고 다시 묻는다. 근대는 도대체 무엇이었단 말인가?

그리하여 마침내 우리의 시선은 '전근대'의 마지막 시대였던, 근대를 갈구한 이들이 그토록 저주하고 경멸하던 조선 500년으로 향하고 있다. 그 500년이 정녕 남들은 근대를 향해 달려갈 때 정체나 퇴보를 감수하기만 하던 시간이었을까? 근대를 향해 질주하면서 우리는 무언가를 빼놓거나 지나친 것은 아니었을까? 근대를 우회하거나 추월할 '가지 않은 길'이 그 500년 어디엔가 숨어 있는 것은 아닐까? 『15세기—조선의 때 이른 절정』은 바로 그런 질문을 던지며 조심스러우면서도 호기심에 가득 찬 눈빛으로 조선 500년의 첫 세기에 발을 디딘다.

15세기를 왕조 단위로 구분하면 조선 전기에 해당한다. 제3대 태종부터 제10대 연산군까지 여덟 명의 왕이 그 100년간의 한반도를 통치했다. 고려 때까지 사람들의 사고방식을 지배하던 불교가 쇠퇴하고 성리학이 대두했다. 학자마다 이견이 있지만 고려 때보다 훨씬 더 많은 수의 사람들이 사회의 지도층에 편입되었다. 이것은 조선 사회의 활력을 이전보다 훨씬 더 키워 놓았을 것이 분명하다.

시선을 좀 더 넓혀 바깥 세계와의 관계를 보면, 조선은 명을 중심으로 한 중화 질서에 편입되어 15세기를 맞이했다. 명은 원의 영역을 대부분 물려받았으나, 더 이상 원과 같은 세계 제국의 중심 국가는 아니었다. 조선 역시 고려처럼 세계 제국의 부마국이라는 특수한 지위는 없었다. 그러나 명은 여전히 자신을 천하의 중심으로 생각했고, 조선은 그 천하의 모범 국가로 자부했다.

이러한 자부심의 근거는 성리학에 따른 유교 문화였고, 성리학을 떠받치는 것은 10세기 이래 급격히 발달한 농업이었다. 이것은 몽골 제국의 다른 한 축을 이루었던 이슬람 세력과 중세의 변방이던 유럽이 상업과 무역을 적극적으로 발달시킨 것과 대조되는 모습이었다. 발달한 농업과 강력한 중앙 권력을 기반으로 한 재분배 체제 위에서 조선은 안정적이고 평화로운 문명국가를 지향했다. 세종으로부터 성종으로 이어지는 15세기 조선 문화의 개화는 이러한 배경 속에 이루어진 것이다. 대항해와 르네상스를 통해 근대로 나아가던 서양과 방향은 달랐으나 뒤처지거나 선로를 이탈한 것은 아니었다.

15세기 세계는 조선을 둘러싸고 어떻게 움직이고 있었을까? 그리고 그러한 세계 속에서 조선은 어디를 향해 가고 있었을까? 『15세기─조선의 때 이른 절정』과 함께 그 시대로 들어가 그 100년의 세월에 대한 우리의 공감대를 찾아보자.

03. 조선의 길

15세기를 나가며

권말 부록 세계 문자의 뿌리와 갈래

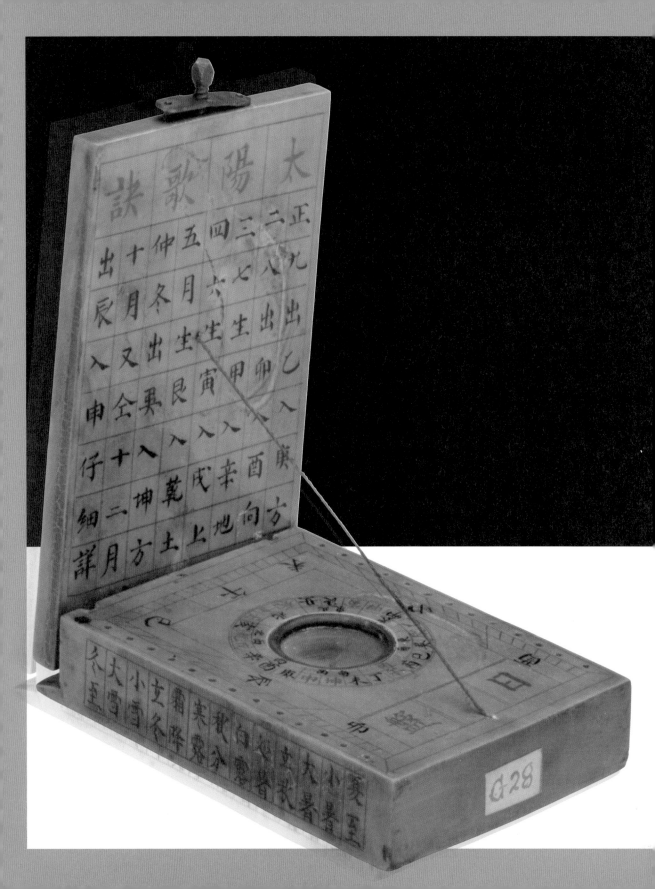

15세기의 세계

1433년세종 15, 중국의 전설적 해상 영웅 정화鄭和의 대항해가 막을 내렸다. 영락제永樂帝, 재위 1402~1424의 환관이던 정화는 1405년태종 5부터 일곱 차례에 걸쳐 남중국해와 인도양을 누비며 명明 제국의 힘을 과시하고 30여 나라의 조공을 받았다. 정화의 대함대는 송宋, 원元을 거치며 발달해 온 과학 기술의 성과를 망라하고 있었다. 이미 1세기부터 중국에서 사용해 온 나침반은 그러한 기술의 핵심 중 하나였다.

15세기 중국의 나침반 명에서 사용하던 24방위 나침반. 각 방위를 상징적인 캐릭터로 표시하고 항해도를 그려 넣었다. 11세기에 심괄은 『몽계필담(夢溪筆談)』에서 자침이 남북을 가리키며 그 남북 방향이 진남북(眞南北)과 약간 다르다는 것을 최초로 밝혔다.

정화의 항해와 동아시아의 반전

정화의 대함대는 싱가포르에서 모가디슈에 이르는 광대한 무역로를 구축했다.
이 함대는 제1차 세계대전 이전에 대양을 누빈 최대의 선단船團이었다.

정화의 함대는 62척의 대형 함선과 100척가량의 소형선으로 이루어졌고, 총 2만 7800명이 탑승했다. 길이 150미터, 폭 60미터에 이르는 이 함대의 기함은 서양취보선(西洋取寶船, 서양 각지의 지배자에게 내리는 황제의 하사품과 그들이 황제에게 바치는 보물을 운반하는 배)으로 불렸다. 당시 중국에서 '서양'은 광동과 수마트라를 잇는 선의 서쪽을 가리키는 말이었다.

1415년태종 15 정화의 보선서양취보선이 인도양을 돌아 아프리카까지 다녀오는 대항해를 마치고 황도皇都 남경으로 개선했다. 이 배에는 아프리카에서 바치는 목이 긴 짐승이 타고 있었다. 명의 관리들은 이 신기한 짐승을 보고 지혜와 덕망을 갖춘 성인이 나오면 세상에 모습을 드러낸다는 전설의 일각수一角獸 '기린麒麟'이라고 호들갑을 떨었다. 야심 찬 군주 영락제에게 바치는 아부였다. 그러나 영락제는 "짐은 성인이 아니고 이 짐승도 기린이 아니다."라고 손사래를 쳤다.

야망의 군주 영락제 명을 세운 주원장(홍무제)의 아들로 북경 지역을 다스리는 연왕(燕王)이었다. 맏형이 일찍 죽고 조카인 건문제가 제위에 오른 뒤 황족들을 제거하려 하자 역공을 펼쳐 황제 자리를 찬탈했다. 명의 역대 황제 가운데 가장 위대한 인물로 기억되고 있다.

실제로 영락제는 성인이라기에는 손에 피를 많이 묻힌 군주였다. 조카인 건문제혜제를 몰아내고 제위에 오르는 과정에서 수많은 인명을 살상했다. 정화의 대항해가 동남아시아로 도주한 것으로 알려진 건문제를 찾기 위해 시작되었다는 설도 있다. 그러나 의도야 어쨌든 서양취보선은 역사적 성과를 이룩했다. 중국 남해안으로부터 아프리카 동해안에 이르는 드넓은 지역을

방글라데시에서 온 기린 역사학자들은 정화의 대항해가 시작된 이유 중에는 황제의 위세를 높이려는 의도도 있었다고 말한다.

누비며 믈라카, 팔렘방, 실론 등지에 무역 거점을 마련하고, 30여 개국에 도자기와 비단을 '하사'하며 기린을 포함한 조공을 받았다.

정화의 성취는 14세기의 연장선상에 있었다. 원이 대륙의 실크로드를 완성했다면 명은 바다의 실크로드를 개척했다. 그러나 승승장구하던 정화의 대항해는 1433년 갑자기 막을 내렸다. 1424년세종 6 영락제가 몽골 원정에서 돌아오다 사망한 뒤에도 항해가 이어지더니 9년 만에 상황이 반전된 것이다. 보선을 비롯한 배들은 뜯어서 연료로 쓰고, 선원들은 집을 짓거나 베트남과 전쟁을 하는 데 보냈다. 대항해의 영웅 정화는 쓸쓸히 죽음을 맞이했다.

15세기의 가장 극적인 전환 가운데 하나인 이 사건은 왜 일어났을까? 역사학자들은 만족할 만한 설명을 내놓지 못하고 있지만, 15세기 중국 역사의

수차(水車) 바퀴를 돌려 낮은 곳의 물을 높은 곳으로 끌어올리는 기계. 중국 위진남북조 시대에 강남이 개발되면서 시작된 논농사는 송대의 양적 팽창을 거쳐 명대에 집약적 농법의 개발을 통해 비약적인 발전을 이루었다. 이러한 농업의 발전은 조선에도 영향을 미쳐 15세기 이후 동아시아의 경제 성장을 이끌고 급격한 인구 성장도 가져온다. 그림은 14세기 후반, 사진은 15세기 이후의 일본 수차.

흐름을 보면 거시적인 이유는 찾을 수 있다. 유라시아 대륙을 내지內地로 삼았던 원과 달리 명은 중국 지역만을 지배했다. 게다가 명에게 쫓겨 북쪽으로 간 몽골 세력은 변경을 위협했고, 남쪽 바다에는 왜구가 출몰했다. 이를 '북로남왜北虜南倭'라 한다. 영락제는 바다를 평정하기 위해 정화를 보내고 북쪽을 평정하기 위해 몸소 대군을 지휘해 원정을 나갔다. 이러한 대원정은 명의 재정에 큰 압박을 가했고, 이에 따른 논란이 조정에서 끊이지 않았다.

결국 명은 대항해를 중단하고 몽골의 위협에 대응하는 데 주력하기로 결정했다. 건국 초부터 시행한 해금海禁 정책을 더욱 강력하게 실시해 정부의 허락 없이는 해안선 밖으로 단 한 척의 배도 띄우지 못하게 했다. 이로써 무역의 이익이 줄어드는 대신 농업 생산을 증대하는 데 주력했다. 10세기 이래 시작된 강남장강이남의 논농사는 집약적 농업의 형태를 띠며 양적으로나 질적으로나 비약적인 발전을 이룩했다. 수차의 개량을 통한 관개농업의 성장으로 그루갈이가 확산하고 대운하를 통한 조운도 효율적으로 이루어졌다.

중국은 '지대물박地大物博, 땅이 넓고 물산이 풍부함'하니 무역 대신 농업에 주력하면 된다는 생각은 지주 계급인 사대부들의 이데올로기였고, 그러한 생각을 뒷받침해 주는 사상이 송대에 나타난 성리학이었다. 이러한 상황은 이웃 나라 조선에 바로 영향을 미쳤다.

중국과 조선이 바다에서 물러나 농업에 주력하고 성리학을 탐구하는 동안 다른 민족들은 이들과는 전혀 다른 삶을 추구하고 있었다.

인간과 우주의 근본을 탐구하는 학문, 성리학 북송의 유학자 주돈이는 『태극도설』에서 태극이 음양을 낳고 음양에서 오행이 나오며 오행으로부터 만물이 빚어진다는 우주관을 전개했다. 그의 사상은 남송의 대학자 주희에 의해 성리학으로 집대성되었다. 사진은 성리학적 우주관의 바탕이 된 『주역』에 따라 태극에서 만물의 구성 요소인 팔괘가 형성되는 모습을 형상화한 문양.

화포와 절대왕정

1453년단종 1 오스만튀르크가 동로마 제국의 수도 콘스탄티노플을 함락했다.
승리의 일등공신은 중국에서 들어온 화약이 탑재된 초대형 대포였다.

콘스탄티노플 함락 오스만튀르크의 메메트 2세는 동로마 제국 군대의 완강한 저항에 부딪치자 전함의 밑바닥에 둥근 나무를
대고 야음을 틈타 육지로 끌어올렸다. 그런 다음 날이 밝자 대포를 동원해 무차별 공격을 퍼부어 토프카프 성벽을 무너뜨렸다.
이로써 2000년 전통의 로마 제국이 최종적으로 몰락했다. 루마니아 성당에 그려진 벽화.

오스만튀르크의 대포 샤히(위)와 중국의 대포(오른쪽) 샤히는
'다르다넬스 대포'로도 불린다. 오스만튀르크가 공성전을 벌여 콘스탄
티노플을 무너뜨릴 때 청동으로 주조해 사용한 대포. 전체 길이는 5.2미터
이며 무게는 16.8톤에 이르렀다. 현재 영국 넬슨요새에 있는 왕립병기고에 소장되어 있
다. 중국의 대포는 13~14세기 원에서 사용된 대포로 병사가 직접 들고 발포했다. 중국 산시
성 역사박물관에 전시되어 있다.

14세기 후반 몽골 세계 제국이 해체되어 갈 때 중국 지역의 원을 계승한 것은 명이고, 중
앙아시아의 차가타이한국을 계승한 것은 티무르 제국이며, 서아시아의 일한국을 계승한
것은 오스만튀르크였다. 이 가운데 티무르 제국은 오스만튀르크를 무릎 꿇린 뒤 명을 정
복하기 위한 대군을 일으켰다가 원정길에 티무르가 병사하면서 주춤했다[1402]. 그 틈에 세
력을 회복한 오스만튀르크는 동로마 제국을 정복하고 지중해의 주인이 되었다. 술탄 메메
트 2세는 수도를 콘스탄티노플로 옮기고 이곳을 유럽 진출의 기지로 삼았다. 콘스탄티노
플은 튀르크인으로부터 '이스탄불[이슬람의 도시]'로 불리게 된다. 이로써 15세기는 북경에 이
어 오늘날까지 이어지는 또 하나의 세계적인 대도시를 탄생시켰다.

이스탄불을 탄생시키는 데 결정적인 역할을 한 화약 무기는 나침반, 활판인쇄술과 더
불어 흔히 '르네상스의 3대 발명품'으로 일컬어진다. 그러나 이것들은 르네상스가 일어난
유럽에서 발명된 것이 아니라 그보다 수백 년 전 중국에서 발명되었다. 이들 발명품은 중
국과 동아시아 사회에 격변을 일으킨 뒤 몽골 세계 제국 시기의 동서 교류를 통해 서양으
로 전래되었다. 그것이 이제 막 이슬람 세계와 유럽을 뒤흔들기 시작한 것이다.

동로마 제국이 멸망한 1453년, 유럽에서 또 하나의 전쟁이 막을 내렸다. 1337년[충숙왕 복
위 6]부터 프랑스와 잉글랜드 간에 벌어진 '백년전쟁'이 프랑스의 승리로 끝났다. 이 전쟁의
승패에 큰 역할을 한 것도 화약 무기였다. 프랑스는 1429년[세종 11] 혜성처럼 등장한 잔 다르
크의 활약으로 전세를 역전시킨 뒤, 1450년[세종 32] 포르미니전투에서 대포의 도움으로 잉

글랜드군을 격파했다. 이 전투는 서유럽에서 대포가 중요한 기능을 한 최초의 싸움으로 기록된다.

대포의 등장으로 서유럽의 중세 봉건사회는 거세게 흔들렸다. 봉건사회를 지배한 세력은 중무장을 하고 말을 탄 기사 계급이었다. 제왕을 중심으로 일사불란한 중앙집권 체제를 구축한 중국이나 조선과 달리 중세 유럽은 기사를 거느린 영주들이 각 지방을 지배하는 지방분권 사회였다. 그러나 화약 무기가 보급되면서 기사의 역할이 줄어들거나 무력해지자 상황은 바뀌었다.

1445년^{세종 27} 프랑스 왕 샤를 7세는 미덥지 못한 봉건

술탄 메메트 2세 궁정노예를 중용해 관료제 국가 체제를 확립하고 펠로폰네소스 반도 대부분을 점령해 '정복자'로 불렸다. 그러나 학문·예술을 이해하고 다른 문명에 대해 관용적인 태도를 보인 영명한 군주이기도 했다.

기사나 용병 부대에 대한 의존에서 벗어나기 위해 6000명의 상비군을 창설했다. 이들은 왕으로부터 직접 봉급을 받았기에 봉건 기사와 달리 왕을 향한 충성심이 강했고 왕이 필요하면 언제라도 동원할 수 있었다. 이들 덕분에 백년전쟁에서 승리한 프랑스는 왕권이 크게 강해져 본격적인 절대왕정 시대로 접어든다.

전쟁에서 패배한 잉글랜드는 30년에 걸친 '장미전쟁^{1455~1485}'을 겪은 뒤에야 절대왕정의 발판을 마련했다. 장미전쟁은 잉글랜드의 왕족인 요크 가문과 랭커스터 가문이 왕위를 놓고 벌인 내전으로, 수많은 대귀족 가문이 이 전쟁에 참여했다가 몰락했다. 이 전쟁을 수습하고 왕위에 오른 헨리 7세는 귀족 세력을 억누르고 절대왕정의 기초를 닦았다.

한편 1479년^{성종 10} 이베리아 반도에서는 카스티야-아라곤 연합 왕국^{훗날의 에스파냐 왕국}이라는 또 하나의 강력한 절대왕정 국가가 탄생했다. 부부였던 카스티야 여왕 이사벨 1세와 아라곤 왕 페르난도 2세가 두 나라를 통합해 만든 이 연합 왕국은 이슬람 세력인 그라나다 왕국을 이베리아 반도에서 몰아내고 800년간 계속된 레콩키스타^{국토 회복 운동}를 완결 지었다¹⁴⁹². 이처럼 대포는 15세기 서유럽에서 기사 계급의 몰락과 절대왕정의 등장이라는 변화의 포성을 잇달아 울려 대고 있었다.

메메트 2세의 콘스탄티노플 입성 1453년 5월 29일, 메메트 2세는 콘스탄티노플을 공략한 지 57일 만에 이 도시를 함락하는 데 성공했다. 비잔틴(동로마) 제국의 수도가 '이방인'에게 정복당하는 광경은 유럽인에게 큰 충격을 주었다.

활판인쇄술과 르네상스

1450년경 독일의 구텐베르크는 유럽 최초로 금속활자를 사용한 대량 인쇄에 성공했다. 이 사건은 유럽뿐 아니라 세계 문화사의 돌이킬 수 없는 이정표였다.

구텐베르크 인쇄소 구텐베르크가 자신이 개발한 인쇄기에서 찍어 낸 첫 번째 인쇄물을 확인하고 있다. 구텐베르크는 포도즙을 짜내는 압착기에서 착안해 양면 인쇄 등 기존 목판인쇄기보다 기능이 월등한 활판인쇄기를 발명했다. 이 기계는 인쇄 잉크를 사용해 쪽당 2~3분의 속도로 인쇄할 수 있었다. 이로써 이전에 손으로 베끼는 데 4~5개월이 걸리던 200쪽의 책을 하루면 인쇄할 수 있게 되었다. 지식 복제의 속도를 120~150배나 증대시킨 셈이다. 19세기 그림.

구텐베르크 활자 구텐베르크는 납, 안티몬, 주석의 합금을 녹인 뒤 글자 틀에 붓는 방식으로 금속활자를 주조했다. 이렇게 주조한 활자와 활판인쇄기로 성서를 찍어 냈는데, 더 많은 사람들이 더 쉽게 성서를 읽게 되면서 유럽 사회는 커다란 변화를 준비하게 된다.

구텐베르크가 활판인쇄기의 개량에 박차를 가한 것은 로마 교황청과 각국 주교들이 면벌부免罰付를 대거 발급하고 있었기 때문이다. '면벌부'란 크리스트교 신도들이 돈을 주고 사면 죽은 뒤 벌을 면제해 줘 천국으로 갈 수 있도록 한다는 증서였다. 교황청과 교회들은 면벌부 판매 대금으로 교회를 키우거나 새로 짓고 부를 축적했다. 구텐베르크는 이런 면벌부를 많이 찍어 내면 큰돈을 벌 수 있다고 생각해 고향인 마인츠에 인쇄 공장을 세웠다.

면벌부처럼 성직자들이 종교적 권위를 이용해 세속적 이익을 추구하는 것은 어제오늘의 일이 아니었다. 14세기에는 잉글랜드의 위클리프가, 15세기에는 보헤미아의 후스가 성직자들의 세속화를 비판하며 성서를 유일한 권위로 강조하는 종교개혁 운동을 벌였다. 후스는 성서를 체코어로 번역해 널리 읽히려고 애쓰다가 로마 교황청으로부터 파문당하고 끝내 화형에 처해졌다[415]. 그러나 위클리프와 후스의 노력으로 유럽에서는 성서 읽기에 대한 관심이 커지고 있었다. 구텐베르크는 이런 흐름을 읽고 성서를 출판하는 데 많은 노력을 기울였다. 그가 활판인쇄기를 이용해 찍어낸 『32행 성서』와 『42행 성서』를 '구텐베르크 성서'라 한다.

구텐베르크는 의도한 만큼 돈을 벌지는 못했다. 오히려 사업 실패로 파산해 떠돌다가 1468년세조 14 쓸쓸한 최후를 맞았다. 그러나 금속활자와 활판인쇄술은 서유럽뿐 아니라 인류 사회 전체에 값을 매길 수 없는 유산으로 남게 되었다.

화포처럼 활판인쇄술도 구텐베르크가 세계 최초는 아니었다. 이 분야의 '특허권'은 한국과 중국에 있다. 석판에 먹물을 먹여 종이에 찍어 내는 인쇄술은 2세기 중국에서 발명되었다. 불국사 석가탑 속에서 발견된 『무구정광대다라니경』은 지금까지 발견된 세계 최초의 목판인쇄물이다. 활자의 시초는 11세기에 필승이 발명한 진흙 활자이고, 금속활자는 13세기 초에 고려에

중국의 진흙 활자 송대에 필승(畢昇)이 발명했다. 찰흙을 아교로 굳혀서 구운 활자다. 인쇄할 때에는 철관을 놓고 그 위를 송진납으로 덮은 다음 쇠틀을 놓는다. 틀 속에 활자를 배열한 뒤, 불을 쬐어 납을 녹이면서 활자 면을 반반하게 고르고, 그 위에 종이를 놓고 찍어 냈다고 한다.

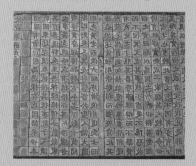

서 발명해 1234년^{고려 고종 21} 『상정고금예문』을 찍는 데 사용되었다. 1313년^{충선왕 5} 원의 왕정은 목활자를 개발했다.

인쇄는 종이가 있어야 본격적으로 발전할 수 있다. 중국에서는 2세기 이전부터 쓰이던 제지술이 유럽에 보급된 것은 13세기 후반에 이르러서였다. 이것은 유럽에서 인쇄술의 발전이 늦어진 까닭을 설명한다. 그러나 수만 개의 활자가 필요한 한자와 달리 20여 개만 만들면 되는 알파벳의 장점과 결합해 구텐베르크의 활판인쇄술은 대량 출판의 길을 열었다. 책을 값싸게 많이 만들 수 있게 되자 유럽 사회에 일대 혁명이 일어났다. 성직자와 부유층의 전유물이던 지식이 대중에게 공개되기 시작한 것이다. 특히 인쇄된 성서의 대량 보급은 성직자와 일반인 사이의 종교적 지식 차이를 없애 성직자의 권위를 깎아내렸고, 이는 16세기의 종교개혁으로 이어진다. 14세기부터 이탈리아 피렌체를 중심으로 전개되던 르네상스 운동도 날개를 달았다. 르네상스는 고대 그리스·로마의 문화를 배우고 되살리자는 운동으로 시작해 신 중심의 중세 문화를 넘어 인간 중심의 새로운 문화를 열었다. 인간이 세상의 중심이 되어야 한다는 르네상스 정신은 세계에 대한 지식을 필요로 했고, 활판인쇄술로 대량 출판된 책들은 이러한 필요에 적극 부응했다.

「최후의 만찬」(아래)과 **「비너스의 탄생」** 이탈리아 화가 산드로 보티첼리는 사실주의를 무시한 시적 구도 속에 그리스·로마 신화에 나오는 미의 여신 비너스를 그렸다. 르네상스의 대표적 화가인 레오나르도 다빈치는 기존 회화에서 기피 인물이던 유다까지 예수 옆에 두고 내용보다는 조형미를 추구한 「최후의 만찬」을 선보였다.

나침반과 대항해 시대

1492년 성종 23 콜럼버스는 아메리카에 도달하고 1498년 연산군 4 바스쿠 다가마는 새 인도 항로를 개척했다. 바다에서 시작한 15세기가 바다에서 끝나며 새 시대를 열고 있었다.

서인도 제도에 도착한 콜럼버스(위)
포르투갈 함대(오른쪽)

엔히크 왕자 1415년 포르투갈 함대가 지브롤터 해협의 아프리카 해안에 있는 항구도시 세우타를 공략할 때 이를 지휘했다. 이때 아프리카 무역이 번영하는 모습을 보고 아프리카 무역로를 개척하는 데 관심을 가졌다고 한다. 엔히크의 후원으로 선박이 개량되고 원양항해에 필요한 측량과 지도 제작술이 크게 발전했다. 이러한 공적 때문에 엔히크는 '항해왕'이란 별명을 얻게 된다.

바스쿠 다가마가 동아프리카에 상륙할 때, 그곳에 정화를 잇는 중국 사절단은 없었다. 포르투갈 함대가 인도양을 헤치며 인도까지 가는 동안에도 중국 선단과 마주칠 일은 없었다. 인도양은 15세기의 여명을 정화의 함대와 함께 맞이했지만, 15세기의 석양은 포르투갈 선단과 함께 맞이하고 있었다. 이러한 주역의 교체는 이후 세계사의 흐름을 바꿔 놓는 거대한 사건이 되었다.

중국과 인도는 오랜 세월 유럽인의 꿈이었다. 큰돈을 벌어 줄 수 있는 후추 등의 향신료가 그곳에 있었고, 동방에 거대한 크리스트교 왕국을 세웠다는 수도사 요한Prester John도 그곳에 있다고 여겨졌다. 여기에 불을 붙인 것은 13세기 이탈리아의 탐험가 마르코 폴로였다. 그는 『동방견문록』에서 풍요로운 중국의 이모저모를 자세히 기록해 모험가들의 가슴에 불을 질렀다. 크리스토퍼 콜럼버스도 그러한 모험가 중 한 명이었다.

14세기에 베네치아, 제노바 등 이탈리아 도시의 상인들은 지중해를 통해 아라비아반도와 인도를 잇는 중계무역으로 큰돈을 벌었다. 그러나 오스만튀르크가 지중해를 장악하면서 이탈리아 상인들에게는 위기가 찾아왔다. 동로마 제국을 통해 향신료 무역을 계속할 수는 있었지만, 1453년 콘스탄티노플 함락과 함께 그나마도 막을 내렸다. 그러자 유럽인은 동방으로 통하는 새로운 무역로를 갈망하기 시작했다.

희망봉 아프리카 대륙 최남단 아굴라스 곶의 북서쪽 160킬로미터 지점. 케이프타운에 가까운 케이프 반도의 맨 끝이다. 바르톨로메우 디아스가 발견한 당시에는 '폭풍의 곶'으로 불렸으나, 바스쿠 다가마가 이 곳을 통과해 인도 항로를 개척하자 포르투갈 왕 주앙 2세가 '희망의 곶'이라 개칭했다.

지중해를 대체할 수 있는 노선으로 떠오른 것은 대서양이었다. 대서양을 따라 내려가 아프리카 서해안을 길게 우회한 뒤 동해안으로 올라가다 인도 쪽으로 가는 길을 개척하려는 시도가 시작되었다. 대서양 연안의 포르투갈과 카스티야-아라곤 연합 왕

중국의 나침반(오른쪽)과 유럽의 나침반 서기 1세기경 중국인은 가벼운 갈대, 나무 등에 자침을 붙여 물에 띄운 뒤 주택의 방향을 보곤 했다. 24방위로 분할하고 바다를 항해할 때 사용한 것은 11세기 이후이다. 나침반을 항해에 사용하는 기술은 이슬람 선원을 통해 유럽에 전달된다.

국이 이러한 대서양 루트의 개척에 나서고, 벤처 투자가로 변신한 이탈리아 상인들은 이 사업에 거금을 투자했다.

1434년세종 16 포르투갈 탐험가 질 에아네스는 아프리카 서해안을 따라 내려가다가 유럽인이 세상의 끝으로 여기던 모로코의 보자도르 곶을 돌파했다. 북극성 고도를 관측해 자신의 위도를 파악해 가며 항해하는 '위도 항법' 덕분이었다. 일단 '마의 벽'을 넘자 그 뒤를 잇는 탐험가들이 줄줄이 보자도르 곶 남쪽으로 떠나 몇 년 뒤에는 아프리카 중부의 기니 만에서 수많은 흑인 왕국들과 만났다. 유럽인은 이들과 상아, 금, 노예 등을 거래하며 많은 이득을 얻었다. 1488년성종 19 마침내 바르톨로메우 디아스가 희망봉을 발견하고, 10년 후 바스쿠 다가마가 그곳을 돌아 인도양으로 나아갔다. 새로운 인도 항로가 발견된 것이다. 포르투갈에서 활동하며 바스쿠 다가마와 쌍벽을 이루던 이탈리아 출신 탐험가 크리스토퍼 콜럼버스는 그보다 앞선 1492년 전인미답의 신천지를 개척했다.

바르톨로메우 디아스, 바스쿠 다가마, 크리스토퍼 콜럼버스 등 유럽 항해가들의 선단은 정화의 항해와 비교하면 기술이나 규모나 초라하기 짝이 없었다. 세 척의 콜럼버스 선단은 정화의 보선 한 척에 다 실릴 수 있을 정도였다. 살아 돌아갈 확률도 0에 가까운 모험이었다. 그런 '제로섬 게임'에서 살아 돌아감으로써 그들은 16세기에 본격적으로 펼쳐지는 대항해 시대의 선구자가 되었다.

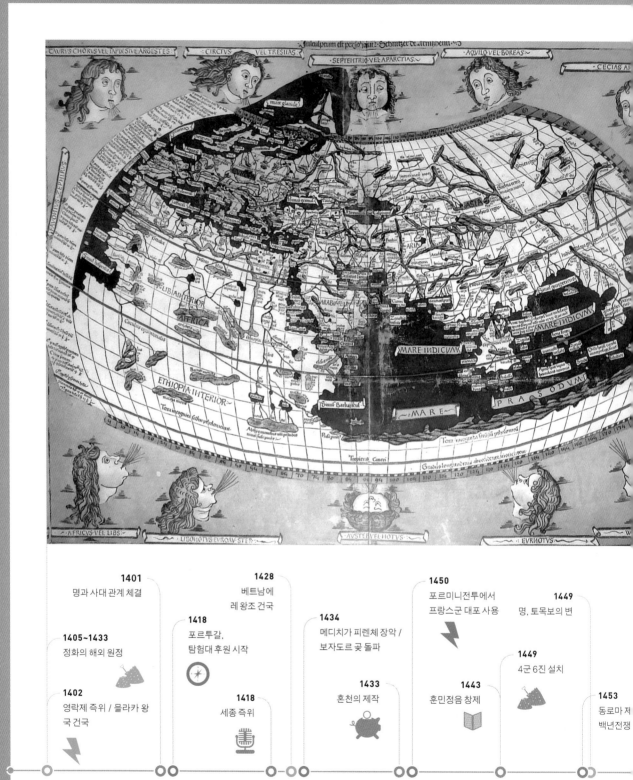

1401
명과 사대 관계 체결

1428
베트남에
레 왕조 건국

1450
포르미니전투에서
프랑스군 대포 사용

1449
명, 토목보의 변

1405~1433
정화의 해외 원정

1418
포르투갈,
탐험대 후원 시작

1434
메디치가 피렌체 장악 /
보자도르 곶 돌파

1449
4군 6진 설치

1402
영락제 즉위 / 믈라카 왕
국 건국

1418
세종 즉위

1433
혼천의 제작

1443
훈민정음 창제

1453
동로마 저
백년전쟁

세계 제국 이후의 세계

15세기의 세계는 몽골 세계 제국의 유산 위에서 전개되었다. 14세기 후반부터 세계 제국이 쇠퇴하자, 제국의 일부였거나 제국의 영향 아래 있던 각 민족은 저마다 새로운 삶을 개척해야 했다. 원을 몰아낸 명은 교류의 이익을 상당 부분 포기했다. 대륙의 실크로드는 초원으로 돌아간 몽골족으로부터 차단되었고, 동중국해로 나가던 배들은 뚝 끊겼다. 개방적이고 다원적이던 14세기 중국 사회는 배타적이고 일원적인 사회로 탈바꿈했다. 이런 사회를 먹여 살리는 것은 무역의 이익이 아니라 안정된 농업이었다. 원의 부마국으로 세계 제국과 밀접하게 연결되어 있던 고려도 농업을 천하의 근본으로 삼고 성리학을 진리의 절대 원천으로 삼는 조선으로 바뀌었다. 수백 년간 한국인의 삶을 규정하게 될 이 근본적인 변화는 15세기가 열리기 직전에 시작되어 15세기 내내 진행된다.

몽골 제국의 또 다른 중심이던 이슬람 세계와 변두리이던 유럽은 동아시아와는 반대로 움직였다. 나침반, 화약, 인쇄술이 그들을 들썩이게 했고, 인도와 중국을 찾아 목숨을 건 항해를 하도록 부추겼다. 이 변화의 파장은 16세기부터 서서히 나타나고 17세기 이후 동아시아에도 다가올 것이다. 그러나 15세기 조선은 지구의 반대편에서 일어나는 이 변화의 조짐과는 거의 무관하게 자신이 선택한 새로운 삶을 차분하고 견고하게 시작하고 있었다.

되살아나는 프톨레마이오스의 세계지도 프톨레마이오스가 저술한 8권의 『지리학 (Geographia)』 안에 수록된 지도를 15세기에 복원한 것이다. '톨레미의 세계지도'라고도 한다. 세계지도를 만들기 위해 지구의 주위를 360도로 등분하고 이것을 원추투영법으로 평면에 투영했다. 이런 점에서 근대 지도의 기초를 이룬 것으로 평가받는다.

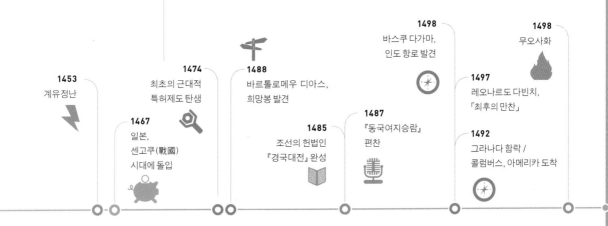

1453
계유정난

1467
일본,
센고쿠(戰國)
시대에 돌입

1474
최초의 근대적
특허제도 탄생

1485
조선의 헌법인
『경국대전』 완성

1488
바르톨로메우 디아스,
희망봉 발견

1487
『동국여지승람』
편찬

1498
바스쿠 다가마,
인도 항로 발견

1497
레오나르도 다빈치,
「최후의 만찬」

1492
그라나다 함락 /
콜럼버스, 아메리카 도착

1498
무오사화

국가는 가문의 연장! 화가위국(化家爲國)의 보루, 종묘 이
성계의 조선 개국과 더불어 왕가를 지키려는 500년 사투가
시작되었다. 이성계는 새로운 도성을 건설할 때 왕실 조상의
위패를 모신 종묘를 궁궐보다 먼저 세우고 조선이라는 국가
가 그들 가문의 신성한 자산임을 안팎에 선포했다.

01
왕조의 탄생

1392년

7월 17일, 고려의 문하시중 이성계가 정부 대신들의 추대를 받아 새로운 국왕으로 즉위했다. 475년을 지속한 고려 왕조가 무너지고 새 나라 조선이 세워지는 순간이었다.

조선은 성리학의 이념적 기반 위에 세워진 나라였다. 이에 따라 국가의 위상도 성리학적인 명분에 맞도록 새롭게 정립해 나갔다. 전통 시대 동아시아의 국제 관계는 군사·경제·문화적으로 가장 우월한 대국이던 중국이 황제국이 되고 주변의 여러 국가는 중국의 책봉을 받고 조공을 하는 제후국의 지위를 갖는 조공-책봉 관계를 기본으로 했다. 그리고 조선 역시 건국과 더불어 이와 같은 국제 관계의 일원이 되었다.

조선 이전의 고려에서도 국제 관계의 형식은 다르지 않았다. 하지만 고려는 비록 대외적으로는 제후국을 표방하며 중국과 조공 관계를 맺었지만, 안으로는 황제국을 자처하면서 모든 제도를 황제국 체제에 맞도록 운영했다. 이 점은 13세기 후반 이후 원 간섭기에 격하·수정되기도 했지만, 기본적으로 고려의 전 시기에 일관한 체제였다

조선은 이 같은 고려의 체제를 참람한 것, 즉 정당한 분수를 뛰어넘는 것으로 규정했다. 제후국은 대외 관계뿐 아니라 국내의 제도와 문물도 격에 맞게 운영해야 하며, 그것이 성리학 이념을 원칙에 맞게 구현하는 길이라고 생각한 것이다. 태조 이성계가 즉위 교서에서 제시한 국정 과제 중 첫 번째는 제후국 체제에 맞지 않는 고려의 종묘·사직 제도를 개정하는 것이었다. 이는 중화 체제의 제후국을 지향하는 조선 엘리트들의 인식을 잘 보여 준다.

조선의 '왕'은 고려의 '황제'에 비해 형식적인 면에서는 격이 낮아졌다. 하지만 고려에서는 완전한 중앙집권화가 이루어지지 못했기 때문에 지방 사회의 실질적 지배권은 그 지역의 향리들이 가지고 있었다. 중앙정부 '황제'의 영향력은 지방에까지 미치지 못했다. 반

면 조선에서는 전국의 모든 군현에 파견된 지방관들이 왕명의 대행자로서 백성을 통치하는 중앙집권 체제가 완성되었다. 따라서 비록 명칭은 '황제'에서 '왕'으로 낮아졌지만 국가 전체에 대한 왕의 지배력은 조선에 들어 더욱 강해졌다.

조선의 왕은 국가의 최고 권력자였지만 그 권력을 독단적으로 행사할 수 없었다. 이것은 중국의 황제와 구별되는 점이었다. 중국에서는 송대부터 제도적으로 재상의 권력을 약화시키고 황제의 국정 장악력을 강화하는 황제 독재 체제를 확립해 나갔다. 그리고 조선과 동시대에 존재했던 명에서는 승상직을 폐지하고 6부를 황제에 직속시켰다. 또 영락제 이후에는 환관의 정치 참여를 허용하고 이들을 통해 관료 집단을 견제하는 등 황제의 전제권을 더욱 강화했다.

이와는 달리 조선에서는 관료 집단을 중심으로 국시인 성리학의 정치 이념, 즉 신하의 정치적 역할을 강조하면서 군주와 신하가 협의를 통해 함께 국정을 운영해 가는 '군신 공치君臣公治'의 원칙을 충실히 구현하고자 했다. 이 과정에서 재상 중심의 국정 운영을 주장하는 정도전 같은 인물도 등장했다. 반면 조선의 왕은 실질적인 최고 권력자로서 국정 운영을 직접 주도하고자 했다. 태종, 세조 등은 이러한 지향을 가지고 왕권을 강화하기 위한 여러 제도를 마련했다.

그 결과 15세기 조선에서는 신권주의臣權主義와 왕권주의王權主義의 대립이 지속적으로 나타났다. 태종대나 세조대처럼 왕권주의가 승리한 때에는 상당히 강력한 왕권이 행사되기도 했었다. 그러나 그때에도 중국의 황제 독재와 같은 전제권이 용인된 것은 아니었다. 또 언론 기관이 정비되면서 점차 왕의 독단적인 권력 행사가 관료의 견제를 받는 등 전반적인 추이에서는 군신 공치가 제도적으로 정착되어 갔다.

1.
조선 건국의
국제정치학

15세기 동아시아의 뜨거운 감자, 요동

고려에서 반원 개혁, 중원에서 원-명 교체가 일어나는 격변 속에 압록강 이북의 여진족 집거지인 요동 지역이 동북아시아의 뜨거운 감자로 떠올랐다. 조선이 명과 안정된 외교 관계를 맺을 때까지 요동은 두 왕조와 여진족이 얽힌 국제 관계의 현안 지대로 자리매김했다. 그림은 16세기 명 때 중국의 아홉 변방을 묘사한 「구변도」 12폭 병풍 가운데 요동진을 그린 두 폭의 일부이다. 명 변방 지역의 군사 지리에 관한 훌륭한 자료일 뿐 아니라 명대 지도의 채색 기법과 화법을 연구할 수 있는 희귀한 유물로 꼽는다.

14세기 후반 한국과 중국은 공통으로 새로운 왕조의 등장이라는 변화를 맞이했다. 먼저 중국에서는 홍건적 출신의 주원장이 1368년^{공민왕 17}에 새로운 한족 국가 명을 세워 중원을 차지하고 몽골족의 원을 북쪽으로 몰아냈다. 한국에서는 1388년^{우왕 14} 위화도 회군으로 실권을 장악한 이성계 세력이 1392년 역성혁명에 성공해 고려 왕조를 무너뜨리고 조선을 건국했다. 이처럼 한·중 양국에서 새 나라가 등장함에 따라 14세기 후반~15세기 전반에는 양국 간 새로운 국제 질서가 형성되었다.

13세기 이전 고려는 중국의 송, 금^金 등과 황제국-제후국의 관계를 맺고 있었다. 하지만 당시에는 중국 왕조가 하나로 통일되지 않았기 때문에 중국 왕조들도 중원의 패권을 차지하기 위해 고려의 협력을 얻어내고자 경쟁했다. 고려는 이를 적절히 이용해 경제적·문화적 실리를 얻어 내곤 했다. 또 고려는 대외적으로는 제후국을 표방하면서도 대내적으로는 황제국을 자처해 황제국에 준하는 각종 제도를 운용했다. 하지만 13세기 들어 원이 등장하자 상황은 달라졌다. 압도적 무력을 가진 원이 중원을 통일해 중국의 유일한 패권자로 자리매김하자 원과 고려는 1국 대 1국의 전형적인 조공 관계를 맺게 되었다. 그에 따라 고려의 일부 제도도 제후국의 격에 맞게 조정되었다.

1368년 명이 들어서자 고려의 조공 대상도 명으로 바뀌었다. 그리고 20여 년 후 한국에서도 고려-조선의 왕조 교체가 이루어지자 자연스럽게 명과 조선의 조공 관계가 성립했다. 따라서 조선 건국기의 대명 관계는 명나라가 처음 등장한 1368년 이후, 즉 고려 공민왕대 이후 진행된 대명 관계의 연장선에서 검토할 필요가 있다.

명은 건국 이듬해 고려에 사신을 파견해 건국 사실을 통보했다. 당시 반원 개혁을 추진하던 공민왕은 즉시 원과의 외교 관계를 단절하고 명에 사신을 보내 책봉을 요청했다. 이와 같은 고려의 적극적인 태도에 명은 공민왕을 고려왕으로 책봉하고 금인^{金印}과 고문^{誥文}·역법^{曆法} 등을 전해 주는 것으로 화답했다. 그리고 고려가 원의 연호를 폐지하고 명의 홍무^{洪武}

우왕의 가계도 우왕은 공민왕이 승려 신돈의 시녀 반야와 관계를 맺어 낳은 자식으로 알려졌다. 그러나 세간에는 우왕이 실제로는 신돈의 아들이라는 소문이 돌았다. 명은 이러한 소문에 근거해 우왕이 왕족이 아니라 신씨라는 것을 책봉 거부의 이유로 삼기도 했다.

연호를 사용함으로써 명과 고려의 조공-책봉 관계가 정식으로 성립했다.

고려와 명의 외교 관계는 이처럼 순조롭게 시작했지만, 명의 적극적인 요동 진출 정책과 고려 내부의 정치 변동이 맞물리면서 점차 전혀 다른 상황으로 흘러갔다. 명은 원의 잔여 세력을 제거하고 요동을 평정하기 위해 군사 활동을 전개하면서 원의 장수 나하추納哈出와 여러 차례 충돌했다. 이에 나하추가 뜻밖에 강력하게 대응하자, 명은 고려가 나하추의 군사 활동을 돕고 있는 것은 아닌가 의심했다.

이때 명에 우호적이던 공민왕이 갑작스럽게 피살당하고, 고려에 파견된 명의 사신이 귀국 길에 고려의 장수에게 살해당하는 악재들이 연이어 발생했다. 여기에 우왕 즉위 후 실권을 장악한 이인임 등이 원과 외교를 재개해 명과 원을 상대로 양면 외교를 편다는 것을 확인하자 명의 의심은 극에 달했다. 명은 우왕의 왕위 계승 승인을 거부하고 무리한 세공歲貢을 요구하는 등 고려를 압박했다. 양국 관계는 급속히 냉각되었다.

1386년 명의 양보와 고려의 성의 표시로 세공 문제가 해결되자 고려와 명의 관계는 일시적 안정기를 맞았다. 그러나 1387년 명은 나하추 세력을 완전히 제거하고 적극적으로 요동에 진출하려 하면서 이듬해 2월 고려에 철령위 설치를 통보했다. 철령은 원 간섭기에 원이 고려로부터 강탈해 쌍성총관부를 설치했던 곳으로, 공민왕이 반원 개혁을 펼치면서 되찾은 바 있었다. 그런데 명은 철령 일대가 원래 원의 영토였다는 이유를 내세워 원을 계승한 자신이 그곳의 주인이라고 주장하며 철령위를 세우겠다고 나선 것이다.

고려 정부는 명의 조치에 강력히 반발하면서 최영을 중심으로 요동 정벌을 본격 추진했다. 같은 해 4월 우왕과 최영은 조민수와 이성계를 좌·우군 사령관으로 삼아 정벌군을 출정시켰다. 하지만 이성계가 위화도에서 군사를 돌려 개경으로 돌아와 최영을 유배하고 우왕을 폐위함으로써 요동 정벌 계획은 무산되었다.

위화도 회군과 이성계의 권력 장악은 대명 관계 전환의 중요한 계기가 된다. 이후 고려는 명에 대한 적대적 입장을 철회하고 요동 정벌 추진과 함께 중지했던 홍무 연호의 사용도 재개했다. 이에 명도 그동안의 강압적 태도를 거두고 정상적 외교 관계를 유지했으며, 고려의 내정에 대해서는 불간섭 원칙을 고수했다. 이와 같은 대명 관계의 안정은 이성계 세력이 고려의 내정 개혁과 혁명 추진에 전념할 수 있는 환경을 조성해 주었다.

"고려 놈들아, 철령 내놓아라!" 고려-조선 교체기에 중원의 새로운 패자로 등장한 명 태조 주원장. 고려의 쇠퇴부터 조선의 건국까지 그의 입김이 미치지 않은 역사적 사건은 거의 없었다. 태조는 묘호(廟號)이고, 재위 때 사용한 연호인 홍무에 따라 홍무제라고도 한다. 안휘성 호주의 빈농 출신으로, 17세에 고아가 되었고 황각사라는 절에 들어가 탁발승이 되어 여러 곳을 떠돌아다녔다. 홍건적 부장 곽자흥의 부하가 되면서 두각을 나타냈고, 홍건적 세력이 쇠퇴한 뒤 남경을 점령해 명을 건국했다. 그와 동시에 북벌군을 일으켜 원을 몽골로 몰아내고 중원을 재통일했다.

조선과 명이
샅바 싸움을
벌이다

1392년태조 1 7월 17일, 이성계가 국왕으로 추대되면서 고려 왕조는 막을 내렸다. 즉위 직후 이성계는 명에 사신을 파견해 왕조 교체 사실을 알리고 즉위에 대한 승인을 요청했다. 이에 명은 별다른 문제 제기 없이 태조의 즉위를 승인해 주었다. 위화도 회군 이후 고려가 보여 준 대명 외교로 볼 때 신왕조의 주도 세력들이 명에 적대적이지 않다고 판단했기 때문일 것이다. 그 결과 조선은 개국 초기 비교적 안정적인 대외 관계 속에서 국내 문제의 해결에만 전념할 수 있었다. 하지만 이와 같은 대명 관계의 안정은 오래가지 못했다.

　1393년 5월, 명은 조선에 사신을 파견해 조선이 명을 업신여겨 분쟁을 일으킨다고 문제를 제기했다. 당시 명이 문제 삼은 여러 일 가운데 핵심은 조선이 요동 지역에 사람을 보내 이 지역 여진인 500여 명을 유인해 조선으로 데려간 사건이었다. 명은 이것이 조선의 요동 정벌 의도에서 비롯된 것으로 의심했다. 여기에 조선인 해적들이 명의 연안 지역을 침입한 사건까지 발생하자 조·명 관계는 더욱 악화했다. 1394년에 명은 조선에 사신을 보내 조선의 왕자 중 한 사람이 직접 해적 사건의 범인들을 명으로 압송해 오라고 요구했다. 그러자 조선은 태조의 다섯째 아들 이방원을 사신으로 파견해 문제를 수습했다. 그렇게 조·명 관계는 다시 안정되었지만, 양국 간 갈등이 재현될 불씨는 계속 남아 있었다.

　태조대 조·명 관계에서 표면적으로 나타난 가장 큰 갈등은 표전表箋 문제였다. 표전이란 조선에서 명으로 보낸 외교 문서인 표문表文과 전문箋文을 가리킨다. 명은 이 표전문 속에 명을 무시하고 모욕하는 의미의 글자가 섞여 있다는 이유로 조선의 사신을 억류하고 외교 문서의 작성자를 압송하라고 요구했다. 명과의 외교에서 사용된 표전문은 그 격식과 용어가 매우 까다로웠다. 따라서 같은 의미의 단어라 하더라도 어떤 것은 공손한 표현이지만 어떤 것은 무례한 표현이 되기도 했다. 어쩌다 잘못 선택한 단어 하나가 큰 외교 문제를 불러오기도 했다.

　1393년 12월 명은 국호를 정해 준 것에 사은하고자 조선이 올린 외교 문서에 명을 업

이성계, 단군의 계승자가 되다 이성계가 역성혁명을 일으킨 뒤에도 고려라는 국호를 계속해서 사용하자 명은 국호 개정을 제안했다. 이에 이성계는 홍무제에게 사신을 보내 조선(고조선을 계승한 이름), 화령(이성계의 고향, 지금의 함경남도 함흥) 중에서 하나를 재가해 주도록 요청했다. 홍무제는 조선을 골랐다. 이로써 조선은 단군왕검(사진)의 계승자가 되었다.

신여기는 글자가 있다고 지적했다. 표전 문제가 불거진 첫 번째 사건이다. 이때는 외교 문서 내용에 불만을 표시하며 앞으로 바로잡을 것을 요구하는 선에서 일단락되었다. 하지만 이후에도 표전 문제는 계속 제기되었고 심각한 외교 갈등으로 확대되고는 했다.

1395년 10월 조선은 신년을 축하하는 사신을 명에 파견했는데, 이때 보낸 표문이 문제가 되었다. 명은 표문 내용에 경박한 문구가 있다고 지적하면서 사신들을 억류했고, 사신들의 진술에 따라 표문의 작성자로 정도전을 지목하면서 그를 명으로 압송하라고 요구했다. 이어 명은 같은 해 11월에 조선에서 국왕의 고명誥命과 인신印信을 요청하며 보낸 주청문奏請文에도 무례한 언사가 있다고 해서 사신 정총을 억류하고 역시 문서 작성자 정도전의 압송을 요구했다. 이에 조선은 사신을 통해 표문과 주청문 작성에 정도전이 간여하지 않았음을 해명하고, 대신 표문과 주청문 작성에 간여했던 김약항·정탁·권근 등을 명에 보냈다. 그리고 권근 등의 외교적 노력으로 표전 문제는 더 이상 심각한 상황으로 흘러가지 않고 마무리되었다.

마지막 표전 문제는 1397년에 발생했다. 이해 6월 조선은 명 황태손의 생일을 축하하는 사신을 파견했는데, 이때 보낸 외교 문서의 내용이 문제가 된 것이다. 명은 문서 작성자를 압송할 때까지 사신을 억류하겠다고 통고했고, 이에 조선은 두 차례에 걸쳐 문서 작성에 간여한 이들을 명으로 보냈다. 이때의 표전 문제는 1398년 윤5월 명 태조 홍무제가 사망하고 황태손이 즉위할 때 내려진 대사면에 따라 억류·압송된 이들이 귀국하면서 종결되었다. 그리고 이후로는 더 이상 표전 문제는 발생하지 않았다.

이처럼 표전 문제는 조선 건국 후 태조 재위 기간 내내 대명 관계를 긴장 상태로 만든 중요 원인이었다. 표전 문제가 양국 간의 현안으로 드러난 이면에는 또 다른 문제가 있었다. 그것은 바로 조선의 요동 정벌 움직임이었다. 즉 표전 문제가 처음 불거진 1393년부터 1398년까지 조선에서는 정도전의 주도하에 사병 혁파와 국군 체제 확립을 골자로 하는

고구려 옛터 오녀산성 지금의 중국 랴오닝 성 환런 현에 있는 오녀산성은 주몽이 고구려를 세운 곳으로 알려져 있다. 그러나 조선 건국기에는 여진족의 무대였다. 정도전이 정말 요동 정벌을 하려고 했는지는 확실치 않으나, 만약 요동 정벌을 시도했다면 이곳도 공격의 대상이 되었을 것이다. 훗날 세종은 여진족이 압록강변을 침범하자 군사를 보내 이곳을 공격하도록 했다.

군제 개혁을 추진했다. 그리고 그 과정에서 강력한 군사 훈련을 시행했다. 명은 이 같은 조선의 움직임이 요동 정벌을 위한 일련의 준비 과정이라 보고, 군제 개혁 및 군사 훈련을 주도한 정도전을 요동 정벌 추진의 중심인물로 주목했다. 바로 그때 조선이 보낸 표전에서 문제를 발견하자 이를 드러내 더욱 고압적인 자세로 조선을 압박하고, 정도전을 표전문의 작성자로 지목해 그의 압송을 요구했던 것이다.

당시 정도전이 실제로 요동 정벌을 목표로 군사 훈련을 한 것인지, 아니면 사병 혁파와 군사 훈련에 반대하는 세력들을 억제하기 위한 명분으로 요동 정벌을 내세운 것인지는 관련 자료가 부족해 확언하기 어렵다. 하지만 어느 쪽이든 명의 입장에서는 조선이 요동 정벌을 추진하는 것으로 보기에 충분했다. 표전 문제가 양국 사이의 장기적인 외교 갈등으로 확대된 데는 이런 배경이 있었다고 할 수 있다.

이처럼 표전 문제와 요동 정벌 추진 논란에 기인한 조·명 간의 외교적 갈등은 1398년에 들어 예상치 못한 방식으로 해결되었다. 먼저 명에서는 조선에 대한 불신과 경계로 끊임없이 조선을 압박했던 홍무제가 사망했다. 그리고 조선에서는 요동 정벌의 주도자로 지목되었던 정도전이 같은 해 8월 제1차 왕자의 난으로 죽음을 맞이했다. 조선과 명 양국에서 갈등의 중심에 있던 주축 인물이 동시에 사라짐으로써 그간의 갈등이 어느 정도 해결되고, 양국 관계는 새로운 국면에 접어들었다.

1398년에 조선과 명 양국에서 모두 새 왕조를 창업한 군주가 양위나 사망으로 권력에서 물러나고 두 번째 군주가 새로 등장했다. 그리고 이때부터 양국은 각각 내부적으로 정치적 격동에 휘말리게 되었다.

홍무제는 건국 초기 맏아들을 황태자로 책봉했으나, 황태자가 1392년에 일찍 사망하자 그 아들을 다시 황태손으로 책봉했다. 그리고 1398년 홍무제가 사망함에 따라 황태손이 새 황제로 즉위했으니, 이 사람이 명의 제2대 황제 건문제다. 홍무제는 황실의 안정을

정도전의 글씨 서울 서대문구 봉원동 안산에 자리한 봉원사 명부전의 현판은 정도전의 친필로 알려져 있다. 정도전은 태조 이성계의 왕비인 신덕왕후의 명복을 빌기 위해 이 현판을 썼다고 한다. 889년(신라 진성여왕 3) 도선국사가 창건해 반야사라고 이름지은 이 절은 1748년(영조 24) 현재의 이름을 얻었다. 한국 불교 태고종의 총본산이다.

위해 자신의 여러 아들을 중국 내 각 지역의 왕으로 책봉했다. 그런데 건문제가 즉위하자 이 왕들이 오히려 중앙의 황제 권력을 위협하는 존재로 부상했다. 건문제는 황제권의 안정을 위해 지역의 여러 왕을 폐위하는 삭번削藩 정책을 추진했다. 그러자 여러 왕 중에서 가장 강력한 세력을 가지고 있던 북평北平, 북경의 연왕燕王이 삭번 정책에 반발해 중앙정부를 상대로 정변을 일으켰다. '정난靖難의 역役'으로 불리는 이 내전은 1402년 연왕의 군대가 수도 남경을 함락함으로써 연왕의 승리로 끝났다. 이 과정에서 건문제가 자살하고 연왕이 새 황제로 즉위했으니, 명의 제3대 황제인 영락제이다.

한편 비슷한 시기에 조선에서도 무력을 사용한 정권 교체가 발생했다. 당시 정도전은 태조의 후원으로 재상 중심의 중앙집권 정책을 추진하고 있었다. 그가 요동 정벌을 명목으로 군제 개혁과 군사 훈련을 강화하면서 종친과 공신들의 군사권을 박탈하려 하자 이에 반발한 태조의 다섯째 아들 이방원이 정변을 일으킨 것이다. 이방원은 정도전 등을 살해하고 정권을 장악했다제1차 왕자의 난. 이에 태조는 둘째 아들 정종에게 왕위를 전해 주고 상왕으로 물러났다. 하지만 정종대의 정치적 실권은 사실상 이방원의 손안에 있었다. 이후 이방원은 자신의 권력에 도전한 넷째 형 이방간을 무력으로 제압했다제2차 왕자의 난. 그리고 1400년 11월 이방원이 정종의 양위를 받아 왕위에 오르니, 그가 조선의 제3대 국왕 태종이다.

이처럼 조선과 명은 비슷한 시기에 무력 정변으로 집권자가 교체되는 공통의 변화를 겪었다. 조선의 태종과 명의 영락제는 둘 다 군주권을 강화하는 여러 정책을 강력히 추진했다. 또 영락제의 묘호가 처음에는 '태종'이었던 점도 두 사람의 업적에 공통점이 많았음을 보여 준다. 1394년 당시 정안군이던 태종이 명에 사신으로 파견되었을 때 북경의 연왕부燕王府에서 연왕영락제을 만난 적이 있다. 당시 두 사람은 모두 상대방을 비범한 인물로 인정했다고 한다. 그리고 수년 후 두 사람은 서로의 평가를 증명이라도 하듯이 각각 자기 나

왕을 승인하는 황금 도장
황제가 왕을 승인하는 문서를 '고명', 도장을 '인신(사진)'이라 한다.

라의 최고 권력자가 되었다.

1398~1402년에 조선과 명에서 발생한 군사 정변과 정권 교체는 양국 간의 외교 관계에도 상당한 영향을 미쳤다. 특히 조선은 명의 내전에 발 빠르게 대처하면서 외교적 실리를 얻어 내는 성과를 얻었다. 당시 명 내전의 향배에 주목하고 있던 조선은 연왕이 승승장구하고 건문제가 수세에 몰려 있다는 사실을 파악했다. 태종은 즉위 직후 명에 사신을 파견해 정종의 양위와 자신의 왕위 계승 사실을 알리고 조선 왕의 고명과 인신을 내려 달라고 요청했다.

명 황제가 부여하는 조선 왕의 고명과 인신은 조선 왕조 수립의 형식적 완성과 즉위의 합법성을 대내외적으로 공인받는 것이라는 점에서 매우 큰 정치적 의미가 있었다. 그래서 명 태조는 조선을 제어하는 수단으로 고명과 인신을 끝까지 내려 주지 않았다. 하지만 건문제는 불리하게 전개되던 연왕과의 내전에 전념하려면 조선과의 관계를 안정시킬 필요가 있었다. 그래서 조선의 요구를 별다른 문제 제기 없이 수용해 주었다. 그 결과 조선은 왕조가 창건된 이래 받지 못하고 있던 조선 왕의 고명과 인신을 비로소 받게 되었다. 또 같은 시기에 조선이 명에 파견하는 정기 사신의 횟수도 조선의 요청대로 1년에 세 번으로 확정되었다. 이로써 조선과 명 사이의 조공 관계는 완전한 모습을 갖추게 되었다.

한편 조선은 명의 내전 상황을 지켜보면서 건문제와 연왕 중 어느 한쪽에 적극적으로 협조하는 것을 삼가고 중립적인 입장을 견지했다. 그리고 1402년^{태종 2} 내전이 연왕의 승리로 끝나자 이에 기민하게 대처하는 모습을 보였다. 황제로 즉위한 영락제가 파견한 사신의 입국 소식을 들은 태종은 즉각 건문제의 '건문建文' 연호 사용을 정지하고, 하륜을 사신으로 파견해 영락제의 등극을 축하했다. 영락제는 조선의 대응에 만족감을 표시하면서 조선의 사신을 우대했고, 그 결과 영락제 정권 초기의 조·명 관계는 비교적 우호적인 상태로 출발할 수 있었다.

만주와 연해주의 여진족 여진족은 삼국 시대 이래 말갈이라 불리며 고구려, 발해 등에 복속했던 북방 민족이다. 고려 때 아구다가 금을 세워 북중국을 호령했으나 칭기즈칸에게 멸망당했다. 이후 국가를 이루지 못하고 만주와 연해주 일대에 넓게 분포하며 명, 조선과 관계를 맺어 왔다. 지도는 15~16세기에 명이 분류한 여진족의 분포도이다.

하지만 영락제가 대외 팽창 정책의 하나로 요동 지역의 여진족을 복속시키는 정책을 적극적으로 추진하자 조·명 관계는 다시 긴장 속으로 빠져들었다. 영락제는 요동 지역에 위소衛所들을 설치하고 이를 전초기지로 삼아 요동 각지에 산재한 여진족들을 복속케 하고자 했다. 반면 조선에서도 이성계가 고려 말에 동북면을 장악하고 여진족을 복속케 한 이래 여진족을 조선에 속한 존재로 인식했다. 이에 따라 조선은 명의 적극적인 여진 복속 정책에 민감하게 반응하며 대응책을 마련해 나갔다.

조선은 내조來朝해 오는 여진 추장들에게 관직을 내려 주고 여러 물품을 하사하는 등 환대했다. 반대로 명에 내조하는 여진 부족에게는 교역을 중단하는 등 제재를 했다. 그리고 중립적인 여진 부족에는 사신을 파견해 명에 복속하지 말라고 종용하기도 했다. 그러자 명은 남경에 온 조선 사신에게 조선이 여진의 입조入朝를 방해하고 있다고 질책하는 한편, 조선 사신의 서열을 일본 사신보다 낮추는 등 불만을 노골적으로 드러냈다.

이처럼 태종대의 대명 관계는 표면적으로는 조공 관계가 정착하는 모습을 보였으며, 명 태조 시기처럼 양국 관계가 심각하게 경색되거나 명의 외교적 압박이 거세지 않았다. 하지만 요동 지역 여진족 관할권을 두고 명과 조선이 치열하게 각축하는 등 양국 간의 갈등 양상도 여전히 남아 있었다.

조선,
동방의 소중화를
꿈꾸다

조선과 명의 외교 관계는 명이 조선 왕을 책봉하고 조선은 명에 조공하는 체제를 기본 골격으로 하고 있었다. 이에 따라 양국 간에는 빈번한 사신 왕래가 이루어졌다. 그런데 태조대에는 대명 관계의 갈등 양상에 따라 사신 파견에 문제가 발생하기도 했다. 명 태조는 양국 간의 외교 문제가 발생할 때마다 조선을 압박하는 수단으로 사신을 3년에 한 번씩만 파견하라고 강요했다. 그러나 조선은 정치적·경제적·문화적 실리를 얻고자 1년에 세 차례씩 정기 사신을 파견하게 해 달라고 요청했다. 이에 따라 홍무제 때 조선 사신의 파견 횟수는 양국 관계의 상황에 따라 '1년 3사使'와 '3년 1사'가 번갈아 시행되었다. 그러다가 건문제가 즉위한 이후 양국의 갈등 요소가 어느 정도 사라지면서 '1년 3사'가 완전히 정착되었다.

조선이 명에 매년 세 차례 파견하는 정기 사신은 신년을 축하하는 하정사賀正使, 명 황제의 생일을 축하하는 성절사聖節使, 그리고 황태자의 생일을 축하하는 천추사千秋使 등이었다. 이러한 '1년 3사'의 원칙은 1531년중종 26에 동지사冬至使가 추가되어 '1년 4사'로 변경될 때까지 130여 년간 유지되었다.

한편 조선은 세 차례 정기 사신 외에도 여러 가지 명목으로 비정기적인 사신을 파견했다. 특정 사건에 대해 보고하거나 해명하기 위한 주문사奏聞使, 특별한 요청을 하기 위해 파견하는 주청사奏請使, 명의 조치에 감사할 일이 있을 때 파견하는 사은사謝恩使, 새 황제 등극이나 황태자 책봉을 축하하기 위한 진하사進賀使, 명 황실에 국상이 있을 때 조문 사절로 파견하는 진위사陳慰使, 조선에 국상이 발생했을 때 이를 명에 알리기 위해 파견하는 고부사告訃使 등이 이에 해당한다.

조선의 사신들은 주로 육로를 이용했지만, 때에 따라 해로를 이용하기도 했다. 해로를 이용한 때는 요동이나 요서 지역의 정세가 안정되지 못한 시기였다. 예를 들어 원의 잔여 세력들이 요동 지역에 주둔하고 있던 14세기 말에는 주로 해로를 이용했다. 특히 1421년세종 3

명으로 가는 길 사행로는 의주-요양(遼陽)-산해관(山海關)-북경의 네 단계를 거친다. 의주대로를 따라 의주에 도착하면 의순관(義順館)에 묵으며 입국 준비를 한다. 의주부터 요동도사(遼東都司)가 있는 요양까지가 가장 험한 길이다.

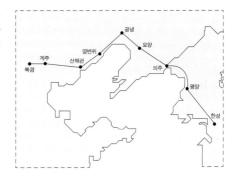

북경으로 수도를 옮기기 전까지는 명의 수도가 남경이었기 때문에 해로가 편리하기도 했다. 남경까지 해로를 이용할 때는 일단 요동의 여순구까지 육로로 간 다음 여기서 배를 타고 산동반도의 등주로 건너가서 다시 육로를 이용해 남경까지 갔다.

한편 고려 말에 권근은 육로와 내륙 수로를 이용해 남경까지 사행을 가기도 했다. 이때에는 의주에서 압록강을 건넌 후 요동을 지나 북경에 이른 다음 이곳에서 배를 타고 대운하를 따라 남쪽으로 내려가서 남경에 도착했다.

조선에서 명에 보내는 사신들은 앞서 본 것처럼 다양한 사명을 수행했다. 그런데 조선의 사행에는 이와 같은 기본적인 목적 외에도 조공 무역이라고 하는 또 하나의 중요한 목적이 있었다. 조공 관계는 중국을 중심으로 하는 동아시아 세계의 정치적 관계뿐 아니라 경제·문화적 관계까지 포괄하는 국제 질서였다. 따라서 양국 간의 무역 역시 이 관계에 기초해 이루어졌다.

원래 조공이란 중국 황제로부터 책봉을 받은 주변 국가가 사신을 파견해 공물을 바치면진헌(進獻), 중국 황제가 그에 대한 답례로써 물품을 내려 주는회사(回賜) 경제 행위가 핵심이었다. 진헌과 회사를 통해 이루어지는 이러한 조공 무역은 근대적인 국제 무역과는 성격이 다르지만, 국제 관계 속에서 발생하는 물자의 교역이라는 점에서 일종의 공무역이었다. 특히 15세기에는 자유로운 사무역이 법적으로 금지되어 있었고, 사무역이 시행될 때도 명에 파견된 사신단을 통해 부수적으로 이루어졌기 때문에 미미한 수준이었다. 따라서 15세기 대명 교역에서 조공 무역의 비중은 매우 컸다고 할 수 있다.

15세기에 조공 무역을 통해 교역이 이루어진 물품들을 보면, 먼저 조선에서 명으로 가져간 물품으로는 금·은·각종 면주綿紬와 저포苧布·초피貂皮 등 동물 가죽·돗자리·방석·종이·문방구류·인삼·말 등이 있었다. 그리고 명으로부터 들여온 물품으로는 견직물·자기·약재·서책, 그리고 왕실에 필요한 각종 의식용품 등이 주를 이루었다.

일본 사신의 숙소 동평관 1409년(태종 9) 세종의 외숙인 민무구, 민무질의 집을 헐고 그 재목과 기와를 사용해 일본 사신이 머물 동평관과 서평관을 짓게 했다. 서울 지하철 을지로3가역 8번 출구 인현어린이공원 정문 화단 내에 있다.

흔히 조선 시대의 대외 정책을 '사대교린事大交隣'이라고 말한다. 여기에서 '사대'의 대상은 중국이고, '교린'의 대상은 중국을 제외한 동아시아의 여러 나라나 부족들이다. 즉 여진·일본·유구琉球 등이다. 그런데 '교린'이라는 말에는 서로 필적할 만한 나라가 대등한 자격으로 교류한다는 의미가 담겨 있다. 따라서 조선이 여진·일본·유구 등에 교린 정책을 시행했다면, 이는 조선이 이들 나라와 부족을 자신과 대등한 존재로 인정했다는 뜻이 된다. 하지만 과연 조선이 여진·일본·유구 등을 대등하게 인식했는지는 의문의 여지가 있다.

성종대에 편찬된 『경국대전經國大典』은 건국 후 당시까지 만들어진 법령들을 바탕으로 해서 만세토록 변치 않을 근간이 되는 내용을 뽑아 정리한 법전이다. 이 『경국대전』의 「예전禮典」을 보면, 대명사행對明使行의 의절들을 정리한 '사대' 항목은 있지만 '교린' 항목은 별도로 규정되어 있지 않다. 이는 당시 사람들이 여진·일본 등과의 관계를 교린으로 생각하지 않았음을 보여 준다.

1402년태종 2에 제작된 「혼일강리역대국도지도混一疆理歷代國都之圖」라는 세계지도가 있다. 이 지도에는 한가운데 중국이 있고 그 오른쪽에 실제보다 크게 확대된 조선이 있다. 그리고 조선의 아래쪽에는 실제보다 훨씬 축소된 일본이 그려져 있다. 실제보다 확대된 조선과 축소된 일본의 모습은 이 지도를 제작한 조선인의 일본 인식을 단적으로 보여 준다. 즉 당시 조선 사람들은 일본을 조선과 대등한 관계로 인정하기보다는 조선 아래에 있는 존재로 인식했다고 할 수 있다. 이와 같은 인식은 여진에도 별반 다르지 않았을 것이다.

15세기 조선과 여진·일본의 사신 교류 양상을 보면, 여진과 일본이 조선에 조공을 바치는 형식이었음을 알 수 있다. 여진은 통일된 국가 없이 부족별로 요동과 만주 일대에 흩어져 거주하고 있었다. 이들은 부족별로 조선에 사절을 보내 조공을 바쳤고 그 대가로 조선이 내려 주는 후한 회사물을 받아 갔다.

한편 조선은 일본과의 교역에서 무로마치室町 바쿠후 외에도 일본 내의 유력 다이묘大名, 호족, 쓰시마對馬島 도주 등 다양한 세력과 개별적인 통교를 했다. 바쿠후는 최고 지도자인 쇼군將軍을 중심으로 한 일본의 무사 정권을 말하며, 다이묘는 바쿠후 체제에서 각 지방의 영토를 다스리고 권력을 행사한 유력자를 가리킨다. 조선과 바쿠후의 통교는 비교적 대등하게 이루어졌지만, 여타 세력과의 통교는 조공 무역의 형태를 취했다. 또 바쿠후와 교류할 때에도 일본 사절단을 조선의 조회朝會나 조하朝賀에 참여시키는 등 군신 관계의 예를 적용했다. 때로는 바쿠후 사절의 서열을 여진의 사절과 동일하게 규정하기도 했다.

이런 일들을 미루어 생각해 보면 15세기 조선은 여진 및 일본과의 교류에서 상대방을 대등한 관계로 인식하지 않았고, 조선보다 하위에 있는 존재로 생각했다는 것을 알 수 있다. 유구, 남만南蠻 등 여타 동아시아 국가를 대하는 인식도 여기서 크게 벗어나지 않는다. 따라서 중국을 제외한 여타 동아시아 국가를 대하는 조선의 대외 정책을 '교린'으로 규정하는 것은 다시 생각해 볼 필요가 있다.

여진에 대한 조선의 인식은 그 연원이 태조 이성계와 여진의 관계에 있다. 고려 말 동북면 지역의 토착 세력이던 이성계는 공민왕의 쌍성총관부 수복에 협력하면서 지금의 함경남도 지역의 실질적 지배권을 장악했다. 이어 그는 함경북도 지역의 패권자였던 여진 추장 이지란李之蘭을 휘하에 복속시켰다. 그 결과 이성계는 동북면 전 지역을 지배하게 되었고, 이 지역에 거주하던 오도리·우디캐·오랑캐 등 여러 여진족은 이성계의 휘하에 들어와 사병 집단을 형성했다.

이성계는 즉위 후 여진족 추장들에게 만호萬戶·천호千戶 등의 직책을 부여하고, 여진족과 조선인의 혼인을 장려했으며, 여진족에 납세 의무를 부과하는 등 이들을 조선인으로 동화하는 정책을 추진했다. 태종대에도 여진족을 회유·복속시키는 정책을 계속 추진했다. 특히 두만강 일대에서 큰 세력을 형성하고 있던 오도리족을 조선에 복속시켜 그 추장에게 관직을 내려 주고, 이를 중심으로 두만강 일대와 만주 지역의 여러 여진 부족들을 복속시켜 나갔다.

하지만 영락제가 적극적인 여진 복속 정책을 추진하면서 조선과 여진의 관계도 변화를 맞이했다. 조선은 여진 각 부족에 사신을 보내 명에 복속하지 말 것을 종용했다. 또 1405년^{태종 5} 오도리족이 명에 복속하자 그에 대한 보복으로 경원^{慶源}에 설치했던 여진과의 무역소를 폐쇄했다. 그 결과 생필품을 구할 길이 끊어진 여진족은 조선의 변경을 침입해 약탈을 자행했고, 여기에 조선은 군사 정벌로 대응했다.

조선이 추진한 최초의 여진 정벌은 1410년^{태종 10} 3월의 모련위^{毛憐衛} 정벌이었다. 그해 2월 우디캐족이 경원을 침입해 병마사 한흥보를 살해한 사건이 일어났다. 조선은 이 침입 사건에 모련 오랑캐족이 협력한 것으로 보고 그 본거지인 모련위를 정벌한 것이다. 이후에도 조선은 여진족이 내조하면 관직과 생필품을 내려 주면서 그들을 조선에 복속시켰다. 그러나 여진족이 조선의 대우에 불만을 품고 변경을 침입·약탈하면 달리 대응했다. 약탈이 심하지 않으면 그들의 경제적 요구를 들어주며 달래기도 했지만, 정도가 지나치다고 판단되면 군사적 대응으로 맞섰다. 이렇게 볼 때, 조선 초기 여진 정책의 핵심은 그들을 회유해 조선의 영향력 아래 복속시키는 것이었다고 할 수 있다.

조선 초기 대일 관계의 최대 현안은 왜구 문제의 해결이었다. 왜구는 13세기부터 16세기까지 한반도와 중국 연안에서 활동한 일본 해적 집단을 지칭하는 말이다. 왜구가 발생한 시기는 14세기 후반 일본의 가마쿠라 바쿠후 말기와 난보쿠초^{南北朝} 시대^{1336~1392}였다. 이때 중앙정부의 통제력이 약화되자 왜구 활동이 집중적으로 나타났다. 우리나라에 대한 왜구의 침략이 본격화된 것은 1350년^{충정왕 2}부터였으며, 특히 우왕대에는 왜구가 남부 지역뿐 아니라 황해도 연안까지 침략할 정도로 극에 달했다. 이에 최영·이성계 등 무장들이 적극적으로 대응하자 우왕 말엽부터 왜구의 침입이 조금씩 줄어들었다.

조선 건국 이후에도 왜구의 활동은 여전했다. 조선은 연안 지역의 수비를 강화하는 한편, 새로 들어선 일본의 무로마치 바쿠후와 오사카·후쿠오카 등 서국 지방 호족에게 사신을 보내 왜구 진압을 요청했다. 또 왜구 진압과 포로로 잡혀간 조선인의 송환에 적극적인 호족에게는 통교상의 특혜를 주고 조선의 관직을 하사했다. 이와 같은 조선의 외교적 노력에 바쿠후와 호족들은 적극적으로 호응했고, 그 결과 왜구 억제와 포로 송환은 상당한 성과를 거두었다.

하지만 외교적 노력만으로 왜구가 근절되지는 않았다. 이에 조선은 왜구의 본거지로 쓰시마를 지목하고 1419년세종 1 쓰시마 군사 정벌을 추진했다. 같은 해 5월 쓰시마인이 조선의 연안을 침입하자 조선은 1만 7000여 명의 병력과 227척의 병선을 동원해 쓰시마를 공격했다. 그 결과 왜구의 본거지에 큰 타격을 가했으며 많은 조선인 포로들을 송환하는 성과를 거두었다. 또 비록 왜구를 뿌리 뽑지는 못했지만, 정벌 이후 적어도 조선에 더 이상의 왜구 침입이 없었다는 점에서 소기의 목적을 달성했다고 할 수 있다. 이 정벌 이후 쓰시마는 사실상 조선과 일본 양측에 모두 복속되면서 조·일 외교의 중간 창구 기능을 하게 되었다.

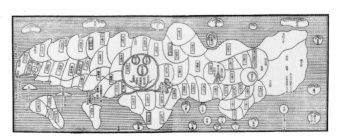

15세기의 일본 1443년 (세종 25)에 서장관으로 일본에 다녀온 신숙주가 1471년(성종 2)에 지은 『해동제국기』에 실린 일본 지도. 이 책에는 일본 외에도 유구국(지금의 오키나와)에 대한 상세한 정보가 실려 있다.

15세기 신생국 열전

조선은 14세기 말에 건국했지만 우여곡절을 거쳐 15세기부터 본격적인 국가의 삶을 시작했다. 세계 제국 이후의 세계에서 조선과 함께 새롭게 등장한 주요 국가들을 살펴보고 15세기의 기상도를 그려 보도록 하자.

믈라카 궁전 말레이 반도에서 가장 오래된 전통 궁전으로 믈라카 왕국 전성기에 술탄이 살던 곳. 말레이 전통 양식으로 지어진 잿빛 궁전으로 지금은 문화 박물관으로 쓰인다.

믈라카 왕국(1402~1511) 말레이 반도와 수마트라 섬 사이를 흐르는 믈라카 해협은 동서 교류의 역사에서 독보적 위치를 차지한다. 남중국해와 인도양의 계절풍을 이용해 동서를 오가는 무역선이 대체로 이 해협을 통과하기 때문이다. 1402년^{태종 2} 말레이 반도 끝에서 이 해협을 바라보는 믈라카에 왕국이 들어섰다. 수마트라 섬의 팔렘방 출신으로 알려진 파라메시와라가 믈라카 왕국을 건설한 뒤 이슬람교로 개종하고 해상 무역을 적극 지원했다. 그 결과 믈라카 왕국은 동서 교역을 중계하는 해상 왕국으로 이름을 떨치게 되었다. 이 무렵 대항해를 개시한 명의 정화는 이곳에 중계 기지를 건설하고 원양 항해의 교두보로 삼았다.

16세기에 동남아시아에 진출한 포르투갈 상인들은 믈라카 왕국을 멸망시킨 뒤¹⁵¹¹ 이곳을 서세동점의 전초 기지로 활용했다.

유구 왕국(1429~1879) 지금의 오키나와. 15~16세기에 조선-중국-일본-동남아시아를 잇는 중계무역을 통해 해상 왕국으로 번영을 누렸다. 조선과 유구는 중국의 책봉 체제 안에 있는 적례국이었으며 조선은 전 시기에 걸쳐 유구와 우호적인 관계를 맺었다. 『조선왕조실록』의 유구 관계 기사는 건국 초부터 1840년^{헌종 6}까지 437건에 달한다. 두 나라 사이에는 피로인^{被虜人}과 표류인^{漂流人}의 상호 송환과 남방 물산의 수출입 논의가 자주 이루어졌다. 그러나 15세기 말 성종대 이후 유구에서 가짜 사신이 오는 사례가 빈번히 일어나면서 조선과 유구의 관계는 흔들리기 시작했다.

1609년^{광해군 1} 유구국이 일본의 사쓰마에 복속해 명과 일본 양쪽에 이중으로 속하게 되자, 조선은 유구와 정부 차원의 직접 교류는 단절하고 명을 통한 간접 교류만 이어 나갔다.

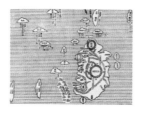

15세기의 유구국 신숙주의 『해동제국기』(1471)에 실린 유구국 지도. 유구 즉 오키나와는 1945년 패전 이후 미군에 점령되었다가 1972년 일본에 반환되었다.

잉카 신화의 근원지 티티카카 호수 지구에서 가장 높은 곳에 있는 호수 티티카카는 잉카 건국 신화의 무대이다. 태양의 신이 이곳에서 첫 번째 왕 망코 카팍을 창조했다고 한다.

잉카 제국(1438~1533) 1492년 콜럼버스가 아메리카에 도착하기 전 이 대륙과 유라시아 대륙 사이에는 거의 교류가 없었다. 그러나 유라시아에서 진행된 역사 과정을 아메리카도 비슷하게 겪고 있었다. 문명이 탄생하고 국가가 태어나 이합집산을 거듭한 끝에 넓은 영역에 걸친 제국이 나타나곤 했다. 이미 5세기경부터 오늘날의 멕시코 유카탄 반도를 중심으로 전성기를 구가한 마야 제국, 14세기부터 멕시코 중앙 고원을 중심으로 발달한 아스테카 왕국, 그리고 지금의 페루 쿠스코를 중심으로 번영한 잉카 제국이 그들이다. 이 가운데 가장 큰 세력을 과시한 것이 잉카 제국이다.

13세기 초 페루에 모습을 드러낸 잉카는 1438년세종20부터 1533년중종28까지 약 100년 동안 정복과 평화 조약 체결 등의 방법으로 지금의 에콰도르, 페루, 볼리비아, 아르헨티나, 칠레, 콜롬비아 등 안데스 산맥 일대의 드넓은 지역을 아우르는 거대한 제국을 수립했다.

그러나 이 제국은 정점에 오른 그 순간 에스파냐에서 온 프란시스코 피사로의 약탈자 무리들로 말미암아 급작스럽게 막을 내렸다.

에스파냐 (카스티야-아라곤 연합 왕국, 1479~) 14세기 이전 이베리아 반도는 이슬람 세력의 지배를 받고 있었다. 유럽의 원주민들이 이슬람 세력을 몰아내고 옛 영토를 회복하는 레콘키스타가 전개된 끝에 카스티야 왕국과 아라곤 왕국이 지금의 에스파냐를 양분한 세력으로 성장했다. 아라곤의 페르난도 2세와 카스티야 여왕 이사벨은 부부가 된 뒤 1479년성종10 두 왕국을 통합했다. 부부는 1492년 이슬람의 마지막 거점인 그라나다를 점령하고 레콘키스타의 종료를 선언했다.

부부는 나아가 도시 대표들과 신성도시동맹Santa Hermandad을 결성하고 동맹 도시에 재판권과 경찰권을 부여함으로써 왕권 강화의 걸림돌이던 귀족 대신 시민 출신 엘리트의 지지를 받는 절대왕권이 기반을 마련했다. 귀족들은 왕국의 관료와 군인으로 임명됨으로써 점차 절대왕정 내에 포섭되어 갔다.

콜럼버스의 항해는 이사벨의 후원으로 이루어진 것으로, 이로써 에스파냐는 아메리카 식민지 건설과 거기서 나오는 이익을 독점해 16세기에는 '해가 지지 않는 제국'을 이루고 경제력과 군사력에서 유럽의 다른 모든 나라를 압도하게 되었다.

페르난도 2세 아라곤 왕국 태생으로 카스티야의 왕녀 이사벨과 결혼한 뒤 아라곤의 왕위를 계승하고 두 나라의 군대를 하나로 합쳐 에스파냐의 통일을 이룩한다.

2.
조선이 본 세계

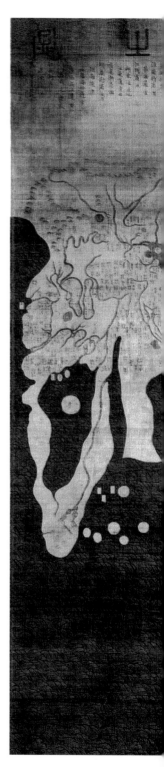

15세기 조선이 만든 세계지도 1402년(태종 2) 만들어진 「혼일강리역대국도지도」. 원도는 전하지 않고 4종의 사본만 일본에 남아 있다. 류코쿠(龍谷)대의 「혼일강리역대국도지도」(오른쪽), 덴리(天理)대 도서관의 「대명국도(大明國圖)」, 혼묘지(本妙寺)의 「대명국지도(大明國地圖)」, 혼코지(本光寺)의 「혼일강리역대국도지도」가 그것이다. 이들은 일본, 유구국 부분에 약간의 차이가 있으나 전체적인 구조와 형태 등은 대부분 유사해 동일 계열의 사본임을 알 수 있다. 류코쿠대 소장본은 15세기 후반 제작된 것으로 보이며 현존하는 사본 가운데 가장 원도에 근접한 것으로 평가된다.

「혼일강리역대국도지도」가 본격적으로 서구 사회에 소개된 것은 20세기 말이었다. 1992년 미국에서 열린 콜럼버스 신대륙 발견 500주년 기념 지도 전시회에 출품되어 많은 찬사를 받았다. 1994년 간행된 『지도의 역사(The History of Cartography)』 시리즈의 아시아 부분 표지에 수록되고, 그간의 연구 성과들이 서구 학계에 소개되기도 했다. 국내에서도 1996년 말 호암미술관에서 개최된 '조선전기국보전'에 출품되어 일반인들에게 알려졌다. 비록 국내에 남아 있지는 않지만 이를 계기로 세계에 내놓고 당당히 자부할 수 있는 우리의 대표적인 문화재로 인식될 수 있었다.

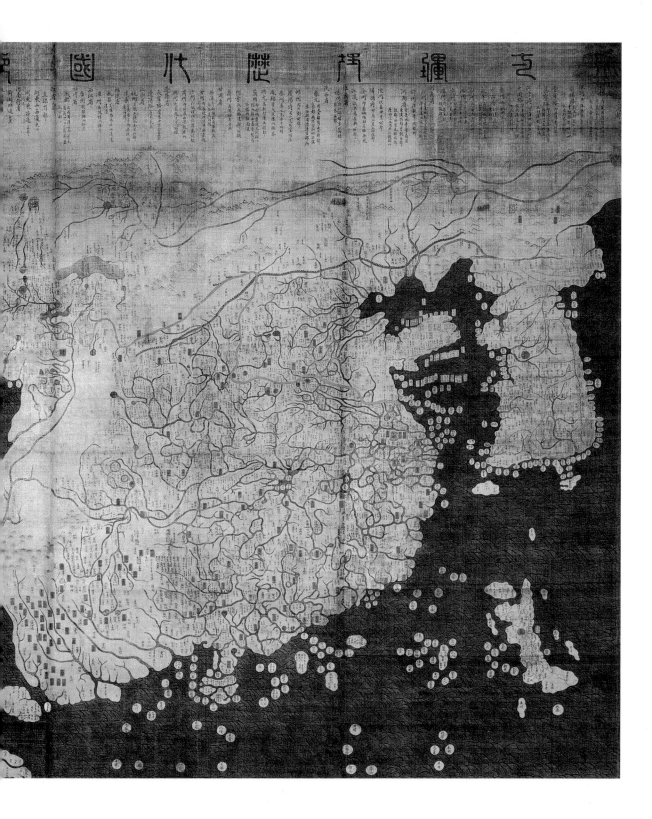

01. 왕조의 탄생

전통의 세계관에
이슬람의
지식을 담다

우리는 지금까지 건국 초기의 조선이 세계 속에서 어떤 위치에 놓여 있었는지 살펴보았다. 이 번에는 거꾸로 당시 조선은 세계를 어떻게 인식하고 있었는지 살펴볼 차례이다. 여기서 조선 이 본 세계라 함은 조선을 이끌고 간 엘리트 세력, 즉 사대부들이 본 세계를 말한다.

다행스럽게도 우리에게는 조선 초기 사대부들의 세계관을 보여 주는 증거가 있다. 1402년 전 세계 지도사가들의 극찬을 받게 될 한 장의 세계지도가 조선에서 제작되었고, 그것이 비록 일본에서지만 지금까지도 남아 있기 때문이다. 그 지도의 이름은 「혼일강리 역대국도지도」라 한다. 온 세상의 영역을 한데 그려 놓고 옛날부터 있어 온 왕조들의 도읍 지를 표시해 놓은 지도라는 뜻이다. 지도의 이름치고는 제법 길어 외우기가 만만치 않지 만 그 속에 담긴 내용과 가치는 긴 이름값을 하고도 남는다.

「혼일강리역대국도지도」는 한 폭의 비단 위에 바다와 육지가 어우러진 세계를 조선의 눈, 조선의 자부심으로 표현한 지도이다. 여기에는 조선과 직접 교류한 동아시아뿐 아니 라 서남아시아, 유럽, 아프리카까지 그려져 있다. 아메리카, 오세아니아 등 이른바 '신대륙' 으로 불리는 지역을 제외하고 당시 유라시아 사람들이 알고 있던 세계는 모두 망라된 셈 이다. 그렇다면 과연 조선의 사대부들은 세계를 어떻게 보고 있었을까?

1402년 가을, 태종이 등극한 지 2년이 채 안된 때였다. 당시 의정부 참찬이던 권근權近 은 임금에게 한 장의 지도를 올리면서 다음과 같이 감회를 피력했다.

천하는 지극히 넓습니다. 안으로는 중국으로부터 밖으로는 사해에 이르기까지 몇천만 리인 지 모릅니다. 이를 축소해서 몇 척의 길이로 그리려면 상세하게 하기는 어렵습니다. 그러므 로 지금까지 그려진 지도들이 대부분 소략합니다. 오직 오문嗚門 이택민李澤民의 「성교광피도聖 教廣被圖」가 매우 상세하고, 역대 제왕의 연혁은 천태승天台僧 청준淸濬의 「혼일강리도混一疆理圖」 에 잘 수록되어 있습니다. 건문 4년1402 여름에 좌정승 상락 김 공金士衡과 우정승 단양 이 공李

> 朕이 섭리燮理의 여가에 이 지도를 연구한 후, 검상 이회에게 명해 자세히 교정하고 합쳐서 하나로 만들게 했습니다.

이 글에서 알 수 있는 것처럼 「혼일강리역대국도지도」는 완전한 창작은 아니다. 중국에서 만들어진 두 장의 지도를 교정하고 합쳐 만든 지도이다. 여기서 말하는 중국은 명이 아니라 원을 말한다. 유라시아 대륙을 호령했던 세계 제국의 중심 국가답게 원은 이처럼 세계를 오롯이 담은 지도를 만들 수 있었다.

이것뿐이라면 「혼일강리역대국도지도」의 독자적 의의는 반감된다. 그러나 「혼일강리역대국도지도」를 자세히 보면 한반도가 실제보다 유난히 크게 그려져 있다. 중국 사람들이 그린 지도에서도 그랬을까? 바로 이 지점에 조선 사대부들의 독특한 세계관이 깃들어 있다. 권근의 글을 계속 읽어 보자.

> 요수遼水, 랴오허 강 동쪽과 본국의 강역은 이택민의 지도에도 많이 누락되어 있어서, 우리나라 지도를 증보하고 일본을 첨부해 새로운 지도를 작성했다. 정연하고 보기에 좋아 집을 나가지 않아도 천하를 알 수 있다.

조선의 사대부들은 중국의 지도에 조선과 일본의 지도를 덧붙여 새로운 세계지도를 만든 것이다. 「혼일강리역대국도지도」가 참고한 중국의 지도들에 조선이 이처럼 크게 그려졌을 리는 없다. 또한 일본이 저토록 작게 그려져 있지도 않았을 것이다. 이 지도에 표현된 조선의 크기는 그들이 생각했던 자기 나라의 '문화적 크기'를 짐작하게 해 준다. 권근은 흡족해 하며 발문을 마친다.

천원지방의 세계관이 표현된 천하도 조선 후기에 그려진 조선의 세계지도. 내대륙에는 중국을 중심으로 하는 직방세계, 외대륙에는 『산해경』에 수록된 상상의 나라들이 그려져 있다.

— 조선

지도와 서적을 보고 지역의 원근을 아는 것은 정치에 도움이 된다. 두 정승이 이 지도에 몰두했던 것을 통해 그분들의 도량이 넓음을 알 수 있다. 나는 재주가 없으나 참찬의 직을 맡아 두 분을 따랐는데, 이 지도의 완성을 바라보게 되니 심히 다행스럽다. 내가 평일에 방책을 강구해 보고자 했던 뜻을 맛보았고, 또한 후일 집에 거처하며 와유臥遊하려 했던 뜻을 이루게 됨을 기뻐한다. 이에 지도의 하단에 기록하게 된 것이다.

—그해 가을 8월 양촌 권근이 쓰다.

이 글에서 알 수 있듯이 「혼일강리역대국도지도」의 제작은 1402년 여름, 의정부의 고위 관료가 참여하는 국가적 사업으로 추진되었다. 좌정승 김사형과 우정승 이무가 중국에서 들여온 이택민의 「성교광피도」와 청준의 「혼일강리도」를 검토하고 검상 이회로 하여금 조선과 일본 지도를 합쳐 편집해 하나의 지도로 만들게 했다. 권근은 김사형과 이무의 보좌 역할을 담당하고 위의 지문誌文을 쓰기도 했다. 지도 제작의 실무는 이회가 맡았는데, 그는 「팔도도八道圖」를 제작하기도 한 당대의 뛰어난 지도학자였다.

그렇다면 왜 할 일도 많았던 조선 왕조 초기에 국가적 사업으로 세계지도를 제작하려 했을까? 이는 지도의 성격과 관련되는 중요한 문제이기도 하다. 권근의 지문도 지적하고 있듯이 "지도와 서적을 보고 지역의 원근을 아는 것은 나라를 다스리는 데 도움이 된다."라는 인식은 치자들이 고대부터 지녔던 생각이다.

지리는 천문과 함께 국가를 경영하는 기초 학문으로 중시되었다. 천문은 천체의 운행을 관찰하고 예측해 정확한 역曆을 만드는 문제와 관련되어 있다. 그리고 지리는 국토의 지형 지세·토지·인구·물산을 파악해 국정의 기초 자료를 마련하는 것과 관련되어 있다. 그렇기에 예로부터 "우러러 천문을 보고 아래로 지리를 살핀다."라고 했다. 실제로 조선 왕조는 1395년 이미 「천상열차분야지도天上列次分野之圖」라는 천문도를 돌에 새겼다.

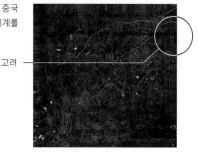

직방세계 중심의 「화이도」 중국 남송 때인 1136년 돌에 새긴 세계지도. 중국 시안 비림박물관 소장. 직방세계란 중국과 주변의 조공국으로 구성된 세계를 말한다. 원 안이 고려의 일부.

고려 —

이처럼 천문과 지리 분야에서 국가적 사업을 추진한 데는 국가 경영에 활용하려는 실용적인 목적도 있었지만, 왕조의 개창을 만천하에 드러내는 이념적 목적도 크게 작용했다. 천문도의 제작에는 하늘의 성좌를 측정해 별자리의 도수度數를 정확하게 밝히려는 과학적·실용적 측면과 더불어 조선 왕조의 개창이 하늘의 뜻에 따른 선양禪讓이었음을 강조하는 이념적 의도가 짙게 깔려 있다. 마찬가지로 세계지도에서도 단순히 세계의 형세와 모습을 파악하는 차원을 넘어 새로이 개창된 조선 왕조를 만천하에 과시하려는 의도가 담겨 있다. 이 의도를 드러낸 것 중 하나가 실제보다 과장된 조선의 크기이다. 아프리카와 유럽을 합친 것과 비슷한 크기로 조선을 표현함으로써 문화대국의 위상을 한껏 드러내고 있다.

「혼일강리역대국도지도」가 보여 주는 세계는 동아시아를 비롯해 인도, 아라비아, 유럽, 아프리카 등 구대륙 전역을 포괄하고 있다. 물론 각 대륙의 윤곽이나 나라별 면적 등은 객관적 실재보다 매우 과장하고 있지만 포괄하는 지역의 광범함은 당시 어느 지도에도 뒤떨어지지 않는다. 나중에 자세히 보겠지만 「혼일강리역대국도지도」가 이러한 세계를 표현할 수 있었던 것은 이슬람 문화와 접촉했기 때문이다.

물론 이슬람 지도학의 영향을 받았다고 해도 「혼일강리역대국도지도」가 바탕에 깔고 있는 세계관은 이슬람의 세계관과 다르다. 이슬람 지도학은 고대 그리스·로마의 지도학을 계승한 것으로, 땅은 둥글다는 지구설에 기초하고 있었다. 그리하여 둥근 지구를 상정한 원형의 세계지도를 많이 그렸다. 반면 「혼일강리역대국도지도」는 여전히 '하늘은 둥글고 땅은 네모지다.'는 전통적인 천원지방天圓地方의 천지관을 바탕으로 한다. 일부 이슬람 지도에서 보이는 경위선의 흔적은 전혀 볼 수 없다. 지도의 형태도 원형이 아닌 사각형으로 그렸다.

이처럼 '천원지방'이라는 전통적인 천지관을 바탕으로 제작된 지도이지만, 중국의 전통적인 직방세계職方世界 중심의 화이도華夷圖와도 성격이 다르다. 지도의 제목에서도 이전의 지도에서 보이는 「화이도」, 「여지도」, 「광여도廣輿圖」 등이 아닌 '혼일도混一圖'라는 용어를 사용하고 있다. 이것은 원 시기에 볼 수 있는 지도의 제목이다. 원은 한족의 처지에서 본다면 이적夷狄인 몽골족이 세운 나라였기 때문에, 중화와 이적을 차별하던 전통적인 화이관을 따르지 않았다. 대신에 중화와 이적을 하나로 묶는 통일적 개념인 '혼일'이라는 용어를 사용했다.

지도에 표현된 지리적 영역도 직방세계 중심으로 그려지는 전통적인 화이도와는 다르다. 화이도에서는 중국과 직접적인 조공 관계를 맺고 있는 나라들을 주변에 배치하는 것이 일반적이지만, 이 지도는 역사적으로 직접적인 교류가 거의 없었던 유럽, 아프리카까지 영역을 확대해 그렸다.

그렇다면 「혼일강리역대국도지도」가 보여 주는 세계는 전통적인 중화적 세계 인식에서 탈피한 것일까? 「혼일강리역대국도지도」는 원 이전에는 볼 수 없었던 100여 개의 지명이 표기된 유럽 지역, 35개의 지명이 표기된 아프리카 지역을 포괄하고 있다. 이런 사실로 볼 때 「혼일강리역대국도지도」의 제작자들은 이전과는 달리 주변 지역의 객관적 실재를 인정하고 이들의 가치를 적극적으로 이해하려 한 것일지도 모른다.

하지만 「혼일강리역대국도지도」가 표현하고 있는 세계는 여전히 중화적 세계 인식에 머물러 있다. 직방세계의 외연을 확대했을 뿐 본질적으로 중화적 세계 인식에서 벗어난 것은 아니었다. 이 사실을 「혼일강리역대국도지도」의 조선과 중국 부분에서 확인할 수 있다.

이슬람과 조선의 우주관은 이렇게 달랐다 지구와 천체가 모두 둥글다고 생각한 이슬람 세계의 우주관을 잘 보여 주는 1583년(선조 16) 오스만튀르크 제국의 세밀화(왼쪽). 가운데 있는 지구를 둘러싸고 7단계의 하늘이 있다. 황도대와 한 달 28일의 위치가 그려져 있다. 오른쪽은 하늘은 둥글고 땅은 네모지다는 동양의 전통적 우주관을 나타낸 18세기 조선의 「천지도」. 네모난 천하를 거의 다 차지하고 있는 중국 주변에 여러 나라가 있고 그 주변을 둥근 우주가 감싸고 있다. 원 안이 조선.

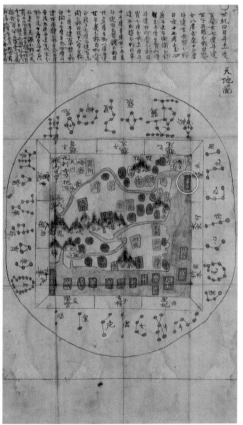

중화의 나라,
조선과 중국

이제 「혼일강리역대국도지도」의 가장 큰 특징인 조선 부분을 살펴보자. 이 부분은 지리학자 이회의 「팔도도」를 바탕으로 제작한 것으로 보이는데, 한반도를 아프리카·유럽 대륙보다 더 크게 과장하고 있다.

조선은 오래전부터 중국의 문화를 받아들여 문화적으로 중국과 동등하다는 자존의식을 지니고 있었다. 세조 때 양성지梁誠之의 말을 들어 보면, 그는 조선이 명과 대소에 따른 국력의 차이가 있고 따라서 사대를 한다는 현실은 인정한다. 그러나 문화적인 면에서는 조선도 기자箕子[1] 이후 문물이 발달해 '군자지국', '예의지방', '소중화'라 불리며, 중국과 비교해 전혀 열등할 것이 없다고 주장했다. 그리고 우리나라는 대동大東으로서 단군이 중국의 전설적 성군인 요堯와 같은 시기에 나라를 세웠고, 기자조선-신라-고려를 거치면서 중국과는 다른 독자적 역사를 전개해 온 사실을 강조했다. 조선 부분을 확대, 과장해 그려냈던 이면에는 이러한 문화적 자존의식이 자리 잡고 있다.

조선의 전체적인 윤곽을 보면 북부 지방에서 왜곡이 심하다. 중남부 지방은 비교적 정확하게 그려져 있으나 함경도와 평안도는 남북으로 압축되어 있고, 압록강과 두만강의 유로도 부정확하다. 당시 이 지역에 대한 인식이 상대적으로 낮았음을 알 수 있다.

산지를 표현할 때에는 백두산에서 뻗어 내린 산줄기를 실선으로 표현했다. 이러한 연맥식連脈式 산지 표현은 조선 지도학의 중요한 특징이다. 이는 산이 많은 조선의 지리적 특성과도 관련 있고, 당시 지형 인식의 도구였던 풍수지리의 영향을 받은 것이기도 하다. 지도에는 팔도의 군현을 비롯해 해안의 섬과 포구도 상세히 수록하고 있다. 수도인 한양에는 해바라기 모양의 성가퀴를 그리고 붉은색으로 강조했다.

남쪽의 쓰시마는 흡사 조선의 영토인 것처럼 일본보다는 조선에 훨씬 더 가깝게 그려져 있다. 이러한 모습은 다른 조선전도

1 **기자** 중국 상의 현자. 주 무왕이 상을 멸망시키자 무왕에게 충성하는 것을 거부하고 동쪽으로 가서 조선후(朝鮮候)에 봉해졌다고 전한다. 중국의 사서들은 이때 기자가 고조선 사회에 농사와 양잠을 도입하고 법률을 시행했다고 기록하고 있다. 조선의 사대부들은 기자가 이 땅에 중화 문명을 전했다고 믿고, 이를 자랑스럽게 여기며 기자를 숭배했다.

누가 조선을 작다하는가 명에서 만든 직방세계 중심의 세계지도에서는 조선을 산동 반도 정도의 크기로 표현하고 있는 데 비해「혼일강리역대국도지도」의 조선 부분은 당당한 크기를 자랑하고 있다. 저본으로 삼은 원의 지도에는 작게 표현되었던 것을 편집하는 과정에서 조선 사대부의 자부심을 살리고자 크고 아름다운 모습의 조선 지도를 삽입한 것으로 짐작된다.
❶ 백두산 ❷ 한성 ❸ 쓰시마 ❹ 북경 ❺ 남경 ❻ 전횡도

에서도 흔히 볼 수 있다. 당시 쓰시마가 조선과의 빈번한 교류를 통해 조선의 문물을 수입해 갔으며, 따라서 문화적으로 일본보다는 조선과 더 가까웠던 데서 말미암은 것으로 보인다.

중국에는 대부분 원대의 지명을 그대로 표기하고 있다. 이것은 원도가 원대의 지도라서 나타나는 현상으로, 일부만 명대의 지명으로 고치고 나머지는 그대로 두었다. 예를 들면 원의 행정구역 단위인 성省, 노路, 부府, 주州, 현縣 가운데 노에 해당하는 곳에 순덕順德, 광평廣平 등 원의 지명이 그대로 남아 있다. 그러나 원의 대도로大都路에 해당하는 북경은 연도燕都로, 원의 집경로集慶路 상원上元인 남경은 황도皇都로 표시해 명대의 지리 정보도 수록했음을 알 수 있다. 명은 응천부應天府, 남경에 도읍했다가 1421년세종 3 순천부順天府, 북경로 천도했다. 따라서「혼일강리역대국도지도」는 명이 천도하기 이전의 상황을 반영하고 있는 것이다.

중국 동남 해안의 섬들도 상세히 표시하고 있다. 산동 반도의 남쪽 해안에는 전횡도田橫島라는 지명이 보인다. 전횡은 제齊왕 영榮의 동생으로, 한신이 제왕을 포로로 잡자 스스로 왕이 된 인물이었다. 한 고조가 천하를 통일하자 전횡은 그를 따르는 무리 500인을 거느리고 이 섬으로 들어갔다. 고조가 부르자 그는 낙양에 이르러 자결하고, 섬에 있던 500인도 이 소식을 들은 뒤 모두 자결했다고 한다. 이러한 전설이 깃든 전횡도는 이후 조선에서 매우 중요하게 여겨졌다. 조선 후기의 지도첩에 수록된 중국도에는 조선과 중국 사이의 유일한 섬으로 그려지는 일이 많았다. 두 임금을 섬기지 않는 충절이 성리학적으로 매우 중요한 것이었으므로 전횡도라는 섬이 선택적으로 그려졌다.

「혼일강리역대국도지도」의 일본 부분은 조선 부분처럼 추가로 만들어 삽입한 것이다. 이 지도는 일본의 고승인 교키行基, 행기가 만들었다는「교키도行基圖」계열에 속한다.「교키도」는 동북부 지방을 돌출부로 나타내고, 규슈九州는 원형대로 그리며, 시코쿠四國 지방을 간략하게 표현한 것이 특징이다.

시암 대왕궁에 서 있는 명의 무장 15세기 타이 왕국 영내에 세워진 무장의 석상으로, 입고 있는 갑옷이 중국 명의 무장이 입는 것과 같다고 한다. 정화의 대항해가 이루어진 시기인 만큼 당시 중국과 동남아시아에 밀접한 교류가 있었음을 알 수 있다. 타이는 당시 '섬라(시암)'라 불렸으며 조선과도 교류가 있었다.

류코쿠대본 「혼일강리역대국도지도」에서 시코쿠가 혼슈本州와 분리되지 않고 연결된 것처럼 보이는 것은 시코쿠와 혼슈 사이에 있는 바다인 세토나이카이의 채색을 빠뜨렸기 때문이다. 이 지도의 일본 부분은 방위가 잘못된 점이 독특하다. 이 같은 방향의 오류는 「교키도」에서 서쪽이 지도의 윗부분, 동쪽이 아랫부분으로 된 데서 온 것으로 보인다. 즉, 서쪽을 위에 두는 「교키도」의 일본 지도를 「혼일강리역대국도지도」에 그대로 옮겨 그렸기 때문에 이와 같은 방위상의 오류가 발생한 것이다.

일본에서 동남쪽으로 눈길을 돌려 보자. 대유구大琉球, 유구琉球를 비롯해 팽호彭湖, 나찰羅刹, 장사長沙, 파리婆利, 석당石塘, 대인大人, 가라哥羅 등의 지명을 비교적 상세히 표시하고 있다. 중국에서는 현재의 타이완 지역을 유구라고 부르기도 하다가 명대부터 오키나와를 대유구, 타이완을 동번東番, 대만臺灣, 북항北港 등으로 부른다. 하지만 대부분 허명虛名에 지나지 않았고 대부분 대유구와 함께 사용해 지도에서도 대유구, 유구로 표시했다.

또한 이 지역에는 부상扶桑, 영주瀛州 등 삼신산으로 일컬어지는 지명도 수록해 눈길을 끈다. 삼신산은 봉래蓬萊·방장方丈·영주의 세 산을 말하며 발해에 있다고 전해진다. 이 산들에는 선인仙人과 불사약 등이 있고, 궁궐은 금과 은으로 지어졌다고 한다. 중국에서는 이 삼신산이 발해에 있다는 기록 때문에 통상 동방에 표시하곤 했다. 그래서 삼신산이 조선에 있다고 믿게 되었고 금강산·지리산·한라산을 곧 삼신산이라고 여기기도 했다.

이처럼 신선 사상과 관련된 지명뿐 아니라 『산해경』[2]에 나오는 지명도 해양에 표시하고 있다. 대인국, 소인국 등이 대표적이다. 실제의 지명뿐 아니라 가상의 지명도 해양에 배치하고 있는 것은 육지와 대비되는 해양이라는 개념을 넘어 바다 저편에 있는 미지의 세계를 상정했기 때문이다. 중국에서 제작된 세계지도 중에는 해양에 가상의 국가들이 수록된 사례가 적지 않은데, 해양이 지니는 성격과 깊

2 **『산해경』** 중국에서 가장 오래된 지리서. 천하의 명산을 산맥을 따라 기술하고 보옥(寶玉), 약초 등의 산물을 기술하고 있다. 먼 나라의 주민과 그에 관한 신화·전설도 많이 실었다. 고대 중국의 자연관을 알려 주는 자료이며, 신화가 적은 중국 고전 중 예외적 존재로 중시된다.

은 관련이 있다고 생각된다. 육지보다 인간이 접근하기 어려운 해양에서는 실제의 지명과 가상의 지명이 혼재하는 일이 더 많았다.

「혼일강리역대국도지도」의 일본과 동남해 부분
동남해에 수록된 대부분의 지명은 「광여도」의 「동남해이도」와 일치하고 있어서 두 지도가 이택민의 「성교광피도」를 기초로 제작되었음을 알 수 있다. ❶ 일본 ❷ 유구국 ❸ 팽호(타이완 해협의 평후 제도) ❹ 나찰(악귀의 일종인 나찰이 사는 상상의 나라) ❺ 장사(남중국해의 파라셀 군도) ❻ 파리(보루네오 섬 북서 해안의 브루나이) ❼ 석당(남중국해의 난사 군도) ❽ 대인(『산해경』에 나오는 상상의 나라).

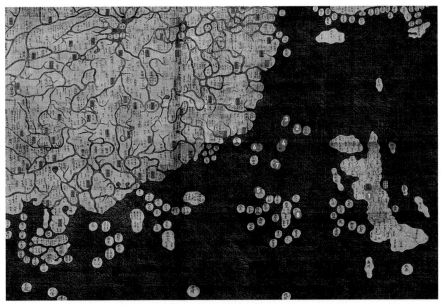

머나먼 땅
서역과 유럽과
아프리카

「혼일강리역대국도지도」에는 중앙에 중국이 포진하고 있고 동쪽으로 조선, 남쪽 바다에는 일본이 있다. 그리고 중국 서쪽에는 아라비아 반도와 아프리카 · 유럽 대륙이 그려져 있다. 지금의 세계지도에 익숙한 사람이라면 이 지도를 보고 실망할지도 모른다. 그려진 모습이 객관적 실재와는 동떨어지기 때문이다.

그러나 지도가 제작된 1402년 전후의 시기는 유럽에서 대항해 시대가 막을 열기 직전이었다. 지도학의 역사로 보면 고대의 탁월한 프톨레마이오스 세계지도가 재생되기 이전이었다. 이 시기 세계지도는 주로 종교적 세계관을 표현하고 있는 유럽의 T-O지도와 포르톨라노Portolano 해도[1] 형식의 지도였다. 따라서 「혼일강리역대국도지도」가 다소 왜곡된 형상을 띠고 있다 하더라도 당시의 세계지도로는 동서양을 막론하고 가장 뛰어난 지도로 평가될 수 있다.

'서역西域'으로 불리던 서남아시아와 북아프리카 지역의 지명은 『원사元史』「지리지地理誌」에 수록된 한자 지명과 일치하지 않는다. 「광여도」의 서역 지도는 당대 이전의 지명을 수록하고 있지만 「혼일강리역대국도지도」에는 새로운 지명들이 수록되어 있다. 이는 몽골의 지배하에 있던 아라비아 지도의 지명을 한문으로 번역해 표기했기 때문이다.

「혼일강리역대국도지도」에서 표현하고 있는 지역 가운데 가장 독특하고 중요한 곳은 서남아시아, 아프리카, 유럽 지역이다. 특히 서남아시아 부분에 지명이 밀집해 있는데 이는 아라비아 지도학의 간접적인 영향으로 볼 수 있다. 이 지역은 몽골 제국의 4대 한국汗國, 즉 킵차크한국 · 오고타이한국 · 일한국 · 차가타이한국의 영향이 있는 곳이다. 「혼일강리역대국도지도」가 몽골 제국의 중심국인 원의 지도를 저본으로 삼았기 때문에 몽골 제국 전체의 지리 지식을 망라하고 있었다. 여기서 붉은색으로 성가퀴를 표시한 것은 각 한국의 수도로 보인다. 알렉산드리아의 위치는 유명

1 포르톨라노 해도 13세기경 이탈리아에서 해상 교통을 위해 제작된 특수 지도. 나침반의 중심에서 방사하는 32갈래의 방위선이 그물망처럼 그려져 있다. 해안선, 항만 등도 상세하다. 1600년경 메르카토르 도법에 의한 해도가 발달하기까지 널리 이용되었다.

T-O지도 T와 O의 두 문자를 조립한 형태의 지도. 중세 유럽인의 기독교적 세계관을 상징적으로 나타낸다. O는 세계의 주위를 둘러싼 대양인 오케아누스(Oceanus)를 나타내며, 세계의 육지는 아시아·아프리카·유럽으로 크게 나뉘고 지도의 방위는 낙원이 있다는 동쪽을 위에 놓았으며, 지도의 중심에 성지인 예루살렘이 위치하고 있다. 중세 유럽의 지구원반설(地球圓盤設)을 뒷받침하는 지도로 의미가 깊은 지도이다.

한 파로스 등대를 나타내는 탑 모양으로 표시한 점이 이채롭다.

그래도 서남아시아와 북아프리카 지역은 역사적으로 중국과 교류가 많던 곳이지만, 유럽과 아프리카는 당시 동아시아 사람들에게 매우 생소했다. 「혼일강리역대국도지도」는 이 지역도 담아내고 있다.

포르투갈 서쪽에 있는 아조레스 제도도 표시되어 있는데, 이는 이슬람의 알 이드리시의 지도나 이븐 할둔2의 지도에서도 볼 수 없던 것이다. 아조레스 제도는 1394년 이후 포르투갈인에게 재발견되어 일반인에게는 1430년경에 알려졌다. 그런데도 1402년에 나온 「혼일강리역대국도지도」에 표시된 것을 보면, 몽골 제국이 건설되는 과정에서 매우 선진적인 지리 지식을 획득한 것으로 보인다.

아프리카로 내려가 보자. 북쪽에 있는 나일 강이 발원해 흘러가는 모습은 이슬람의 세계지도와 유사하다. 달의 산에서 발원한 물줄기가 크게 두 가닥으로 나뉘어 호수로 들어갔다가 다시 하나로 합쳐지는 모습으로 표현했는데, 이것은 원래 프톨레마이오스의 세계지도에 그려졌던 것이다. 아프리카 대륙의 내부에 커다란 염호鹽湖를 그리고, 중앙에는 황사黃沙를 표시했다. 염호란 물 1리터당 무기 염류량이 500밀리그램 이상인 호수를 말하는데, 여기서는 우간다에 있는 빅토리아 호수로 추정되고 황사는 사하라 사막으로 여겨진다. 그러나 실제와는 커다란 차이가 있다.

조선에는 생소한 이 머나먼 땅이 어떻게 해서 그려질 수 있었을까? 앞서 살핀 권근의 지문에서도 볼 수 있듯이 「혼일강리역대국도지도」는 중국으로부터 수입한 두 장의 지도를 기초로 한 지도이다. 이 가운데 「성교광피도」에는 중국 이외의 지역이 자세히 그려져 있고, 「혼일강리도」는 중국 역대 왕조의 강역과 도읍을 상세히 수록한 지도이다. 따라서 「혼일강리역대국도지도」에 그려진 유럽, 아프리

2 이븐 할둔 14세기 아라비아의 역사 철학자. 이슬람 세계 여러 민족의 역사를 다룬 『이바르의 책』을 썼다. 이 책에 실린 「역사서설(무캇디마)」은 사회의 형성과 변화의 법칙을 고찰하고, 문화사의 근본적인 문제에 해답을 부여하고자 한 세계적 명저이다.

알 이드리시의 원형 세계지도 1154년 이슬람 지리학자인 알 이드리시가 펴낸 세계지도책인 『로제르의 책』의 일부. 위쪽이 아프리카 대륙이고 산에서 내려오는 두 갈래의 선들은 나일 강을 나타낸다.

카 부분은 「성교광피도」의 것을 바탕으로 그린 것으로 볼 수 있다.

「성교광피도」는 오늘날 남아 있지 않으므로 구체적인 모습을 알 수는 없지만, 중국 원대에 이슬람 지도학의 영향을 받아 제작된 지도로 추정되고 있다. 몽골 제국은 중국 역사상 가장 넓은 판도를 확보해 유럽까지 진출했는데, 이로써 동서 간의 교류가 활발히 이루어졌다. 이 시기에 이슬람의 지도학도 몽골 제국에 전파될 수 있었다.

우마이야 왕조, 아바스 왕조 등 중세 이슬람 제국에서 지리학과 지도학이 발달한 것은 넓은 영토를 통치하기 위한 기초 자료를 확보하고 성지 순례, 교역 등에 활용하기 위해서였다. 지도학은 로마 시대의 선진적인 프톨레마이오스 지도학을 계승하고 있었다. 이슬람 제국의 칼리프들은 프톨레마이오스 저서의 번역을 후원했다. 알 이드리시 같은 학자는 지구가 둥글다는 지구설地球說을 기초로 원형의 세계지도를 만들기도 했다.

이러한 선진적인 이슬람 지도학은 동서 문화 교류 덕분에 몽골 제국의 중심국인 원으로 전파되었고, 원에서 다시 이택민과 같은 학자가 중국식 지도로 편집·제작했다. 따라서 「혼일강리역대국도지도」에 수록된 유럽과 아프리카의 모습은 중국을 거쳐 들여온 이슬람 지도학이 반영된 것이라 할 수 있다. 지도의 아프리카 부분에 그려진 나일 강의 모습과 지명들은 이슬람 지도학의 영향을 받은 증거로 제시되고 있다.

「혼일강리역대국도지도」의 아프리카와 서남아시아 부분 서역 부분의 지명은 『원사(元史)』「지리지」에 수록된 한자 지명과 일치하지 않는다. 또 명대에 나홍선이 만든 「광여도」의 서역 지도가 당대 이전의 지명을 수록하고 있는 데 반해 「혼일강리역대국도지도」에는 새로운 지명들이 수록되어 있다. 이는 몽골의 지배하에 있던 아라비아 지도의 지명을 한역해 표기했기 때문이다. '달의 산'을 의미하는 '제벨 알 카말'을 「혼일강리역대국도지도」는 '저불노합마(這不魯哈麻)'라고 표기하고 「광여도」는 '저불노마(這不魯麻)'라 표기하고 있다.

❶❷❸❹ 4대 한국의 수도 ❺ 파로스 등대 모양으로 표시된 알렉산드리아

❻ 나일 강 ❼ 염호(빅토리아 호수) ❽ 황사(사하라 사막)

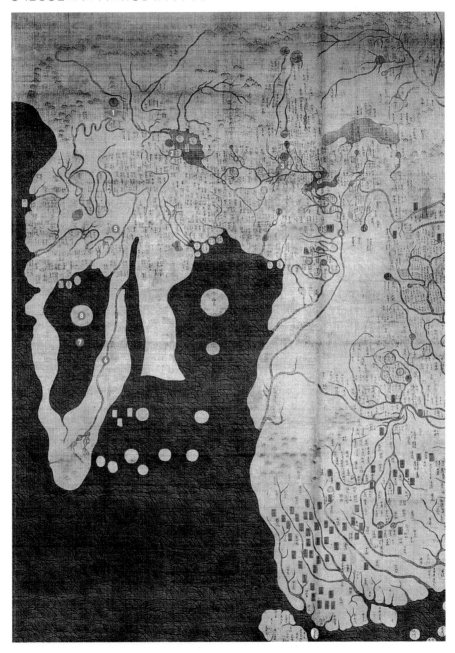

「혼일강리역대국도지도」의 세계사적 의의는 무엇인가

「혼일강리역대국도지도」에 그려진 지역 중에서 특히 아프리카 대륙의 모습이 시선을 사로잡는다. 아프리카 대륙의 모습은 남쪽 부분이 왜곡된 이슬람의 세계지도와는 달리 실제 지형과 거의 유사한 형태로 이루어져 있다. 아프리카의 서쪽 기니 만 부근의 해안선에 다소 왜곡이 있지만 동쪽 해안의 윤곽은 제모습을 갖추고 있다. 대륙의 내부에 나일 강이 발원해 북쪽으로 흘러가는 모습은 이슬람의 지도와 유사하다. 이미 살펴본 것처럼 대륙 내부에 커다란 염호鹽湖를 그렸고 중앙에는 황사黃沙가 표시되어 있는데 이는 사하라 사막으로 생각된다. '달의 산'을 의미하는 '제벨 알 카말'은 '저불노합마這不魯哈麻'라고 표기하고 있다.

그렇다면 1400년을 전후한 이 시기 서양의 지도에서는 아프리카를 어떻게 표현하고 있을까? 1300년에 제작된 헤리퍼드 지도는 서양의 기독교적 세계관을 표현한 것으로 성경에 수록된 내용을 반영하고 있다. 이 지도를 보면 위쪽은 아시아, 아래 왼쪽은 유럽, 아래 오른쪽은 아프리카 대륙을 표현하고 있는데, 아프리카는 아시아에 붙어 있으며 길쭉한 배의 형상으로 왜곡되어 있다. 14세기에 제작된 서양의 세계지

「혼일강리역대국도지도」의 아프리카 부분

헤리퍼드 지도

카탈란 세계지도

마우로의 세계지도

도는 기독교의 세계관이 반영되어 있기 때문에 아프리카의 형상도 실제와는 다른 형태를 띠는 것이 일반적이다.

15세기 이후에 제작된 세계지도에서도 이러한 흐름은 지속된다. 15세기 중반에 제작된 카탈란 지도에서는 지중해를 중심으로 하는 유럽과 북부 아프리카를 비교적 세밀하게 묘사하고 있지만 아시아 지역은 상대적으로 소략하다. 무엇보다 이 지도의 아프리카 대륙 남쪽에 거대한 가상의 대륙이 붙어 있다는 점에서 아프리카의 인식은 이전 시기의 수준을 넘지 못하고 있다.

1459년 마우로가 제작한 세계지도는 포르톨라노 해도, 프톨레마이오스의 『지리학안내』, 그리고 마르코폴로가 발견한 지식을 포함해 아시아에서 새로 획득한 지식을 바탕으로

제작했다고 평가된다. 그러나 지도의 아프리카의 윤곽을 보면 여전히 이전 시기의 왜곡된 형태를 벗어나지 못하고 있다.

서양 지도의 아프리카의 모습에서 뚜렷한 변화가 보이기 시작한 것은 15세기 말 기니 만을 넘어 아프리카 남부를 향한 항해가 시작되면서이다. 이를 선도한 것은 바르톨로메우 디아스였다. 디아스는 1487년 8월 두 척의 쾌속 범선 카라벨과 한 척의 식량선을 이끌고 출범해 아프리카 남단을 통과했다. 그는 이 항해에서 희망봉을 보지는 못했지만 해안선이 북동쪽으로 향하고 있음을 알고 만족했다. 귀국하는 도중에 아프리카 대륙 남단의 곶에도 비석을 세웠는데, 그곳은 주앙 2세로부터 희망봉이라는 이름을 얻었다. 이를 통해 '인도 발견에 대한 커다란 희망'이 생겼기 때문이다. 디아스의 항해

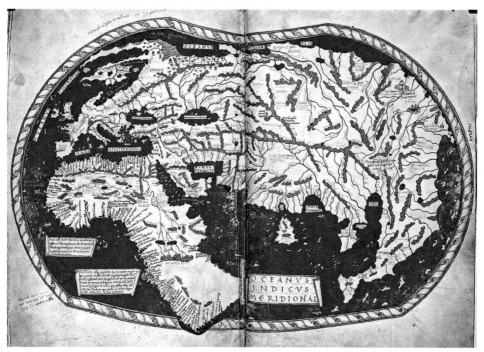

헨리쿠스 마르텔루스의 필사본 세계지도

는 1489년 귀국한 지 얼마 지나지 않아서 그려진 헨리쿠스 마르텔루스Henricus Martellus의 세계지도에 기록되었다.

마르텔루스의 세계지도를 보면 인도양의 윤곽이 프톨레마이오스의 지도를 따르고 있지만, 당시 항해에서 얻은 지식을 반영해 내해가 아닌 외해로 표현하고 있다. 그러나 아프리카 동쪽 해안선은 매우 왜곡해 표현했다. 「혼일강리역대국도지도」의 아프리카 해안선과는 커다란 차이를 보인다.

디아스의 아프리카 탐험에 이어 바스쿠 다

가마는 3개월 동안 대서양을 항해한 후 희망봉을 돌아서 동아프리카 해안을 북상해 1498년 5월 인도의 캘리컷에 도착했다. 한편 카브랄이 이끄는 제2선단은 바스쿠 다가마의 충고를 받아들여 기니 해안의 무풍을 피하려고 남서 코스를 택해 브라질에 도착한 뒤, 1500~1501년에 인도에 도달했다. 1502년 알베르토 칸티노가 리스본에서 빼내어 페라라에게 보낸 세계지도는 바스쿠 다가마, 카브랄과 그 뒤를 이은 사람들의 항해 결과를 밝힌 지리학상의 지식을 기록하고 있다. 이 지도는 동·서양의 새로운 발견을 기록한 현전하는 가장 오래된 포르투갈의 지도이다.

지도에는 당시 탐험의 성과를 반영해 남아메리카의 동쪽 해안의 모습이 그려져 있고, 바스쿠 다가마의 항해 결과로 아프리카 동쪽 해안선과 인도 반도 등이 실제의 모습을 갖추고 있다. 아프리카의 모습이 원형을 갖추게 된 최초의 지도인데, 「혼일강리역대국도지도」와는 100여 년의 시간 차이가 나고 있다.

이러한 사실을 종합해 보면, 「혼일강리역대국도지도」는 서양보다 100년 전에 아프리카의 온전한 모습을 그려 낸 지도가 된다. 현전하는 지도 가운데 아프리카의 온전한 모습을 그린 최초의 지도인 것이다. 바로 이것이 「혼일강리역대국도지도」가 세계사에서 차지하는 가장 큰 의의이다.

칸티노의 세계지도 15세기에 이루어진 탐험의 성과가 잘 표현된 포르투갈의 세계지도. 아프리카 대륙이 매우 정교해졌으나 탐험이 이루어지지 않은 동아시아 지역은 사실과 다르게 그려져 있다.

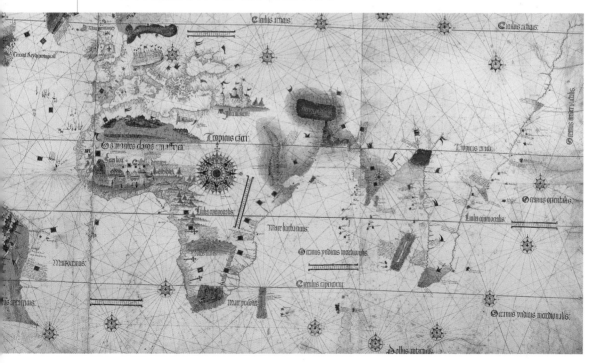

3.
왕의,
왕에 의한,
왕을 위한 조선

태조 이성계 어진 전라북도 전주 경기전 (사적 제339호) 소장. 처음 경기전에 봉안된 것은 1410년(태종 10)경이었으나, 시간이 가면서 낡아 1872년(고종 9) 화가 조중묵이 원본대로 옮겨 그렸다. 비록 옮겨 그리기는 했어도 현재 남아 있는 유일한 태조 어진이다. 익선관에 입체감을 주고 얼굴을 음영법으로 표현해 조선시대 초상화 연구의 중요한 자료로 꼽힌다. 비단에 세필. 150×218센티미터. 국보 제317호.

1388년^{우왕 14} 5월, 요동 정벌을 위해 출정했던 이성계가 압록강의 위화도에서 군대를 돌려 개경으로 돌아왔다. 고려의 멸망과 새 나라 건국의 서막을 알린 위화도 회군이 단행된 것이다. 회군 이후 이성계는 요동 정벌을 주도한 최영을 유배하고 우왕을 폐위함으로써 정치·군사적 권력을 장악했다. 이어 1389년에는 우왕의 아들로 그의 뒤를 이어 왕위에 오른 창왕마저 폐위하고 공양왕을 옹립했다. 이후 이성계·정도전 등 혁명 세력들은 새로운 나라를 세우려는 사전 준비로 고려의 정치·사회 개혁을 추진했다.

이성계 세력의 개혁 추진 과정이 순탄했던 것은 아니다. 우선 이색을 중심으로 하는 일군의 학자·관료들은 이성계 세력의 개혁 정책에 반대했다. 1389년 4월 도당^{都堂}에서 사전^{私田} 개혁에 관한 논의가 있었을 때 이색·권근·우현보 등이 전면적인 사전 개혁에 반대하면서 소유권 분쟁의 해결과 지나치게 높은 수취율 완화 등의 개선책을 제시한 것이 대표적인 사례이다. 사실 이들은 정도전 등 혁명 세력과 사제간이자 동료 학자로서 오랜 기간 학문적·인간적 교유 관계를 지속했던 사람들이다. 또 이들 역시 권문세족^{權門勢族}이 부와 권력을 독점하던 고려 말 정치·사회의 문제점들을 고쳐 나가야 한다는 점에는 같은 뜻이었다. 하지만 이색 등은 고려의 기존 체제와 질서까지 뒤바꾸는 급진적인 개혁을 추진하는 것은 원치 않았다.

여기에 이성계 세력의 개혁에 적극적으로 동참했던 정몽주마저 그 개혁이 새로운 나라를 세우는 혁명으로 이어지는 데 대해서는 반대의 뜻을 분명히 했다. 1390년^{공양왕 2}에 일어난 윤이·이초 사건[1]을 계기로 이성계·정도전 등이 반대파에 대한 공격·숙청과 역성혁명 추진을 본격화하자, 정몽주는 이에 반발해 이성계 세력에서 이탈했다. 이후 정몽주는 반혁명 세력의 수장으로서 이성계·정도전 등의 가장 강력한 정적이 되었다.

1 **윤이·이초 사건** 1390년(고려 공양왕 2) 이성계가 실권을 장악하자, 파평군 윤이와 중랑장 이초가 명에 몰래 들어가 이성계가 장차 명을 치려 한다고 밀고한 사건. 명 세력을 끌어들여 이성계 세력을 제거하려 했다는 혐의를 받았다. 이색·우현보·권근 등이 이 사건에 연루된 혐의를 받고 청주에 유배당했다.

공양왕릉을 지키는 문인석 고려 마지막 왕이었던 공양왕의 무덤은 경기도 고양시와 강원도 삼척시 두 군데에 있다. 경기도에 있는 무덤은 부인 순비 노씨가 함께 묻힌 정식 무덤이고, 공양왕이 유배 가서 사사된 삼척에 만들어진 무덤은 민간에 구전되다가 알려진 곳이다. 경기도의 무덤 앞에는 비석과 상석, 석등(石燈)과 석호(石虎) 등이 있고, 무덤 양쪽에는 문신과 무신 상이 세워져 있다.

이처럼 고려 말 이성계 세력이 추진한 개혁과 역성혁명 앞에는 수많은 반대와 난관들이 가로막고 있었다. 하지만 이성계 세력은 강한 무력과 정치권력을 이용해 반대 세력을 제압하면서 건국을 위한 각종 개혁 조치를 차근차근 진행했다. 그리고 마침내 이성계를 새로운 왕으로 추대함으로써 건국의 대업을 완성했다.

태조 이성계가 즉위한 지 2개월여가 지난 1392년 9월, 건국에 공을 세운 44명이 개국 공신으로 책봉되었다. 이 숫자는 나중에 52명으로 늘어난다. 표면적으로는 바로 이들이 조선 건국을 앞장서 추진한 주도 세력이었다고 할 수 있다. 하지만 개국공신들이 건국 과정에서 모두 동등한 공헌을 한 것은 아니다. 어떤 이는 실제 건국에 공이 있다기보다는 새 나라의 안정을 위해 영입되기도 했다. 따라서 개국공신 중에서도 조선 건국을 실질적으로 주도한 인물은 소수였다. 그중에서도 여말선초의 행적을 종합해 볼 때 가장 핵심적인 역할을 했던 인물은 정도전과 조준이었다.

정도전은 누구보다도 적극적으로 역성혁명을 추진한 인물이었다. 그는 이색의 문하에서 성리학을 공부하고, 공민왕대에 성균관 교관으로 활동하면서 정몽주·이숭인[2]·박상충[3] 등과 교유했다. 정도전은 1357년 성균관의 친구들과 함께 북원北元[4]과의 외교를 재개하려는 권신 이인임에 맞서다 유배당했다. 이후 9년여 동안 유배와 유랑 생활을 하면서 고려의 정치·사회적 문제점과 생생하게 마주한 정도전은 개혁의 필요성을 절감했다.

1383년 가을, 정도전은 함주^{지금의 함경도 함흥}에 갔다가 동북면 도지휘사로 그곳에 주둔하던 이성계를 만났다. 당시 정몽주가 이성계 부대의 조전원수로 있었던 것을 고려할 때, 정도전은 친구 정몽주를 만나러 갔다가 정몽주의 주선으로 이성계를 소개 받았을 가능성이 높다. 이곳에서 세 사람은 권문세족의 전횡으로 문란해진 고려를 개혁해야 한다는 점에 의기투합했다. 그리

2 **이숭인** 고려말의 문신으로 자는 자안, 호는 도은이다. 포은 정몽주 문하생이었다.
3 **박상충** 1375년(우왕 즉위) 북원과의 외교를 재개하려는 권신 이인임을 제거하라고 주장하다가 처벌받던 중 44세를 일기로 죽은 인물이다.
4 **북원** 명에 쫓겨 몽골 지역으로 물러난 원의 잔존 세력이 세운 나라.

반(反)이성계파의 거두 이색 이색은 고려 말의 문신으로 자는 영숙, 호는 목은이다. 포은 정몽주, 야은 길재와 함께 삼은의 한 사람으로 불렸다. 조선 초기 성리학의 주류를 이끌어 간 권근, 맹사성 등이 그의 제자였다. 사전 개혁에 반대하는 등 반혁명 세력의 중심으로 활동했다. 저서에 『목은시고』, 『목은전집』이 있다.

고 이후 세 사람은 윤이·이초 사건으로 정몽주가 이탈할 때까지 각종 개혁 추진 과정에서 정치적으로 뜻을 같이했다.

고려 말 혁명 과정에서 정도전의 가장 큰 공헌은 척불斥佛 운동의 전개와 반혁명 세력의 숙청에 앞장섰던 점이다. 1391년공양왕 3 4월 정도전은 성균관의 여러 관원과 함께 공양왕의 호불好佛 성향과 각종 불사佛事를 비판하면서 강력한 불교 배척을 요구했다. 정도전의 척불 운동은 기본적으로는 성리학적 이상 사회를 만들려는 노력이었다. 그러나 정치적 측면에서는 혁명 세력의 정책에 비협조적이던 공양왕을 견제하려는 목적이 있었다. 그와 더불어 반혁명 세력의 중심 인물인 이색이 불교에 우호적인 점을 이용해 그의 입지를 약화하려고 했다.

나아가 정도전은 이색이 우왕과 창왕을 옹립했던 것을 문제 삼았다. 정도전은 우왕과 창왕 옹립이 왕王씨의 대를 끊고 신辛씨를 왕으로 세운 반역 행위라고 비판하며 이색을 처벌하라고 주장했다. 이를 계기로 혁명 세력과 반혁명 세력 사이에 격렬한 대립이 전개되었고, 최종적인 결과는 무력에서 앞선 혁명 세력의 승리로 귀결되었다.

조준이 이성계와 손을 잡은 것은 1388년 위화도 회군 직전이었다. 기록에 따르면 조준이 관료들 사이에서 명망이 높다는 말을 들은 이성계가 그를 불러 국정 개혁을 논의했다고 한다. 위화도 회군 이후 조준은 사헌부 대사헌에 임명되어 정도전과 함께 개혁의 선봉으로 활동했다. 조준이 주도한 정책 중에서 가장 중요한 것은 바로 사전 개혁이었다.

이성계 세력은 위화도 회군 이후 우왕과 창왕, 그리고 그들을 지지하던 보수 권문세족을 조정에서 몰아냄으로써 정치권력을 확고히 장악해 나갔다. 그러나 이성계 세력이 권문세족과의 대결에서 확실한 우위를 차지하려면 정치권력의 장악만이 아니라 권문세족의 경제적 기반까지 무너뜨려야 했다. 이성계 세력이 여러 개혁 중에서 사전 개혁을 가장 먼저 추진한 것은 바로 이 때문이었다.

조준은 1388년 7월 상소를 올려서 사전 개혁의 필요성을 처음으로 제기했다. 권문세족이 불법적으로 점유한 수조지를 파악해서 이를 몰수한 뒤 관료들에게 재분배하는 것이 조준이 주장한 사전 개혁의 골자였다. 이로부터 사전 개혁은 가장 중요한 정치 현안으로 떠올랐다. 1389년 4월 도당의 논의에서 이색을 비롯한 관료 대부분이 조준의 사전 개혁 주장에 반대했다. 하지만 조준 등 혁명 세력은 반대와 저항을 뚫고 사전 개혁을 차근차근 추진해 나갔다. 그 결과 1390년 9월에는 공전과 사전의 토지 문서를 개경 한복판에서 불태워 버렸다. 이 사건으로 권문세족의 경제적 기반은 와해되었다. 그리고 1391년 5월 과전법科田法이 공포됨으로써 사전 개혁은 일단락된다. 권문세족에게 몰수한 수조지를 관리들에게 차등적으로 재분배하고, 소작농민이 땅 주인에게 수확량의 50퍼센트를 바치는 병작반수제並作半收制를 금지한다는 것이 과전법의 내용이었다.

　　이처럼 정도전과 조준은 고려 말 혁명 세력들의 핵심적인 개혁 조치들을 주도적으로 추진함으로써 조선을 세우는 데 중추적인 역할을 담당했다.

고려의 별이 지다 정몽주가 이성계파인 조준 등을 제거하려고 하자 이를 눈치 챈 이방원은 황주에 있던 이성계에게 이를 알리고 그날 밤 개경으로 돌아오게 했다. 동시에 정몽주를 제거할 계획도 마련했다. 정몽주는 정세를 엿보려 이성계를 문병했다가 귀가 도중 선죽교에서 이방원의 문객 조영규 등에게 살해당했다.

「오륜행실도(五倫行實圖)」중「몽주운명(夢周殞命)」 '정몽주가 목숨을 잃다.' 라는 뜻으로 정몽주가 피습되던 당시의 상황을 담고 있는 그림이다.

『연려실기술(燃藜室記述)』에는 정몽주가 피살될 당시 녹사(錄事) 한 사람이 정몽주를 수행하다가 함께 화를 당했다는 내용이 있는데, 이 사람이 바로 수행 녹사일 것으로 추정된다.

정몽주를 격살한 조영규. 정몽주를 살해하는 데 사용한 철퇴를 손에 들고 있다.

조영규에게 습격을 당해 쓰러진 정몽주. 고려의 마지막 보루였던 정몽주의 최후가 생생하게 묘사되어 있다.

왕은 신하와
권력을
나누지 않는다

1392년에 책봉된 개국공신 52명 중에는 건국에서 누구보다도 중요한 역할을 담당한 한 사람이 빠져 있었다. 그는 태조의 다섯째 아들 이방원이었다. 이방원은 태조 이성계의 여덟 아들 중 가장 출중한 능력을 갖춘 인물이었다. 그는 고려 말 과거에 급제해 문신 관료가 되었다. 1388년 위화도 회군 당시에는 이성계의 가족을 체포하려는 최영의 계획을 미리 알아내고 가족을 안전하게 피신시켜 아버지의 회군 성공에 일조했다. 공양왕대에는 국왕의 비서실장인 지신사知申事를 맡아 공양왕과 이성계의 가교가 되는 한편 공양왕 주변에 있는 반혁명 세력의 동향을 파악해 이성계 등에게 전달했다.

1392년 3월 이성계가 황주에서 낙마 사고를 당해 개경을 비운 사이 정몽주 등이 대대적인 탄핵 공세를 펼쳐 혁명 세력 전체가 위기에 빠졌다. 그때 이방원은 이성계를 신속하게 귀경토록 해 위기를 넘겼다. 그리고 반혁명 세력의 마지막 보루 정몽주를 제거해 조선 건국에 결정적인 공헌을 했다. 이처럼 이방원은 어떤 면에서는 정도전이나 조준보다도 더 큰 공을 세운 조선 건국의 주도 인물 중 하나였다. 하지만 그는 개국 이후 공신의 반열에 오르지 못했다. 그뿐 아니라 태조의 왕위를 계승할 후보자인 세자 자리도 이복동생 이방석에게 넘겨주고 말았다.

이방원이 개국 후 권력의 중심에서 밀려난 것은 아버지 이성계로부터 신뢰를 잃었기 때문이다. 그 결정적 계기는 정몽주 살해 사건이었다. 당시 정몽주는 혁명에 가장 큰 걸림돌이었지만, 한편으로는 이성계와 30여 년간 교유했던 절친한 친구였다. 게다가 얼마 전까지만 해도 고려의 개혁에 의기투합했던 정치적 동지였다. 따라서 이성계는 어떻게 해서든지 정몽주를 설득해 자기편을 만들고자 했고, 그래서 정몽주를 죽이는 데 끝까지 반대했다. 그런데 이방원이 자신의 반대를 무릅쓰고 정몽주를 살해하자 이성계는 이를 자신에 대한 도전으로 판단하고 이방원을 더는 신뢰하지 않았다.

이방원이 아버지의 외면을 받으며 권력에서 소외되고 있을 때, 태조의 최측근인 정도전

권력은 도끼다 왕(王)이란 글자는 본래 생사여탈권을 상징하는 도끼를 상형한 글자라고 한다. 조선왕의 면복에도 도끼 무늬가 들어 있었다. 정도전과 이방원은 서로 도끼를 쥐기 위해 사생결단의 싸움을 벌였다.

은 이방원을 돕지 않았다. 그뿐 아니라 태조가 막내아들 이방석을 세자로 책봉하자 정도전은 세자 교육을 맡아 이방석이 국왕의 자질을 갖추도록 도와주었다. 이방원과 정도전은 이성계를 옹립해 조선을 세우는 데 협력한 혁명의 동지였다. 게다가 이성계와 정도전의 막역한 관계 때문에 이방원도 개인적으로 정도전과 꽤 가까웠다. 따라서 이방원은 곤경에 처한 자신을 외면하고 방석을 돕는 정도전에게 불만이 생길 수밖에 없었다.

정도전이 이방원을 돕지 않은 것은 정치적 노선 차이에서 시작되었다. 사실 태조대에 정도전이 시행한 정책과 훗날 이방원이 권력을 장악한 후 추진한 정책을 비교하면, 그 내용이 상당히 유사하다는 것을 발견할 수 있다. 두 사람은 모두 백성에 대한 통치권을 중앙정부로 일원화해 정부의 통치력이 모든 지방 군현에까지 직접 미치는 중앙집권적 관료 체제의 확립을 추구했다. 그리고 권력의 중앙집권화에 병권의 일원화가 필수라고 판단해 사병 혁파와 군제 개혁을 적극적으로 추진했다.

중앙집권적 관료 체제의 추구는 권문세족과 지방 호족이 토지와 농민에 사적 지배권을 행사하던 고려 말 정치의 반성에서 나온 것이다. 고려 말 권문세족과 지방 호족은 권력과 부를 이용해 불법적으로 토지와 농민을 침탈했다. 이는 귀족의 토지 겸병과 농장 경영으로 이어지고 그에 따라 농민층이 몰락했다. 농민층의 몰락은 결국 국가 재정 기반의 붕괴를 초래했다. 조선의 건국 세력은 이러한 폐단이 중앙집권화의 미성숙에서 시작되었다고 보았다. 그래서 모든 권력을 중앙정부에 집중해 귀족과 호족의 사적 지배를 차단하고자 했다. 문제는 중앙집권화 정책을 누가 주도할 것인가 하는 점이었다. 이 점에서 정도전과 이방원의 생각은 극명히 달랐다.

정도전은 중앙집권적 관료 체제 운영의 주도권을 재상이 가지는 재상 중심의 권력 구조를 추구했다. 그는 왕위는 한 가문에서 세습하는 것이므로 국왕이 항상 현자賢者일 수 없다고 생각했다. 따라서 국왕은 상징적인 최고 권력자로만 머물러야 하고, 국정 운영의

정도전이 설계한 경복궁 정도전은 태조의 명을 받아 도성과 궁궐을 총설계했다. 『주례』의 원칙에 따라 설계된 경복궁은 일직선을 이루는 정전-편전-침전의 좌우에 신하의 공간과 왕의 공간을 균등하게 배분했다는 평을 받고 있다.

실질적인 최고 권력은 나라 안의 인재 중에서도 가장 뛰어난 사람을 임명하는 재상에게 주어져야 한다는 것이었다.

정도전은 재상이 정책의 최고 결정자이자 최고 집행자로서 실질적 권한을 가져야 한다고 보았다. 구체적으로는 중앙과 지방의 모든 관료를 통솔하면서 인사·군사·재정·작상爵賞, 작위를 주고 상을 내림·형벌 등의 권한을 행사하는 것이다. 하지만 이것이 재상의 독재적 국정 운영을 뜻하지는 않았다. 재상이 통치의 큰 줄기를 장악해 국정을 총괄하고, 세부 정책의 집행은 재상의 지휘 아래 백관百官이 분담해야 한다는 것이었다.

정도전은 상징적 최고 권력자인 국왕의 역할에 대한 입장도 피력했다. 그는 국왕의 실질적인 역할과 권한을 두 가지로 규정했다. 첫째는 나라 안의 어진 인재를 택해 재상으로 임명하는 것이고, 둘째는 재상과 함께 정사를 협의·결정하는 것이었다. 특히 재상과의 정사 협의는 국정의 큰 문제에 시행할 뿐이고 일상적인 작은 일은 재상이 독자적으로 처리해야 한다고 보았다. 또 정사를 협의·처리하는 과정에서 주도권은 재상이 가져야 한다고 강조했다. 이처럼 정도전은 재상 중심의 중앙집권적 관료 체제를 이상적인 통치 형태로 생각했다. 그리고 태조의 적극적인 후원 아래 정도전 자신이 실권을 가진 재상이 되어 새 나라 조선의 건국 사업을 주도해 나갔다.

반면 이방원은 국왕 중심의 정치 운영을 추구했다. 국왕이 상징적인 최고 권력자로 남는 데 그쳐서는 안 되며, 실질적인 권한을 가지고 국정을 직접 주도해 나가야 한다고 보았다. 오랜 기간 친분을 유지하고 또 이성계를 왕으로 추대하는 데 함께 협력한 정도전과 이방원은 근본적인 정치 노선의 차이 때문에 점차 대립하게 되었다. 여기에 태조가 두 번째 부인인 신덕왕후 강씨 소생의 막내아들 방석을 세자로 책봉한 것은 두 사람의 관계를 더욱 악화시켰다. 태조의 세자 책봉에 첫째 부인 신의왕후 한씨 소생의 아들들, 그중에서도 특히 정치적 야심이 강했던 이방원은 크게 반발했다. 그러나 정도전은 방석의 세자 책봉

태종이 지은 창덕궁 태종은 1405년에 법궁인 경복궁에 대한 이궁으로 창덕궁을 지었다. 창덕궁은 『주례』의 원칙에 따르지 않고 지형에 따라 건물을 자유롭게 배치했다.

에 반대하지 않았다. 그가 세자 책봉을 주도한 것은 아니지만, 어린 방석이 세자가 되는 것은 재상중심주의를 추구하는 자신의 정치 이상을 펼치기에 유리하다고 판단해 반대는 하지 않았던 것이다.

정도전과 이방원의 관계를 파탄에 이르게 한 것은 정도전이 추진한 사병 혁파였다. 정도전은 중앙집권화의 실현에 병권의 일원화가 필수라 여겨 개국 직후부터 군제 개혁을 적극적으로 추진했다. 그 핵심은 왕실 종친과 공신들에게 있던 군권을 회수해 중앙으로 귀속하고 개별적으로 소유한 사병도 혁파하는 것이었다. 정치적으로 소외되던 이방원이 마지막 보루인 무력 기반마저 상실할 위기에 몰린 것이다. 결국 이방원은 위기 상황을 벗어나기 위해 '무력 거사'라는 최후의 수단을 택할 수밖에 없었다. 그것이 바로 1398년^{태조 7}에 일어난 제1차 왕자의 난이다. 이방원은 군사를 일으켜 정도전을 죽이고 궁궐을 장악한 뒤 방석을 세자 자리에서 쫓아내 귀양 보냈다. 방석은 귀양 가는 도중 살해당했다. 방석과 함께 신덕왕후의 소생이던 방번도 이때 살해당했다.

제1차 왕자의 난으로 실권을 장악한 이방원은 둘째 형 방과를 왕으로 추대했으니, 이가 조선의 제2대 국왕 정종이다. 정종은 차남이었으나 맏형 이방우가 1393년 지병으로 죽은 뒤였기 때문에 왕위에 오를 수 있었다. 정종은 골육상잔의 비극이 일어난 한양을 싫어해 도읍을 개경으로 다시 옮겼다. 하지만 이방원 형제들의 비극은 아직 끝나지 않았다. 왕위를 이을 아들이 없던 정종의 후계자 자리를 두고 이방원과 그의 넷째 형 회안대군 방간이 대립한 것이다. 두 세력은 1400년^{정종 2} 1월 개경 한복판에서 치열한 시가전을 벌였고, 방원이 최종 승리자가 되었다. 이것이 제2차 왕자의 난이다.

제2차 왕자의 난이 끝나면서 권력의 추는 완전히 이방원에게로 기울었다. 그 직후 정종은 이방원을 세자로 책봉하고, 같은 해 11월 왕위를 물려주었다. 이로써 이방원은 명실상부한 최고 권력자의 자리에 오르게 되었다. 이가 조선의 제3대 국왕 태종이다.

권력은
아버지와 아들도
나누지 않는다

조선 후기의 문신 이유원이 지은 『임하필기林下筆記』는 태조와 관련된 다음과 같은 일화를
기록하고 있다.

> 태조가 만년에 왕업을 일으킨 함흥에 그리움을 품고 세자에게 왕위를 물려준 뒤 북쪽으로 행행
> 하고 나서는 대궐로 돌아오려 하지 않았다. 이에 조정에서 매번 돌아오도록 청했으나 청을
> 이룰 수 없었다. 전후로 보낸 사자만 10여 명이었는데 모두 돌아오지 못했다. 이것이 이른바
> 함흥차사咸興差使이다.
>
> ─이유원, 『임하필기』 제17권, 「함흥차사」

위의 일화는 대중에게도 널리 알려진 '함흥차사' 이야기이다. 태종의 즉위에 불만을 가
진 태조가 서울을 떠나 함경도 함흥에 은거했고, 태종은 문안 인사와 환궁 요청을 위해 차
사들을 파견했다. 그러나 모두 태조에게 죽임을 당해 아무도 돌아오지 못했다는 것이다.

태종이 보낸 차사들을 태조가 살해했다는 것은 역사적 사실이 아니다. 그러나 태조가
서울을 벗어나 함경도에 갔던 것은 사실이다. 태조가 서울을 떠난 이유는 국왕이 된 태종
을 보고 싶지 않아서였다. 권력을 차지하기 위해 자신의 이복형제까지 죽인 태종의 처사
를 용납할 수 없었던 것이다. 그런데 태조가 서울을 떠나 변방에 머물러 있는 것은 태종에
게 매우 난감하고 부담스러운 상황이 아닐 수 없었다. 무력을 통해 왕위에 오른 태종은 자
신의 집권을 정당화하고 정권을 안정시키기 위해 아버지 태조의 지지가 절실했다. 그런 상
황에서 태조가 서울을 떠나 있는 것은 그 하나만으로도 태조가 태종을 지지하지 않는다
는 사실을 보여 주기에 충분했다.

게다가 태조는 위의 일화에서 말하는 것처럼 함흥 한곳에만 머물렀던 것이 아니다. 그
는 경기도 양주의 소요산과 회암사, 함경도 안변의 석왕사 등지를 중심으로 자주 거처를

신덕왕후를 지키는 정릉 호랑이 신덕왕후의 능은 본래 지금의 서울 중구 정동에 있었으나 태종이 신덕왕후에 대한 반감 때문에 1409년(태종 9) 성북구 정릉동으로 옮겼다. 능을 옮기고 한 달이 지나자 태종은 정자각을 헐고 석물을 모두 묻어 버렸다. 또 광교에 있던 흙다리가 무너지자 그 석물을 실어다 돌다리를 만들게 했다. 1669년(현종 10) 왕후의 능으로 복원되었다.

옮겼다. 이 때문에 때로는 정부에서도 태조의 행방을 알지 못해 문제가 되기도 했다. 이런 상황은 즉위 초반 태종 정권을 불안정하게 만든 주요 요인 중 하나였다. 정부 관료들도 태조가 궁으로 돌아와야 한다는 점을 강조하면서 태종을 압박했다. 이에 태종은 여러 차례 태조에게 사람을 보내서 궁으로 돌아와 달라고 간청했다. 태종의 요청을 받은 태조는 못 이기는 척하며 잠시 돌아왔다가 얼마 안 되어 또다시 궁을 떠나곤 했다. '함흥차사' 이야기는 바로 이 같은 상황을 배경으로 만들어진 것이라고 할 수 있다.

　1405년^{태종 5} 10월, 태종은 양주의 회암사에 머물고 있던 태조에게 사람을 보내 급히 궁으로 돌아와 달라고 청했다. 명에서 파견된 사신들이 태조를 만나기를 청했기 때문이다. 하지만 태조는 끝내 오지 않았고, 결국 명의 사신들이 직접 회암사로 가서 태조를 만났다. 사신들을 접대한 태조는 이들이 금강산 유람을 떠나자 마전군^{지금의 경기도 연천}까지 나가 전송한 다음 곧바로 안변의 석왕사로 떠났다. 그리고 며칠 지난 11월 5일, 태조는 환관을 보내 동북면에 있는 선조들의 능을 참배하고 오겠다는 뜻을 태종에게 전했다. 그리고 이번에 참배를 마치고 서울로 돌아가면 앞으로 다시는 궁을 떠나지 않겠다는 약속의 말도 함께 전했다. 하지만 같은 날 동북면에서 또 하나의 소식이 태종에게 전해졌다. 바로 조사의가 반란을 일으켰다는 소식이었다.

　'조사의의 난'은 1405년 11월 5일, 당시 안변부사였던 조사의가 신덕왕후의 원수를 갚겠다면서 일으킨 반란이다. 조사의가 천명한 '신덕왕후의 원수'는 곧 왕후의 아들인 방석과 방번을 죽인 태종이었다. 따라서 반란의 궁극적인 목표는 태종 정권을 붕괴시키는 것일 수밖에 없었다. 조사의 반군의 규모는 약 6000~7000명 정도로 상당히 컸으며, 여기에 동북면의 여진족도 합류할 가능성이 높았다. 또 반군의 거점 역시 조사의가 있던 안변을 중심으로 덕원·영흥·함흥·북청·길주 등 동북면 전 지역에 분포되어 있었다. 이는 조사의가 상당히 일찍부터 반란을 준비했음을 보여 준다.

문제는 이 반란의 배후에 바로 태조가 있었다는 점이다. 물론 공식적으로 태조는 조사의의 난과 아무런 관련이 없다. 하지만 당시의 정황은 태조가 반란의 배후였을 가능성을 분명히 보여 준다. 우선 태조가 고려 말부터 사병으로 거느렸던 동북면 가별초[1]가 반란군의 주력을 이루었다는 점이 주목된다. 또 태조의 측근인 정용수와 신효창이 태조를 따라 동북면에 들어갔다가 반란에 연루되었고, 동북면 도순문사 박만 역시 조사의 반군에 합류해 보급을 담당했다.

이들은 반란이 진압된 후 관련자들을 논죄하는 과정에서 비교적 관대한 처벌을 받는데 그쳤다. 수년이 지난 후 태종은 이 일을 술회하면서 박만·정용수·신효창 등이 반란에 가담한 것은 자의가 아니라 태조의 지시를 어길 수 없었기 때문일 것이라고 말한 적이 있다. 즉 반란의 중심에는 태조가 있었으며, 태종 역시 이를 잘 알고 있었던 것이다. 태종이 반란군의 일원이던 이들을 강력하게 처벌할 수 없었던 이유가 바로 여기에 있다.

태조의 지원을 등에 업은 조사의 반군의 기세는 대단했다. 이미 동북면을 장악한 조사의 군대는 서북면 장악을 위해 맹주지금의 평안남도 맹산로 진출했고, 이곳에서 이천우가 이끄는 관군을 격파했다. 반군의 기세가 심상치 않음을 전해 들은 태종은 결국 직접 군대를 이끌고 전장으로 향했다. 태조의 지원을 받는 반군의 기세를 꺾으려면 자신이 나설 수밖에 없음을 깨달았기 때문이다. 결국 태조와 태종의 갈등은 부자간의 군사적 정면 대결에까지 이르게 된 것이다.

태종의 참전으로 관군의 사기는 크게 올라갔다. 반면 반군 측은 기대한 여진족의 합류가 무산되면서 기세가 한풀 꺾였다. 결국 전세는 역전되고 조사의 반란군은 불과 한 달여 만에 완전히 진압되었다. 태종의 참전 이후 반란의 실패를 예감한 태조는 11월 28일 동북면을 떠나 12월 8일 개경으로 돌아왔다.

1 **가별초(加別抄)** 조선에 귀화한 여진족 가운데는 조선의 군민(軍民)으로 편입되지 않고 자기네 추장 밑에서 사역하는 사람들이 있었는데 이들을 가리키는 말이다. 1411년(태종 11) 6월 혁파해 모두 조선의 민호(民戶)로 편입하도록 했다. 일명 가별치(加別赤).

이로써 아버지와 아들의 군사 대결은 아들 태종의 승리로 막을 내렸다. 그리고 태조는 비록 용서하고 싶지 않은 아들이지만 자신이 세운 나라의 안정을 위해 태종의 왕위를 인정해 주었다.

태조의 승인을 받은 태종 정권은 이후 차츰 안정을 찾아 갔다. 태종은 태조에게 자주 문안을 올리고 여러 차례 연회를 베푸는 등 태조의 불편한 마음을 달래기 위해 최선을 다했다. 또 태종은 1405년 10월에 수도를 한양으로 다시 옮겼다. 한양은 태조가 직접 선택한 조선의 수도였으므로, 한양으로의 재천도는 태조에게 매우 반가운 일이었다. 이런 사례들은 태종이 태조의 마음을 얻기 위해 얼마나 애썼는지를 잘 보여 준다. 그 결과 이후 두 사람의 갈등이 표면적으로 드러나는 일은 더는 없었다. 그리고 1408년 5월 24일, 조선의 태조 이성계는 74세를 일기로 생을 마감했다.

태조와 태종의 전설이 어린 살곶이 다리 뚝섬 부근에 있는 조선 시대의 가장 긴 다리. 태조가 함흥에서 돌아올 때 태종이 뚝섬으로 마중을 나갔는데, 분을 이기지 못한 태조가 태종을 향해 활을 쏘았다고 한다. 이때 화살이 날아가 꽂힌 곳이 이 다리 위였다고 전한다. 원래 이름은 제반교(濟盤橋). 길이 78미터, 너비 6미터. 보물 제1738호.

조선은 왕국이며
모든 주권은
왕으로부터 나온다

정도전으로 대표되는 신권주의와 벌인 대결에서 승리하고 왕위에 오른 태종은 아버지 태조로부터 집권을 인정받아 정권 안정의 기반을 마련했다. 그리고 그 바탕 위에서 국왕이 실질적인 권력을 장악하고 국정을 운영해야 한다는 신념을 구현하고자 여러 가지 정책을 적극적으로 추진했다.

태종이 가장 먼저 시행한 정책은 군권의 일원화를 위한 군제 개혁과 사병 혁파였다. 태종은 왕위에 오르기 전인 1400년^{정종 2}에 군제 개혁을 단행해 종친과 공신들이 사적으로 거느리던 군사들을 모두 삼군부에 소속하도록 했다. 또 지방의 절제사^{節制使}들이 장악하고 있던 군사 지휘권도 모두 삼군부로 귀속해 군 통수권이 중앙정부로 일원화한 국군 체계를 확립했다.

앞서 보았듯이 태종은 정도전의 사병 혁파 추진에 반발해 왕자의 난을 일으키고 권력을 잡았다. 하지만 그 역시 중앙집권화를 실현하려면 병권의 일원화가 반드시 필요하다고 생각했기 때문에 많은 공신의 반대에도 불구하고 군제 개혁과 사병 혁파를 강력하게 추진했다. 사병 혁파와 병권 일원화의 달성은 태종이 국왕의 권한을 더욱 강화하고 이를 바탕으로 중앙집권화 정책을 적극적으로 추진할 수 있는 중요한 발판이 되었다.

군제 개혁을 마무리 지은 태종은 국왕의 국정 장악력을 강화하고 재상의 권력을 약화시키는 일련의 중앙 관제 개혁을 지속해서 추진했다. 첫 번째 관제 개혁은 정종대인 1400년에 추진되었다. 먼저 고위 관료의 최고 의결 기관인 도평의사사^{都評議使司}를 폐지하고 그 대신 순수하게 정무 기능을 관장하는 의정부를 새로 설치했다. 그리고 군정^{軍政}과 왕명^{王命} 출납을 관장하던 중추부^{中樞府}를 해체해, 군정 기능은 삼군부로 통합하고 왕명 출납은 국왕의 비서 기관인 승정원^{承政院}을 신설해 관장하도록 했다.

두 번째 관제 개혁은 1405년에 시행했다. 개혁의 기본 방향은 국정을 총괄하는 의정부의 기능을 약화하고 대신 행정 실무를 담당하는 6조의 기능을 강화하는 것이었다. 먼

왕의 신민임을 입증하라 신분증명서인 호패. 원에서 시작되었다. 고려 때 도입했으나 잘 사용하지 않다가 태종대에 전국으로 확대해 호적법의 보조 역할을 했다.

저 6조 장관의 품계를 정3품 전서典書에서 정2품 판서判書로 승격해 6조의 위상을 한층 강화했다. 그리고 재정 관련 업무는 호조, 군정 관련 업무는 병조로 일원화했다. 관리들의 인사 행정 역시 문관은 이조, 무관은 병조가 전담하도록 했다. 또 의정부가 담당하던 업무의 상당 부분을 6조로 이관하도록 했으며, 정부 내의 여러 관서를 그 기능에 따라 6조의 하위 관서로 소속하도록 해 해당 조의 업무 지휘를 받도록 했다.

세 번째 관제 개혁은 1412년태종 12에 추진되었다. 이때는 6조의 기능을 더욱 확대해 의정부의 거의 모든 정무가 6조로 이관되었다. 의정부의 기능은 사대문서事大文書와 중죄인의 재심을 심의하는 정도에 그치게 되었다. 또 태종은 6조에서 입안한 정책은 의정부 재상들의 심의를 거치지 않고 왕에게 직접 보고해 처리하도록 했다. 이를 '6조 직계제'라고 한다. 6조 직계제의 시행 결과 6조는 중앙정부의 실질적인 최고 행정관서로 자리매김하게 된다. 또 국왕은 6조로부터 국정의 제반 사항을 직접 보고받음으로써 국정 장악력이 더욱 강해졌다. 결국 6조 직계제의 시행은 국왕이 국정 운영의 중심이어야 한다는 태종의 정치적 신념이 실현된 것이라고 할 수 있다.

한편 태종대에는 중앙집권 체제를 확립하는 각종 제도의 정비도 추진되었다. 우선 전국에 걸쳐 양전量田 사업, 즉 토지조사 사업을 시행해 전국 토지의 수량과 소유관계 등을 파악했다. 또 호구조사도 시행해 전국의 가구 수와 인구를 정확히 파악하고 이를 바탕으로 호적을 새로 정비했다. 그리고 새로 정비한 호적의 내용을 기준으로 16세 이상의 남자들에게 일종의 신분증명서인 호패號牌를 소지하도록 하는 호패법을 시행했다. 전국의 토지와 호구 조사 결과는 사람들의 신분을 파악하고 토지세와 군역 등의 세금을 거두는 데 중요한 자료로 이용되었다.

한편 태종대에는 지방의 행정구역도 새롭게 정비해 전국에 있는 모든 군현에 지방관이 파견된다. 이전 고려 시대에는 지방의 일부 몇 개 군현에만 중앙에서 관리가 파견되었다. 나머지 군현은 가까운 지역에 파견된 관리들이 간접적으로 행정 업무를 담당했으며, 관리가 파견되지 않은 군현이 훨씬 많았다. 그 결과 지방 군현의 실질적인 지배권은 그 지역의 향리가 장악했고, 이는 중앙집권화 실현에 큰 걸림돌이었다. 이에 조선은 건국 이후 지방관을 파견하는 군현의 수를 점차 늘려 나갔고, 태종대에 이르러 드디어 모든 군현에 관리를 파견하게 되었다. 이것은 중앙정부에서 지방의 사정을 파악하고 직접 다스리는 중앙집권 체제가 완전히 갖추어졌음을 보여 준다.

이처럼 태종은 재위 18년 동안 왕권 강화와 중앙집권 체제 확립을 달성하는 데 모든 노력을 기울였다. 그리고 이 과정에서 왕권에 도전하는 세력은 그 누구도 용서하지 않는 냉정함을 보였다. 자신의 집권을 도운 공신이라 하더라도 사병 혁파 등의 왕권 강화 정책에 반발하거나 권세를 믿고 분에 넘치는 행동을 하면 모두 관직을 빼앗고 유배 보내는 등 강력하게 대응했다. 왕실의 친인척에게도 예외는 없었다. 처남인 민씨 형제들이 권력을 남용하자 이들을 숙청한 일이나 세종 즉위 후 그의 장인 심온에게 권력이 집중될 기미가 보이자 그를 제거한 일이 대표적인 예이다.

태종은 왕권에 위협이 될 만한 세력을 모두 제거했고, 그 결과 조선의 정치와 사회는 점차 안정을 찾게 되었다. 태종의 뒤를 이은 세종이 경제적 번영과 문화적 발전을 이룩할 수 있었던 것은 태종대에 확립된 왕권과 정치·사회적 안정에 힘입은 바가 컸다고 할 수 있다.

왕을 호위하는 부릅뜬 눈 조선 왕조의 토대를 확고히 다진 태종과 원경왕후 민씨가 묻힌 헌릉의 무인석. 태조의 건원릉 형식을 따라 한 언덕에 두 개의 능을 조성한 쌍릉이다. 고려 공민왕릉(현릉)의 배치법을 본받아 왕릉의 위엄과 웅장함을 갖췄다. 제 23대 순조와 순원왕후 김씨의 능인 인릉과 함께 사적 제194호로 지정되었다.

"권력은 형제도 나눌 수 없다"

한국과 중국의 태종 이야기

618년 당을 건국한 고조의 둘째 아들 이세민李世民은 여러 가지 면에서 조선의 태종과 닮은꼴이었다. 총명하고 결단력이 뛰어났던 이세민은 수 왕조의 멸망을 내다보고 약관의 나이에 아버지를 부추겨 장안에서 군사를 일으켰다. 이세민은 위지경덕尉遲敬德·장손무기長孫無忌 등 용감한 장수들과 방현령房玄齡·두여회杜如晦 등 뛰어난 지략가들을 거느리고 건국 과정에서 돋보

당 태종의 소릉을 지키는 기마상
중국 산시성 시안 근교에 자리 잡은 소릉에서 있는 기마 인물상.

이는 활약을 보였다. 고조는 이세민을 진왕秦王에 봉하고 '천책상장天策上將, 하늘이 내린 장수'이라는 칭호를 내렸으나, 종법宗法을 지켜 장남인 이건성李建成을 태자로 삼았다. 그러나 이세민이 신료들과 백성들 사이에 명성과 신망이 높아 누가 태자인지 모를 지경이 되자, 이건성은 모사이던 위징魏徵의 건의를 받아들여 이세민을 제거하기로 했다. 이건성은 넷째인 이원길과 제휴해 이세민의 암살을 시도하고 고조의 후궁 윤덕비를 통해 이세민을 모함했다. 이세민은 여러 차례 암살을 모면했지만 모함을 피해 가지는 못했다. 고조는 이세민을 경계하기 시작했다.

이세민은 처남 장손무기와 방현령·두여회·위지경덕 등 심복들을 도사로 변장시킨 뒤 자기 집에 불러 대책을 협의했다. 방법은 단 하나, 선제공격을 가하는 것이었다. 이세민은 정변을 일으키기로 마음먹고 이건성의 부하로서 장안성 태극궁의 북문인 현무문 수비 대장을 맡고 있던 상하常何를 매수했다. 예정일은 626년 7월 2일이었다.

그날 이건성은 궁중에 들어가기로 되어 있었다. 당시 정세가 워낙 긴박했기 때문에 이건성과 이원길은 동궁 시위군과 사병의 호위를 받으며 움직였다. 그러나 황제가 거처하는 태극궁 안까지 사병을 들일 수는 없었다. 두 왕자가 사병을 현무문 밖에 두고 궁 안으로 들어갈 때, 임하전이라는 전각에서 이세민의 군사들이 그들을 기다리고 있었다. 매수해 두었던 상하가 미리 이세민의 군사들에게 문을 열어 주었던

것이다. 당황한 이건성과 이원길 앞에 수하 장수들을 거느린 이세민이 나타났다. 이원길은 바로 화살을 뽑아 이세민에게 세 발을 쏘았다. 그러나 세 발이 모두 빗나가고 말았다. 그러자 이번에는 이세민이 화살을 뽑아 형에게 겨누었다. 활시위를 떠난 화살은 이건성의 이마를 꿰뚫었다. 이원길은 소스라치게 놀라 도망갔으나 뒤쫓아 온 위지경덕이 쏜 화살에 맞아 숨졌다.

형제들을 처치한 이세민은 고조를 알현해 거사를 알렸다. 아들의 퍼런 서슬에 기가 죽은 고조는 7월 5일 이세민을 태자로 책봉하고, 2개월 뒤인 9월 4일 황제 자리를 양보했다. 이건성과 이원길의 가족은 이세민의 군사들에게 몰살당했고, 고조는 죽을 때까지 유폐되었으며, 이세민을 모함한 윤덕비도 처형당했다.

이처럼 처참한 살육전 끝에 황제가 된 태종 이세민은 역사에 남을 위대한 군주가 되었다. 자신을 암살하려 했던 위징을 포함해 널리 인재를 고루 기용하고, 수 양제의 실패를 거울삼아 사심을 누르고 매우 공정한 정치를 하는 데 힘썼다. 특히 위징의 능력을 알아보고 등용한 것은 태종의 그릇을 짐작하게 해 준다. 위징은 늘 죽기를 무릅쓰고 태종의 잘못을 간하며 바른길로 이끄는 신하의 도리를 다했다.

태종은 이 같은 인재들의 도움을 받으며 3성 6부의 중앙 관제를 세우고, '율령격식'이라는 법 체계를 완성했다. 또한 백성에게 땅을 골고루 나누어 주는 균전제均田制, 조·용·조라는 조세제도, 부병제라는 군사제도를 확립해 동아시

조선 태종과 원경왕후를 묻은 헌릉(獻陵) 서울 서초구 헌인릉길에 있는 쌍릉. 제23대 순조와 순원왕후가 묻힌 인근의 인릉(仁陵)과 함께 사적 제194호로 지정되었다.

아 각국에 큰 영향을 미쳤다. 밖으로는 돌궐 등 주변의 이민족을 제압해 유목 세계의 추장들로부터 지존을 의미하는 '천가한天可汗' 존호를 받았다. 또한 중국 역대 왕조의 역사를 정리하고, 경전을 정리한 『오경정의五經正義』를 편찬했으며, 서성書聖으로 추앙받는 왕희지王羲之의 글씨를 무척 사랑해 그의 대표작인 『난정서蘭亭序』는 죽을 때 무덤까지 가지고 갔다. 이 같은 태종의 위대한 정치를 '정관의 치貞觀之治'라 한다.

이처럼 당 태종이나 조선의 태종이나 뛰어난 군주의 조건을 다 갖춘 존재였다. 그러나 그들은 권좌에 오르기 위해 천륜을 어겨야 했다. 그들을 이렇게 만든 것은 가장 뛰어난 자가 최고의 자리에 오르지 못하기도 하는 군주제의 모순에서 비롯되었다. 현대인은 과연 이러한 모순을 극복하고 적임자가 최고 지도자가 될 수 있는 제도를 운용하고 있는 것일까?

15세기 조선의 중심을 가다

경도京都와 궁성宮城

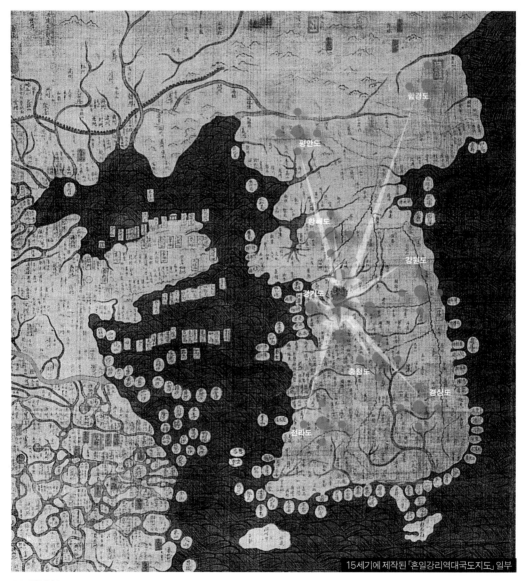

15세기에 제작된 「혼일강리역대국도지도」 일부

봉경(封境) 동으로 양양까지 540리, 서로 풍천까지 600리, 남으로 해진까지 980리, 북으로 여연까지 1470리, 동북으로 경원까지 2190리, 동남으로 동래까지 870리, 서남으로 태안까지 390리, 서북으로 의주까지 1140리. 『세종실록』 「지리지」에만 있는 '봉경(封境, 영토의 경계)' 항목이다. '경도 한성부'편에서 경도부터 봉경 8방까지의 거리로 국가의 영토를 표시했다. 각 군현편에서는 읍치를 중심으로 한 4방 거리로 읍치의 경계를 표시했다. '경도 한성부'편에서 특별히 봉경을 서술한 것은 한성이 전국 유일 중심이며 수도의 행정력이 전 영토에 미친다는 인식을 반영한 것으로 해석된다.

조선의 행정, 의례, 군사 등 모든 제도는 중앙집권의 원리에 따라 짜여졌다. 고려 시대에는 주군, 주현으로 불린 일부 군현에만 수령을 파견하고 향·소·부곡 같은 차별적 지역을 두었다. 반면 조선은 지방의 자의적 지배를 억제하고 중앙의 통제를 강화하면서, 모든 군현에 수령을 파견하고 향·소·부곡을 폐지해 지역별로 균질적 지배를 꾀했다. 또 각 군현에 동일한 관청을 설치했다. 이러한 중앙집권 체제의 중심에 경도와 궁성이 있었다.

중앙과 지방이 하나로

중앙집권 체제 아래에서 중앙과 지방은 강한 구심력 속에 하나로 움직였다. 경도에 왕의 거처인 궁성이 있으면 각 군현에는 관아 안 객사에 왕을 상징하는 전패가 있었다. 또 경도에 사직이 있으면 군현에도 사직이 있었고, 경도의 성균관에 문묘가 있으면 군현에는 향교 안에 문묘가 있었다.

경복궁

전라북도 무장현 관아의 객사

왕이 있는 궁성(위). 왕의 상징인 전패를 두어 왕명이 고을까지 미치고 있음을 보여 주는 객사(아래). 수령과 백성은 정해진 때에 객사에 배례해야 했다.

경도의 사직

전라북도 남원의 사직

조선 경내의 토지에 제사를 지내는 경도의 사직(위, 사단과 직단 따로 설치, 한 변 2장 5척). 읍치 내 토지에 제사를 지내는 지방 사직(아래, 사단과 직단 하나로 설치, 한 변 2장 3척).

성균관대성전

충청북도 청주 향교의 대성전

경도 성균관의 문묘(위). 군현에 문묘를 모신 향교(아래). 향교는 고려 때 설치되기 시작하여 16세기 전에는 거의 모든 군현에 들어섰다. 향교에는 토지와 노비가 지급되었다.

역대 도성의 변천

성곽 형태의 변천

고구려 말	고려 11세기 초	고려 말	조선
평양 장안성 고대에는 수도 전체를 둘러싸는 성곽 없이 수도 주변의 산성이 방어 거점 역할을 했다. 수도 전체를 둘러싼 성곽의 효시로 고구려장안성이 꼽힌다.	**나성** 고려 개경 초기에는 수도 전체를 둘러싸는 성곽이 없었다. 11세기 초 거란의 침입을 겪은 후에야 약 23킬로미터의 나성이 건설되었다.	**내성** 나성을 축소 건설하자는 논의에 따라 서북부는 기존의 나성 성곽을 이용하고 동남부를 축소해 약 11킬로미터의 내성을 건설하기 시작했다.	**포곡식 산성** 한성은 수도의 산세를 연결하는 포곡식 산성으로 건설되었다. 18킬로미터로 고려의 나성보다는 작고 내성보다는 큰 규모로 건설되었다.

다경제(多京制)에서 하나의 경(京)으로

발해 5경

신라 5소경

고려 양경~4경

조선 한성

다경제 → 하나의 경

조선 이전에는 국가 집권력의 차이로 여러 '경'을 두곤 했다. 고려는 양경(개경, 평양), 4경(개경, 평양, 남경, 경주)을 두기도 했다. 중앙집권화의 진전으로 여러 경의 필요성이 감소해 조선은 한성을 유일한 경도로 삼았다. 그러나 조선 초기에는 아직 한성이 확고한 자리를 잡지 못해 개경과 한성의 양경제가 논의된 적도 있었다. 전 왕조의 수도라는 점에서 개경은 외관직으로 편제된 군현들과 달리 경관직으로 유지되었다. 유후사로 불리다가 세종대에 유수부로 바뀌었다.

경도京都 한성부漢城府

왕의 도시

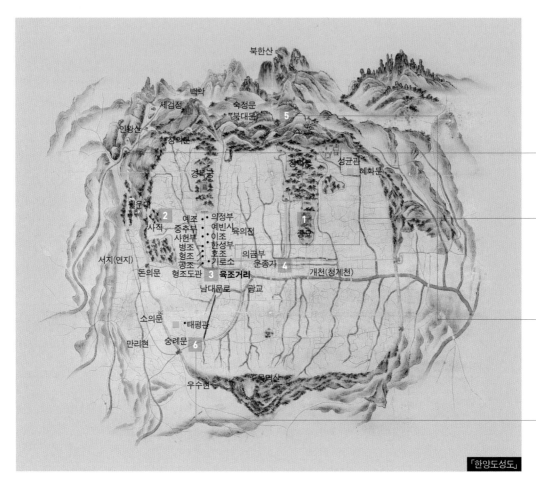

北한산

백악
세검정
숙정문
(북대문)
인왕산
장의문
창덕궁
성균관
혜화문
경복궁
5
필운대
예조 · 의정부
2 중추부 · 예빈시 육의전
사헌부 · 이조
병조 · 한성부
형조 · 호조
공조 · 기로소
서지(연지)
종묘
1
의금부
운종가
4
돈의문
형조도관 **3** 육조거리
개천(청계천)
남대문로
광교
소의문
•태평관
만리현
숭례문 **6**
우수현
목멱산

「한양도성도」

산세와 수세

한성은 한강 북쪽, 삼각산 남쪽에 사방에 산으로 둘러싸인 분지 지형에 자리 잡은 도시다. 백악을 주산으로 해 서쪽에 우백호인 인왕산, 동쪽에 좌청룡인 타락산(지금의 낙산), 남쪽에 목멱산이 있는데, 북서쪽이 높고 남동쪽이 낮은 편이다. 따라서 도성 안의 물길인 개천(지금의 청계천)은 서쪽에서 발원해 동쪽으로 흘러 나가 도성 밖에서 한강의 다른 지류들과 만나 한강으로 들어간다. 도성을 둘러싼 네 산을 내사산 (內四山)이라 부르고 내사산의 동서를 흐르는 개천은 내수(內水)라 이른다.
한성에 적용된 풍수는 불교와 밀접했던 고려 국도 풍수가 퇴출되고 조선식 풍수관이 대두되는 계기가 되었다.

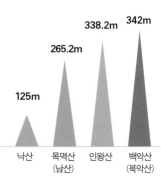

342m
338.2m
265.2m
125m

낙산　　목멱산　　인왕산　　백악산
　　　　(남산)　　　　　　(북악산)

한성 내사산의 높이

수도는 근대 이후 들어온 어휘로, 전근대 시기 이에 해당할 단어는 여러 가지가 있으나 조선에서는 '경도'와 '한성부'로 구별해 이를 개념화했다. 이는 보통 명사 '서울'과 고유 명사 '서울'이 갖는 개념적 차이와 비슷하다. '경도'가 국왕이 거주하는 나라의 중심이라는 추상적인 실체라면 '한성부'는 그러한 경도가 위치한 지역이자 이를 관할하는 관서를 가리킨다.

도성 건설의 교과서 『주례』. 남면하는 궁궐을 중심으로 왼쪽(동쪽)에 종묘[左廟]를, 오른쪽(서쪽)에 사직[右社]을 두도록 했다. 궁궐 앞에는 관청[前朝], 뒤에는 시장[後市]을 두고, 궁궐과 성곽 사이 사방에 9궤 도로를 내도록 했다.

『주례』 '왕국경위도궤도'

종묘와 사직 **1** **2** 경복궁 왼쪽에 왕실 사당인 종묘를 두고 오른쪽에 사직을 두었지만, 지형에 따라 각각 궁궐과 약간의 거리를 두고 자리 잡았다.

종묘 / 사직

관아와 시장 **3** **4** 육조거리에 육조, 한성부 등을 두어 궁궐과 연락했다. 태종 때 개천을 준설한 뒤 간선 도로변에 행랑을 설치해 만든 시전은 궁궐과 관청에서 필요한 물품을 조달하는 역할을 했다. 대부분의 관서들은 육조거리와 경복궁 서편, 현재 북촌이라 불리우는 일대에 주로 위치했다.

성곽 城郭 **5** 한양 성곽은 개경의 나성 건축 방식을 계승해 수도 주변의 사산을 연결했다. 나성처럼 한양 성곽도 처음엔 토성과 석성을 혼축했으나, 세종대 초반 전면적으로 개수할 때 모두 석성으로 바꾸었다.

성문 城門 **6** 4대문과 4소문 등 총 8개의 성문을 두었다. 조선은 목덕의 나라를 표방했고 목덕을 상징하는 숫자는 8이었다. 전국을 8도로 나눈 것도 같은 이치에서였다.

숙청문(숙정문)

창의문

혜화문

돈의문

흥인지문의 이름은 원래 흥인문이었는데 나중에 '지' 자를 넣은 것은 동쪽이 낮은 지대이므로 그곳을 메우기 위한 풍수설의 뜻을 담고 있다.

흥인지문

소의문

숭례문

광희문

성균관명륜당

■**기타 주요 기관** 제사 및 교육 시설인 성균관, 동평관, 북평관 등 외교 시설, 흥천사, 흥덕사, 원각사 등 불교 사찰 및 도교적인 제례를 치르는 소격서가 있었다. 성균관(왼쪽)은 정치와 도덕의 중심인 경도의 핵심 시설이고, 흥천사의 사리탑과 원각사지 10층 석탑(오른쪽)은 경도의 랜드마크 가운데 하나였다.

원각사지 10층 석탑

궁성宮城

왕정의 중심

궁궐은 왕도 정치의 주체인 국왕이 머무는 곳이며 정치가 펼쳐지는 중심으로 신민에게 존엄함을 보이는 장소였다. 궁궐과 전각은 장대하게 지어 존엄을 보이고 이름 역시 아름답게 지어 거처하면서 경계를 되새기게 했다.

경복궁의 역사

- **1394** ● 공사 시작.
- **1395. 9** ● 공사 완료.
- **1412** ● 경회루 건설.
- **1426** ● 각 문과 다리의 이름 정함.
- **1427** ● 동궁 건설.
- **1429** ● 사정전과 경회루 수리.
- **1431** ● 광화문 수리.
- **1432** ● 문소전 수리.
- **1433** ● 신무문 새로 지음.
  강녕전 수리.
- **1443** ● 계조당, 교태전 새로 지음.
- **1456** ● 취로정 새로 지음.
- **1473. 3** ● 경회루 수리 공사 시작.
- **1473. 7** ● 경회루 수리 공사 완료.
- **1543** ● 동궁 화재로 소실.
- **1553** ● 강녕전, 사정전, 흠경각 등 화재로 소실.
- **1592** ● 임진왜란으로 경복궁 소실.
- **1865** ● 경복궁 중건 시작.
- **1867** ● 경복궁 중건 완료.

근정전

1 근정전(정전): 조회와 같은 큰 의식을 치르는 곳. 『서경』 무일편에서 유래한 이름. 왕은 부지런히 어진 이를 찾아 일을 맡기고 쉬라는 뜻을 내포한다. 정도전의 재상 중심 정치 철학과 맥락을 같이한다.

사정전

2 사정전(편전): 왕이 평상시 집무를 보는 곳. 생각을 지극히 하라는 의미에서 붙여진 이름. 경연을 펼치고 정사를 논의하는 격물치지의 장소이면서도 흥미롭게도 앞뜰에서 격구희가 자주 행해졌다.

강녕전

3 강녕전(침전): 왕이 잠을 자는 곳. 『서경』 홍범편에 '강녕(편안함)' 하나를 들면 오복을 망라한다고 한 데서 유래한 이름. 이곳에서 수신에 힘써 도덕적으로 완벽해져 오복을 얻으라는 뜻이 담겼다.

4 경회루: '경회'는 훌륭한 왕과 훌륭한 신하의 '기쁜 만남'을 뜻한다. 태종은 이 공간을 통해 창업의 공과 위기의 왕조를 반석에 올린 공을 자임했다. 유구 사신은 이곳 돌기둥에 조각된 용이 연못의 연꽃 사이에서 보였다 안 보였다 하는 광경을 조선의 3대 장관 중 하나로 꼽았다.

경회루

경회루(慶會樓)

5 교태전: 세종대 건설된 별전 중 하나로서, 고종대 중건되면서 왕비의 침전으로 바뀌어 건설되었다. 『주역』 64괘 중 건괘를 아래, 곤괘를 위에 배치한 태괘에서 따온 이름이다.

교태전

빈전
승화당
자선당
동궁

동궁(東宮), 기타 왕실

6 동궁: 세자가 머무는 곳. 본래는 경복궁 밖에 따로 있었다. 중심 건물로 자선당과 승화당, 빈전이 있었다.

궐내 각사

집현전(지금의 수정전) 주변에 중추원, 삼군부 등 궐내 각사가 들어서 있었다. 중추원은 승정원으로 이어져 왕명 출납을 맡고, 삼군부는 오위도총부로 바뀌었다. 승문원, 홍문관, 춘추관, 내의원, 관상감, 전설사, 내반원 등도 설치되었다. 그 밖에 궐내에는 상의원, 사옹방, 상서사, 경흥부(중궁 요속 관리), 내시 다방 등 궁 안을 관리하는 기관들이 있었다.

수정전(집현전)의 행랑흔적

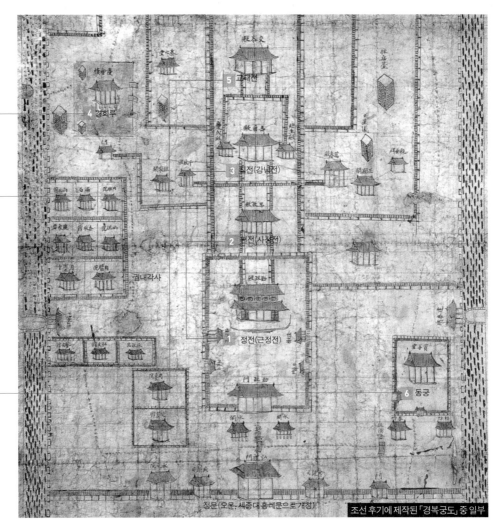

다음의 도면에는 다음과 같은 라벨이 표시되어 있다:

- 4 경회루
- 5 교태전
- 3 침전(강녕전)
- 2 편전(사정전)
- 권내각사
- 1 정전(근정전)
- 6 동궁
- 정문(오문, 세종대 흥례문으로 개정)

조선 후기에 제작된 「경복궁도」 중 일부

경복궁이라는 궁명과 주요 전각명은 정도전이 지었다. '경복'은 『시경』에 나오는 말로 훌륭한 자손이 연이어 나와 나라의 운이 오래 이어지는 것이 큰 복이라는 뜻. 비교적 작았던 초기 경복궁은 중축선을 갖는 좌우 대칭의 배치 속에 정전, 편전, 침전이 일직선으로 배치된 구조였다. 광화문(남문), 영제교 등 문과 다리의 이름을 정하고 경복궁이 제 모습을 갖춘 것은 세종대였다.

임진왜란 이전 조선의 3대 궁궐

경복궁 조선의 법궁. 16세기 명종 때 소실된 것을 중건했지만, 임진왜란으로 소실된 후 고종 때까지 중건하지 못했다.
창덕궁 이궁. 1405년 태종이 한양으로 재천도할 때 맞추어 창건한 뒤 주요 궁으로 사용했다. 경복궁처럼 임진왜란 때 소실된 것을 가장 먼저 중건해 역대 왕이 사용했다.
창경궁 성종대 대비전이 부족하다는 명분으로 건설된 이궁. 임진왜란 때 소실된 후 창덕궁에 이어 중건되었다.

19세기에 창덕궁과 창경궁을 그린 「동궐도」

황제의 도시, 왕의 도시

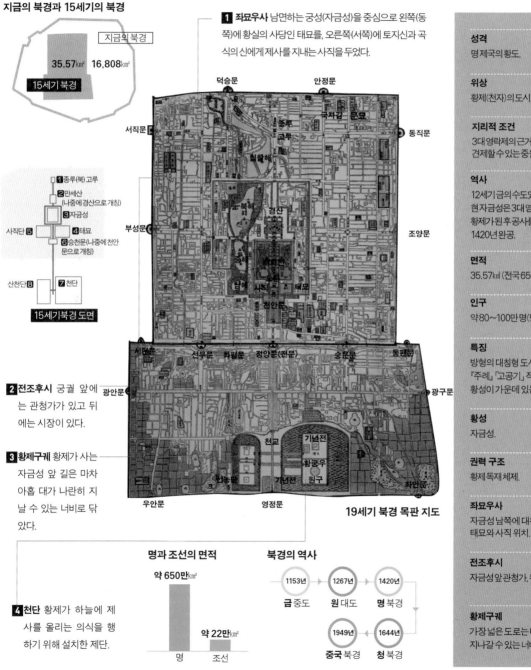

지금의 북경과 15세기의 북경

지금의 북경
35.57km² | 16,808km²
15세기 북경

15세기북경 도면
1 종루(북) 고루
2 만세산 (나중에경산으로 개칭)
3 자금성
4 태묘
5 사직단
6 승천문(나중에천안 문으로 개칭)
7 천단
8 산천단

1 좌묘우사 남면하는 궁성(자금성)을 중심으로 왼쪽(동쪽)에 황실의 사당인 태묘를, 오른쪽(서쪽)에 토지신과 곡식의 신에게 제사를 지내는 사직을 두었다.

2 전조후시 궁궐 앞에는 관청가가 있고 뒤에는 시장이 있다.

3 황제구계 황제가 사는 자금성 앞 길은 마차 아홉 대가 나란히 지날 수 있는 너비로 닦았다.

4 천단 황제가 하늘에 제사를 올리는 의식을 행하기 위해 설치한 제단.

19세기 북경 목판 지도

명과 조선의 면적

약 650만km²
명

약 22만km²
조선

북경의 역사

1153년 금 중도 → 1267년 원 대도 → 1420년 명 북경

1949년 중국 북경 ← 1644년 청 북경

조선의 경도와 궁성 체제는 동시대 중국 왕조였던 명의 새로운 황도 북경, 황성 자금성과 비교하면 그 보편성과 특수성을 더 잘 이해할 수 있다. 18~19세기의 지도를 바탕으로 두 중세 도시의 역사와 위상, 규모, 기본 구조 등을 비교하고 오늘날의 관점에서 어떤 변화가 있었는지도 살펴보도록 하자.

1 좌묘우사 태조의 즉위 교서에서 고려의 종묘는 위치와 묘수가 맞지 않으며, 사직은 위치는 맞으나 제도가 맞지 않는다고 비판했다. 한양의 종묘사직은 이러한 문제의식을 바탕으로 제도와 위치가 조정되었다.

지금의 서울과 15세기의 한성

현재
15세기 한성
17.3㎢
605.25㎢ 지금의 한성

백악산(현무)

숙정문

인왕산(백호)

창덕궁

성균관

경복궁

창경궁

낙산(청룡)

사직

종묘

육조거리

2 전조후시 『주례』에 따르면 궁궐 앞에 관청가, 뒤에는 시전을 둬야 했지만, 지형의 특성에 따라 시전은 가장 큰 간선 도로변에 위치시켰다.

시전 운종가

홍인지문

돈의문

개천(청계천)

3 제후칠궤 제후(왕)의 길은 마차 7대가 나란히 지날 수 있는 너비로 닦았다.

숭례문

18세기 「한양도성도」

목멱산(주작)

세종대로

4 원구단 하늘에 제사를 지내던 곳. 여러 차례 치폐를 거듭했으나 제후는 하늘에 제사 지낼 수 없다는 인식에 근거하여 세조대에 최종적으로 폐지했다.

한성의 역사

기원전 18년
475~553년
1101년

백제 한성 삼국의 쟁탈지 고려 남경

1948년
1394년

대한민국 서울 조선 한성

자금성과 경복궁 면적

72만㎡

43만㎡

자금성 경복궁

경회루의 봄 조선 왕조의 절정은 뜻밖에도 빨리 찾아왔다.
제대로 된 왕의 나라를 만들기 위해 피를 마다하지 않았던
태종 덕분에 안정된 왕권을 물려받은 세종은 왕조의 유일한
주권자로서 할 수 있는 거의 모든 것을 완벽하게 해내 건국 반
세기 만에 조선을 절정의 문화 왕국으로 이끌었다.

02
때 이른 절정

1418년

조선의 제4대 임금으로 즉위한 세종은 역대 제왕들 가운데 역사적으로 독보적인 지위를 누리는 인물이다. 명군으로 일컬어지는 다른 왕들, 예컨대 고구려의 광개토왕, 백제의 근초고왕, 신라의 태종무열왕, 고려의 문종, 조선의 정조 등을 생각해 보자. 그들은 일세를 풍미한 군주로서 자신들의 왕조와 백성에게 지대한 영향을 끼쳤다. 그러나 그들이 세운 업적이 현대 한국인의 삶에 직접적인 영향을 주는 것은 없다. 그들의 업적은 한국사의 명맥을 이어 주고 그 내용을 풍부하게 해 준 '지난날의 유산'으로 기억되고 있다.

그러나 세종은 다르다. 세종은 왕정 시대의 다른 군주들은 물론 어떤 의미에서는 근현대 한국의 지도자들보다도 더 현대 한국인에게 큰 영향을 미치고 있다. 세종이 만들었지만 그의 시대보다는 현대 한국에서 더 많이 사용되고 있는 한글 때문이다. 한글은 한국인의 일상생활에 없어서는 안 될 요소이고, 한국인이 독창적이고 우수한 문화를 소유한 민족임을 만방에 과시하는 최고의 지표이다.

이처럼 세종은 한글 때문에 종종 역사적 맥락에서 빠져나와 현대 한국인의 추앙을 받는다. 광화문 앞 광장에 근엄하고 인자한 모습으로 앉아 있는 세종의 동상이 그의 초역사적 위상을 적나라하게 보여 준다. 민주주의 시대의 국민들이 왕정 시대의 지도자를 이토록 사랑하고 존경하는 모습은 기묘하다. 민주적 원리에 따라 수천만 명 중에서 뽑힌 지도자들보다 몇 명의 아들 중에서 선택된 세습 군주의 업적이 두드러진다면 민주주의 시대의 주권자인 우리는 어떤 태도를 취해야 할까? 왕정 시대의 유일한 주권자였던 군주가 최대한으로 발휘한 역량을 존경해야 하는가, 질투해야 하는가?

이런 문제와는 별도로 세종이 현대 한국인의 멘토로 군림하는 현상은 정작 세종의 시대를 역사적으로 보는 데 어려움을 준다. 세종도 할아버지와 아버지, 아들과 손자, 그리고 대를 이어 왕위에 오른 후손과 마찬가지로 조선의 왕조 체제 속에서 주어진 몫을 했던 군주였다. 몇 세기 후에나 찾아올 민주주의 시대를 내다보고 시대를 초월해 살다 간 사람은 결코 아니다. 그는 아버지가 확립한 사대주의를 철저히 실천하면서 조선을 확고한 중화 질서 속에 두려고 했던 성리학 군주였다. 심지어는 현대 한국인의 자부심에 커다란 근거를 제공한 한글마저도 그러한 성리학 프로젝트의 일부였다. 한글 창제를 포함한 세종의 빛나는 업적들은 그가 어떤 왕보다도 더 철저하게 성리학에 심취하고 조선을 중화적인 나라로 만들고자 했기에 나올 수 있었다.

조선은 몽골 제국 이후의 세계에서 명을 중심으로 하는 성리학 공간에 소속해 철저히 성리학의 원리를 구현하며 살아가려 한 왕국이었다. 그러한 조선의 왕은 성리학의 원칙에 따라 살고 나라를 이끌어 갈 때 가장 이상적이라고 여겨졌다. 세종은 그러한 조선의 왕이 할 수 있는 최대치에 접근한 왕이었다. 세종 이전에도, 세종 이후에도 그런 영광을 누린 왕은 거의 없었다. 그러나 세종의 후손들이 왕으로서 보이는 결함과 비극들은 세종의 결정에서 비롯된 것도 있었다.

세종은 어떻게 왕으로서 비상할 수 있었을까? 이상적인 군주에 다가간 세종이 만들어 놓은 조선은 어떤 모습의 왕조였을까?

1.
무위武威의 왕국

「야연사준도(夜宴射樽圖)」
김종서는 세종의 명을 받아 여
진족을 물리치고 두만강 하류
남쪽 강변에 6진을 설치했다.
17~18세기의 역사화첩인 『북
관유적도첩(北關遺蹟圖帖)』
에 수록된 이 그림은 김종서가
6진을 설치한 뒤 도순문찰리
사로 있을 때의 일화를 다루고
있다. 김종서가 어느 날 저녁
장수들과 술을 마시며 잔치를
벌이고 있는데, 갑자기 화살이
날아와 큰 술병에 꽂혔다. 장
수들은 모두 놀라서 겁을 먹고
벌벌 떨었지만, 김종서는 침착
하게 연회를 마쳤다고 한다. '야
연사준'이란 '밤잔치에 술병으
로 날아든 화살'을 뜻한다.

세종이 약관을 갓 넘긴 스물둘의 나이로 즉위했을 때, 조선이라는 나라의 국제적 위상과 조선 왕의 국내외 위상은 결정되어 있었다. 젊은 왕 이도는 명 천자의 제후로, 중화 체제의 우등 국가인 조선의 국왕으로 경력을 시작했다. 그는 할아버지와 아버지처럼 왕조를 세우고 권력을 다지기 위해 피를 흘릴 필요가 없었다. 성리학적 이상 국가라는 목표에 맞춰 왕도의 길을 걸어가는 것이 그에게 주어진 과업이었다. 그러나 조선의 국제적 위상이 큰 틀에서 자리매김되었다고 해서 모든 문제가 해결된 것은 아니었다. 동아시아가 명을 중심으로 하는 중화 체제로 자리 잡았다는 것은 명과 조선만의 생각일지도 몰랐다.

중원을 차지하고 중화 체제보다 훨씬 더 방대한 세계 제국을 건설했던 몽골족은 초원으로 돌아갔지만, 그들은 여전히 중국에 가장 커다란 위협 요소로 남아 있었다. 세계 제국 이전에 금을 건국하고 북중국을 제패했던 여진족은 칭기즈칸에 의해 만주로 쫓겨난 뒤에는 잊힌 존재처럼 살고 있었다. 그러나 몽골족이 초원으로 떠나고 명이 중원에 들어서자 그 조용했던 여진족도 다시금 들썩이며 존재감을 드러냈다.

남쪽에도 골칫거리는 있었다. 13세기 말 고려·몽골 연합군이 일본 원정에 실패한 뒤 일본은 세계 제국의 바깥으로 밀려났다. 일본은 두 차례의 전쟁을 치른 데다 대륙으로 이어지는 교류의 길이 끊겨 어려운 처지로 몰렸다. 14세기 전반기에 일본 최초의 무사 정권인 가마쿠라 바쿠후가 몰락하고 난보쿠초라는 분열의 시대가 열린 것도 이와 무관하지 않을 것이다. 13세기 중반까지만 해도 한반도와 중국의 해안에 출몰하던 왜구[1]는 몽골 제국의 서슬이 퍼렇던 100여 년간 그림자를 감추었다. 그러다가 원·명 교체기를 맞아 다시 나타난 왜구는 이전과 비교도 할 수 없는 규모와 빈도를 과시하며 고려와 명을 괴롭혔다. 명이 해금海禁 조치를 내린 원인에는 동중국해에 출몰하는 왜구도 한몫하고 있었다.

이처럼 중국과 한반도의 안정을 해치는 북쪽의 몽골, 남쪽

1 **왜구** 난보쿠초 혼란기의 남조 세력권에 있던 규슈 일대의 일본인이었다. 그러나 일본인 학자 중에는 왜구가 일본인과 고려인의 연합으로 구성되었다고 주장하는 사람도 있다.

북에는 여진족 숙신, 말갈 등으로 불리며 고구려와 발해에 복속해 있었다. 12세기에 강대해지면서 금(金)을 세워 북중국을 지배했다. 13세기에 일어난 원의 위세에 눌려 있던 여진족은 14세기 후반 몽골족이 쫓겨 가면서 다시 한번 백두산 일대에서 존재감을 과시하기 시작했다.

의 왜구를 가리켜 '북로남왜北虜南倭'라 했다. 이러한 북로남왜는 명만이 아니라 조선에도 영향을 미쳤다. 명에게 최대 위협이었던 몽골은 초원으로 쫓겨 간 이래 조선에는 직접적인 위협을 주지 않았다. 몽골과 조선 사이에 명이 있었기 때문이다. 그러나 여진족은 달랐다. 오랜 옛날부터 여진족은 백두산을 중심으로 한 넓은 지역에서 한국인과 생활권을 공유했다. 여진족은 백두산을 장백산長白山이라 부르며 자신들의 발상지로 숭배했고, 고려 역시 백두산을 국토의 근간으로 여겨 이곳에서 제사를 지내곤 했다. 몽골 제국의 고삐에서 풀려난 여진은 조선과 생활권이 겹쳤기 때문에 잦은 충돌을 빚을 수밖에 없었다.

세 갈래로 나뉜 여진족 가운데 압록강과 두만강 유역에 살던 건주여진은 명과 조선이 서로 자기편으로 삼으려고 경쟁하는 대상이었다. 조선은 투항해 오는 여진족은 포상을 내리며 적극적으로 환영했고, 그러지 않은 여진족이라도 문호를 개방했다. 그러나 통일되지 않은 여진의 여러 부족은 압록강 중상류와 두만강 연변에서 조선의 백성과 크고 작은 충돌을 빚는 일이 여전히 많았다.

남쪽의 왜구 역시 신생국가 조선에 적잖은 골칫거리였다. 14세기 후반 들어 많으면 500척에 이르는 대선단을 이끌고 한반도 곳곳에 출몰한 왜구는 해안 지역을 약탈하는 데 그치지 않고 때로는 고려의 수도 개경을 위협하기도 했다. 우왕이 재임한 14년 동안 왜구가 고려를 침범한 횟수는 무려 378회에 이르렀다. 고려가 멸망에 이르게 된 원인 가운데 하나가 왜구라는 진단이 있을 정도였다.

여러 차례 왜구를 격퇴하고 고려의 구세주로 떠오른 이성계는 위화도 회군으로 전권을 장악한 뒤 경상도원수 박위에게 100여 척의 함대를 주어 왜구의 소굴 가운데 하나인 쓰시마를 공격하게 했다[389]. 이때 박위가 300여 척의 적선을 불태우고 포로로 잡혀간 고려인 100여 명을 데리고 돌아오면서 왜구의 기세는 다소 꺾였다. 그리고 한반도에서도 왜구들의 사신死神 이성계가 왕위에 오르면서 국면이 전환되었다.

고려 때만큼 심하지는 않았지만 조선에 들어서도 왜구의 침략은 계속되었다. 태조 이성계가 "나라의 근심이 왜구만 한 것이 없다國家所患莫甚於倭."라고 할 정도였다. 태조는 강온 양면의 대책을 모두 구사했다. 여진과 마찬가지로 조선으로 귀화해 오는 '향화왜인向化倭人'을 환영하고 평화적인 일본 사절의 내왕을 적극적으로 받아들였다. 그럼에도 불구하고 1396년태조 5 왜구가 경상도 연안에 침입하자 김사형 등을 보내 쓰시마와 그 옆의 이키 섬을 토벌하기도 했다.

여진과 왜구의 문제를 해결하는 것은 젊은 왕 세종이 성리학적 이상 국가로 나아가기에 앞서 반드시 풀어야 하는 선결 과제였다. 중화 체제의 모범 국가로서 주변 세력을 교화하되 안 되면 무위武威를 과시해서라도 문화적이고 평화로운 관계로 들어오게 해야만 했다. 그리하여 명 중심의 중화 체제에서 확고한 위상을 지키고 그에 걸맞은 영역을 확보해야 했다. 이러한 과제를 수행하기 위해 세종은 칼을 빼 들었다. 그리고 나라 밖으로 정벌군을 보낸, 몇 안 되는 조선 국왕 가운데 한 명이 되었다.

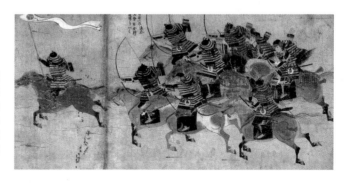

남에는 왜구 왜적의 침입은 삼국 시대에도 빈번했으나, 특히 고려 말로 갈수록 더욱 피해가 커져서 나라가 망하는 원인 중 하나가 되었다. 조선은 해안을 무력으로 방위하는 한편, 회유책으로 무역의 길을 열어 주는 방법을 선택했다. 1419년에는 대규모 원정군을 파견해 왜구의 근거지인 쓰시마를 정벌하기도 했다.

기해동정 –
쓰시마 전체가 와서
항복하라

세종은 축제 분위기 속에서 왕위에 오른 몇 안 되는 임금 가운데 한 명이다. 대개의 왕은 선왕이 죽은 뒤 그를 떠나보내는 장례식 기간에 보위에 오른다. 그러나 세종은 아버지 태종이 52세로 아직 정정할 때 왕위를 물려받았다. 태종은 상왕으로 물러나 군사, 외교와 같은 굵직굵직한 일을 직접 관장하면서 젊은 세종에게 힘을 보탰다.

제1·2차 왕자의 난을 겪은 태종은 조선을 강력한 군주의 나라로 만들고자 피비린내 나는 일을 마다하지 않은 사람이다. 세종이 세자이던 시절, 왕실의 친인척으로 장차 세자의 앞길에 장애가 될 수 있는 사람은 처남이든 사돈이든 개의치 않고 죽였다. 세종의 외삼촌들인 민무구·민무질 형제와 장인인 영의정부사 심온이 그 희생양이었다. 이제 그 세자를 보위에 앉혀 놓고 늙어 가는 태종이 아들을 위해 해 줄 수 있는 마지막 피바람이 남아 있었다. 태조가 나라의 첫 번째 근심거리라고 했던 왜구 문제의 무력 해결이었다.

1419년^{세종 1}은 기해년이다. 그해 5월 다급한 소식이 남쪽에서 올라왔다. 쓰시마 왜구들이 충청도 비인 도두음곶에 32척의 배를 몰고 와서 조선 배 7척을 불 지르고 수백 명의 군사를 죽였다. 황해도 해주의 연평곶에도 38척의 배를 몰고 나타나 양식을 빼앗고 군사들을 공격했다. 한동안 얌전하게 지내는가 싶던 왜구들이 또다시 말썽을 일으킨 것이다. 원인은 전해에 쓰시마를 덮친 흉년이었다. 쓰시마 왜구들은 심각해진 식량 문제를 해결하려고 명 해안을 털러 가던 도중 조선의 비인과 해주 해안을 약탈한 것이다.

태조가 주도한 쓰시마 정벌 이래 왜구는 비교적 잠잠했다. 태종은 부산포·내이포^{지금의 경상남도 창원 진해}·염포^{지금의 울산}·가배량^{지금의 경상남도 거제}을 일본에 개방하고, 서울에는 동평관과 서평관을 두어 일본 사절단을 접대하는 객관으로 쓰도록 배려했다. 이처럼 교류의 안정을 기하던 차에 왜구의 침략이 있자 상왕 태종은 분노했다. 당시 쓰시마에서는 도주 소 사다시게^{宗貞茂}가 갑자기 죽고 어린 소 사다모리^{宗貞盛}가 뒤를 이었다. 혈기 방장한 소 사다모리가 왜구를 선동한 게 아닌가 의심한 태종은 대군을 보내 왜구의 싹을 없애겠다고

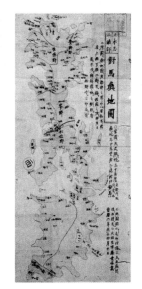

"쓰시마는 옛 신라 땅" 1756년(영조 32) 일본에서 만들어진 쓰시마 지도. "대마도(쓰시마)는 원래 신라 땅에 예속해 있었고 408년(실성왕 7)까지 동래부에 속한 섬으로 470리 거리 동남쪽 바다에 있다. 무신년(408)에 왜가 들어와 살기 시작했다."라고 기록하고 있다.

결심했다.

태종은 아들 세종과 신료들을 모아 놓고 쓰시마 정벌을 논의했다. 명으로 간 해적선들이 쓰시마로 돌아가는 시점을 노려 중간에서 공격하자는 안이 나왔다. 그러나 명이 개입하면 조선이 쓸데없는 부담을 너무 많이 질 수도 있었다. 그 대신 왜구들이 명에 가 있는 동안 쓰시마를 쳐 위력을 보여 주자고 결론 내렸다.

기해년의 쓰시마 정벌, 즉 기해동정은 치밀하게 진행되었다. 먼저 조선 땅에 들어와 장사를 하며 살고 있던 일본인을 잡아들였다. 정벌 계획이 일본으로 새 나가는 것을 미리 방지하고, 쓰시마로 정벌군이 떠난 뒤 조선 땅에서 일본인이 말썽을 일으키지 못하게 하는 예비 단속이었다. 경상도 355명, 충청도 203명, 강원도 33명 등 591명의 일본인 신병을 확보했고, 그 과정에서 136명의 일본인이 목숨을 잃었다.

소 사다모리가 보낸 사신들을 불러들여 자꾸만 조선을 괴롭히면 가만있지 않겠다고 으름장도 놓았다. 정벌의 명분을 쌓아 두기 위한 외교전이었다. 또 규슈 지역에서 온 사신들을 불러들여 쓰시마 정벌 계획을 사전에 통지하기도 했다. 왜구의 소굴인 쓰시마를 손보려 하는 것일 뿐, 일본 본토와 싸울 생각이 없다는 뜻을 알려 주기 위해서였다.

그리고 정벌군을 꾸렸다. 경상도·전라도·충청도에 있는 병선 227척과 병사 1만 7285명을 끌어모아 지금의 경상남도 통영과 거제도 사이에 있는 견내량에 집결하도록 했다. 군량미도 65일분을 비축했다. 이 같은 대군의 총사령관을 맡은 사람은 도체찰사 이종무였고, 박실·우박·황상 등 당대의 전략가들이 참모를 맡았다. 이들은 조선 본토가 수비 태세를 갖출 때까지 대기했다. 자신들이 빠져나간 사이에 명으로 갔던 왜구가 조선으로 쳐들어오면 곤욕을 치를 수도 있기 때문이었다.

이종무가 이끄는 원정대가 거제도 남쪽 주원방포를 출발한 것은 6월 19일이었다. 태

기해동정의 전적지 오자키에 상륙한 기해동정군은 후나코시를 봉쇄한 뒤 니이의 누카타케에서 전투를 벌였다. 후나코시는 '배가 넘어가는 곳'이라는 뜻이다. 일본 쪽에서 배를 타고 온 사람들은 후나코시 동쪽 해안에 정박하고 걸어서 서쪽 해안으로 가서 조선으로 가는 배를 탔다.

종은 이번 원정이 쓰시마를 정복하는 것이 아니라 위력을 보이는 것임을 강조하고, 폭풍이 닥치는 7월 이전에는 돌아오라고 지시했다. 과거에 여·원 연합군이 일본 원정에 나섰다가 태풍을 만나 실패한 사례를 잘 알고 있었기 때문이다.

이튿날 이종무 함대는 쓰시마의 아소 만에 있는 오자키 포구를 공격해 129척의 배를 불태우고 20척의 배를 나포했다. 그리고 쓰시마 도주인 소 사다모리에게 항복을 권했다. 소 사다모리는 응답하지 않았다. 그러자 이종무는 군사를 풀어 오자키 일대를 뒤지며 왜구를 수색했다. 그 결과 114명의 왜구를 찾아내어 참수하고 약 2000호의 가옥을 불태웠다. 그 과정에서 131명의 명 포로도 찾아냈다. 그리고 함대를 이동시켜 쓰시마의 허리를 이루는 후나코시에 정박하고 그곳에 목책을 설치했다. 쓰시마 사람들은 후나코시를 통해 조선과 일본 사이를 오갔기 때문에 이곳에 목책을 설치하면 쓰시마 해안을 봉쇄하는 효과를 볼 수 있었다.

그러나 소다早田 사에몬타로가 이끄는 왜구는 항복하지 않고 아소 만 북쪽의 니이仁位로 대피해 전투태세를 갖추었다. 니이로 진격한 이종무는 전면적인 상륙작전을 펼치려다 마음을 바꾸어 셋으로 나뉜 소속 부대 가운데 한 부대만 올려 보내기로 했다. 그래서 각 부대의 장수들을 불러 제비를 뽑게 한 뒤 선택된 장수의 부대만 육지로 올려 보내 왜구와 싸우게 했다. 왜구는 누카타케糠岳라는 작은 산에 진을 치고 있다가 조선군을 맞아 공격을 펼쳤다. 지리에 익숙하지 않은 조선 군사들은 고전하다가 100명 이상이 목숨을 잃고 말았다. 이종무는 함대를 철수해 오자키까지 물러났다. 일본 역사에서는 이를 '누카타케전투糠岳の合戰'라고 부르며 외침을 물리친 승전으로 기록하고 있다.

그 후 이종무는 소 사다모리의 답변을 기다리다 7월 3일 황해도 주변에 왜구가 출현했다는 급보가 오자 함대를 돌렸다. 태종은 이종무를 환영하고 성대한 연회를 베풀어 주었다. 그러나 누카타케의 패전은 조선의 자존심에 생채기를 냈다. 신료들은 쓰시마에서 데

누카타케의 '승전' 안내문 오늘날의 누카타케 앞에는 이곳에서 벌어진 전투에서 일본 측이 이종무의 원정군에 승리를 거두었다는 사실을 기록한 안내문이 있다. 원정군을 '외구(外寇)'로 표기했다.

려온 중국인 포로들로부터 이 사실이 명 조정에 알려질까 봐 그들을 명으로 송환하지 말자는 논의를 하기도 했다. 이에 대해 태종은 기해동정이 성공적인 원정이었고 그런 손실은 전쟁에서 있을 수 있는 일이라며 개의치 않고 송환토록 했다.

그런데 누카타케 패전을 조사하는 과정에서 이종무가 정찰대 선발을 제비뽑기로 정한 일이 큰 문제가 되었다. 여러 신하가 이를 문제 삼아 이종무를 탄핵했지만 태종은 기해동정의 성과가 퇴색할까 봐 이종무를 감쌌다. 그러자 변계량 등은 다른 방법으로 이종무를 공격했다. 쓰시마 정벌대에는 불충한 행위로 문제가 되었던 김훈과 노이가 참여했는데, 이종무가 그런 자들을 데리고 원정에 나선 것은 잘못이라는 주장이었다. 태종도 어쩔수 없이 이종무를 1년간 귀양 보냈다가 슬그머니 관직에 복귀하도록 했다.

비록 누카타케의 패전도 있었고 쓰시마의 완전한 항복을 받아낸 것은 아니지만 기해동정의 성과는 작지 않았다. 쓰시마는 물리적인 피해뿐 아니라 조선을 상대로 노략질의 길도, 교류의 길도 모두 끊겼다. 조선은 다른 지역의 일본인에게는 교역을 허락했지만 쓰시마와는 모든 교류를 끊었다.

소 사다모리는 꼬리를 내리고 그해 9월 20일 항복하겠다는 의사를 전했다. 그러나 태종과 세종은 그들의 진의를 의심하고 대응책 논의를 계속했다. 세종은 혈기 왕성한 젊은 왕답게 쓰시마 사람들이 전부 와서 항복해야 그 진의를 믿겠다는 말을 하기도 했다. 급해진 소 사다모리는 이듬해 정월 다시 사자를 보내 조선 조정에 주군인州郡印을 내려 달라고 청했다. 쓰시마를 조선의 한 지방인 주州로 지정하면 충성을 바치겠다는 의사 표시였다. 그러자 조선 측에서는 쓰시마가 경상도에 속해 있으니 항상 경상도에 보고하고 그 지시를 받으라는 대답과 함께 쓰시마가 청한 인장과 선물을 보냈다.

이후 조선은 쓰시마 사람에게 조선의 벼슬을 내리고 그런 사람만 조선으로 들어와 교역할 수 있게 했다. 그런 쓰시마 사람을 수직왜인受職倭人이라 하며, 대표적 존재는 오자키를 주름잡던 해적왕 소다 가문이었다. 기해동정은 비록 우여곡절이 있었지만 왜구의 소굴 쓰시마를 수직왜인의 본거지로 바꾸어 놓은 계기를 마련한 셈이다.

1422년^{세종 4} 태종이 죽은 뒤 그 유지를 이어받은 세종은 1443년 부산포·내이포·염포 등 삼포를 일본에 개방하고 변호문 등을 쓰시마에 보내 소 사다모리와 계해조약을 맺도록 했다. 쓰시마가 조선에 보내는 무역선인 세견선은 1년에 50척으로 정했다. 이때부터 소다 가문은 조선의 벼슬을 받고 수직왜인이 되어 조선으로 세견선이 오가는 일을 책임지게 되었다.

기해동정은 남쪽 바다를 안정시키고 일본과의 관계를 정상화하는 효과를 냈다. 그런데 1510년^{중종 5} 삼포의 일본인이 늘어나면서 교역 질서가 어지러워졌고 조선은 삼포를 엄격하게 통제했다. 이때 삼포에 살던 일본인이 쓰시마의 지원을 받아 난을 일으켰는데 이를 삼포왜란이라 한다. 삼포왜란의 주동자는 쓰시마 도주의 아들이었다. 이 사건으로 조선 백성 270여 명이 죽거나 다치고 민가 796가구가 불탔다. 일본인은 295명이 죽고 쓰시마 배 5척이 격침되었다. 조선은 삼포를 폐쇄하고 교역을 끊었다.

이후 쓰시마 도주가 잘못을 빌고 다시 세견선을 보내도록 허락해 달라고 간청하자 1512년^{중종 7} 임신조약을 맺고 이를 받아들였다. 그러나 쓰시마는 1544년^{중종 39} 사량진에서 또 난을 일으켰다가 용서를 빌고 다시 교역하는 일을 반복했다.

왜구의 침범으로 바람 잘 날 없던 고려 말 조선 초의 상황을 생각하면 기해동정과 계해조약은 대단한 역사적 성과였다. 1592년^{선조 25}의 임진왜란까지 150여 년 세월 동안 대한해협의 파고는 낮아지고 그 양안은 평화를 누렸다. 세종은 즉위 초부터 국가와 백성의 안전을 지켜야 한다는 국왕의 기본 책무를 제대로 수행하고 있었던 셈이다.

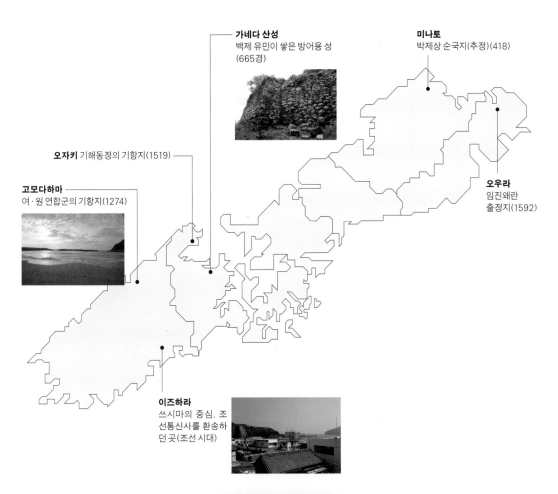

가네다 산성 백제 유민이 쌓은 방어용 성
(665경)

미나토 박제상 순국지(추정)(418)

오자키 기해동정의 기항지(1519)

고모다하마
여·원 연합군의 기항지(1274)

오우라
임진왜란
출정지(1592)

이즈하라
쓰시마의 중심. 조
선통신사를 환송하
던 곳(조선 시대)

한국과 일본의 역사 속 쓰시마 쓰시마는 일본
에서 '향한지도(向韓之島)'로 불려 왔다. 한국
을 바라보는 섬이라는 뜻이다. 그만큼 역사 속
에서 쓰시마는 우리나라와 깊은 관련을 맺어
왔다. 한국과 일본의 사이가 좋으면 쓰시마는
웃었고, 두 나라가 다투면 쓰시마도 괴로웠다.
그런 점에서 쓰시마는 한·일 관계의 바로미터
라고도 할 수 있다. 18세기 통신사가 일본에서
가져온「대마도도」.

4군 6진 –
조종(朝宗)의
옛 땅은 한 치도
줄일 수 없다

1432년세종 14 겨울, 파저강오늘날의 훈장 강 유역에 살던 건주위 도독 이만주가 압록강을 건너 조선 땅을 침입했다. '위'는 원래 명에서 군대의 연대 정도를 가리키는 말이었는데, 이를 나라 밖에 설치하면서 그 부대가 주둔하는 촌락의 명칭이 되었다. 압록강 이북에 사는 여진족이 명에 귀순해 오자 명은 그들을 관리하는 건주위를 설치하고 여진족 추장을 도독으로 임명했다. 조선 초기인 1403년태종 3의 일이었다.[1] 그런데 그 건주위의 여진족이 조선을 침범한 것이다.

이제 마흔을 바라보는 세종은 신하들의 반대를 무릅쓰고 여진족 정벌을 결정했다. 이듬해 최윤덕을 평안도 도절제사로 임명해 황해도와 평안도의 병사 1만 5000여 명으로 이만주를 치게 했다. 기해동정에도 참전했던 최윤덕은 이번 전투에서 여진족을 격퇴하고 그 공으로 우의정으로 영전했다. 세종이 북방의 안정을 얼마나 중요하게 여겼는지 알 수 있는 대목이다.

북방 영토를 둘러싼 여진족과의 대결은 그것이 끝이 아니라 시작이었다. 최윤덕이 우의정으로 승진한 그해 여진족이 또 쳐들어왔다. 최윤덕은 평안도 도안무찰리사가 되어 다시금 압록강으로 진격했다. 이때 최윤덕은 정승의 지위를 지닌 채 군대를 이끌고 전장에 나서는 것이 맞지 않다며 우의정 자리에서 물러나길 원했으나 세종은 윤허하지 않았다. 고려의 강감찬이 재상의 몸으로 20만 대군을 이끌고 나아가 거란족을 물리친 것처럼 최윤덕도 정승의 몸으로 북방 영토를 지킨 것이다.

최윤덕이 여진족을 맞아 싸운 압록강 상류 지역은 한반도와 만주를 잇는 험준한 산악 지대에 해당하는 곳이다. 백두산에서 흘러내린 물이 이곳에서 세모꼴을 이루며 북상했다가 남서쪽으로 발길을 돌려 하류로 흘러내려 간다. 그 서쪽에는 고구려의 옛 서울인 오녀산성과 국내성이 있고 동남쪽으로는 삼수

1 **건주위** 두만강가의 회령에는 건주좌위(左衛)가 설치되고, 이어 동쪽에 모련위(毛憐衛)·건주우위(右衛)가 증설되었다. 청 태조 누르하치는 건주좌위 출신이다. 이들은 명에 대해서도 복속과 이반을 되풀이했다. 이곳의 여진족이 조선을 자주 침범하자, 1460년(세조 6) 신숙주로 하여금 이를 치게 했는데, 이를 경진북정(更辰北征)이라 한다.

여진의 전사 북아시아를 주름잡던 여느 기마 유목민처럼 여진족도 말을 이용한 기병 전술에 능했다. 가벼운 갑옷만 입고 바람처럼 내달리는 여진족 전사들은 훗날 청의 정예군인 팔기군으로 편성되어 막강한 화력을 보유한 명군을 제압하고 중원을 장악하는 주동력이 된다. 사진은 12~13세기에 여진족이 세운 금의 무사를 벽돌에 새긴 그림으로 중국 산시 성에서 출토되었다.

三水와 갑산甲山이 있다. "삼수갑산을 가도 할 말은 한다."라는 옛말은 죽을 때 죽더라도 할 말은 해야겠다는 뜻으로, 삼수와 갑산이란 곳은 한번 가면 돌아올 수 없는 오지로 알려졌다. 심지어 하늘을 나는 새조차 찾지 않는 오지라고도 했다. 굳이 그러한 삼수갑산의 이북 지역을 차지하겠다고 야인野人의 군대와 싸움을 벌이는 세종이 탐탁하지 않은 신하들이 많았을 것이다. 그러나 세종은 뜻을 굽히지 않았다. 그는 다음과 같이 말하며 북진을 고집했다.

"조종祖宗이 일군 옛 땅을 내가 한 치도 줄일 수 없다."

1437년세종 19에는 평안도 도절제사 이천에게 병사 8000명을 주어 여진족의 근거지를 치라고 명령했다. 이천은 압록강을 넘어 여진족이 '오라산성'이라 부르는 오녀산성 일대를 들이쳤다. 고구려의 첫 번째 도성이 있던 곳으로 알려진 이 지역은 오래도록 여진족의 근거지였다. 이렇게 공세적으로 여진족을 공략하며 압록강 상류 지역에 성을 쌓고 고을을 조성한 곳이 여연·자성·무창·우예의 4군郡이었다. 이로써 중국으로 가는 통로인 의주 일대의 압록강 하류뿐 아니라 상류까지 모두 조선의 영역이 되었다.

세종의 북진은 거기서 그치지 않았다. 동해로 흘러나가는 두만강 하류 지역은 백두산을 사이에 두고 4군과 마주 보고 있다. 이 지역에서 두만강을 건너면 오늘날 중국의 옌볜 조선족 자치주가 있고, 동북쪽으로는 연해주가 펼쳐진다. 발해가 멸망한 이래 여진족의 땅이 되어 한국인의 발길이 닿지 않았던 곳이다. 세종은 이 지역에도 여섯 곳의 군사 기지, 6진鎭을 세워 두만강 남쪽을 온전한 왕토王土로 편입했다.

6진 역시 4군과 마찬가지로 여진족과의 충돌에서 비롯했다. 압록강 북쪽의 요동 지역에 여진족의 건주위 본영이 있었다면 두만강 하류의 알목하斡木河, 지금의 함경북도 회령 지방에는 건주좌위가 설치되어 있었다. 명에 복속해 건주좌위 도독으로 임명된 이는 여진의 한 부족인 오도리斡朶里 추장 동맹가티무르였다. 1433년 최윤덕이 압록강 상류 지점에서 건주위

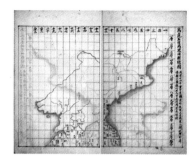

고려와 백두산 1834년(순조 34)에 김정호가 만든 고려 시대 역사 지도인 「고려오도양계주현총도」. 세종 때 개척한 북방 영토의 상당 부분이 고려의 영토가 아니었으나, 고려인은 한반도로 뻗은 산들의 근본인 백두산에 제사를 지냈다.

소속 여진을 제압한 지 얼마 안 된 시점에 여진의 또 다른 부족인 우디캐가 오도리를 습격해 동맹가티무르 부자를 죽이고 달아난 사건이 일어났다. 세종은 황희·맹사성 등을 불러 말했다.

"동맹가티무르 부자가 일시에 사망한 것은 마치 하늘이 멸망토록 한 것 같다. 그 시기가 이와 같으니 그것을 잃어버릴 수가 있겠는가. 더군다나 두만강이 우리의 국경을 빙 둘러싸서 흐르니, 하늘이 만든 험고險固로서 옛사람이 큰 강으로 못을 삼는다고 한 뜻과 매우 합치한다. 나의 결의는 이미 섰으니, 경들은 충분히 의논해 계주啓奏하라."

백두산으로부터 내려와 동서로 흐르는 두만강과 압록강은 오늘날 한반도와 만주를 가르는 천연의 경계선으로 인식되고 있다. 그러나 이러한 인식을 옛날부터 모두가 공유하고 있던 것은 아니었다. 고구려와 발해는 두 강과 백두산의 남북 지역을 모두 지배했으나, 고려 때에는 이 지역이 여진의 영역이었다. 오직 중국으로 가는 길이 있는 압록강 하류 지역의 남쪽 연안만 고려가 차지하고 있었을 뿐이다. 그러했던 두만강과 압록강을 조선 영토의 북쪽 끝으로 만든 이가 바로 세종이었다.

세종은 지난날 신하들의 반대를 무릅쓰고 압록강 유역에서 이만주의 침입을 격퇴했던 것처럼 두만강 유역에 내려와 동맹가티무르를 죽인 우디캐도 퇴치할 것을 명령했다. 신하들은 당연히 위험하다며 말렸다. 그러나 세종은 우디캐가 오도리를 대신해 회령 지역에 내려와 살면 계속해서 근심거리로 남을 것을 내다보고 결단을 내렸다. 더욱이 두만강 유역이 속한 함경도 지방은 세종의 증조할아버지 이자춘, 할아버지 이성계가 태어난 조선 왕실의 고향이었다. 그런 연고가 있었기에 태종과 세종은 더더욱 두만강 유역까지 영역을 넓히기 위해 많은 노력을 기울였다.

압록강 유역에 4군을 설치하는 주역이 최윤덕이었다면 두만강 유역에서 우디캐를 몰아내는 임무를 맡은 주역은 김종서였다. 세종은 김종서를 함길도도절제사에 임명해 이징

우디캐(兀狄哈)와 오랑캐(兀良哈) 15세기에 두만강 유역에 살던 여진족의 부족. 명에 복속한 건주여진과 이들이 자주 북부 국경 지대에 쳐들어오자 조선 정부가 차례로 정벌했다. 오랑캐의 일부는 두만강 남쪽 경원·온성·회령 등의 성 밖에 살면서 귀순하는 태도를 보였다. 이들은 차츰 조선에 동화되어 훗날 재가승으로 불렸다.

옥과 함께 우디캐를 몰아내게 했다. 임무를 완수한 김종서는 이듬해부터 두만강 하류 남안에 6진을 개척하는 일을 시작했다. 오늘날 전하는 김종서의 시조 두 수는 호기 어린 조선 사대부의 기상과 함께 변경 개척의 어려움을 실감하게 해 준다.

삭풍은 나무 끝에 불고 명월은 눈 속에 찬데 ,
만리 변성邊城에 일장검 짚고 서서,
긴 바람 큰 한 소리에 거칠 것이 없어라.

장백산에 기旗를 꽂고 두만강에 말을 씻겨,
썩은 저 선비야 우리 아니 사나이냐,
어떠랴 인각화상●을 누가 먼저 하리오.

●인각은 한 무제가 지은 기린각을 말한다. 그곳에 선제가 공신 11명의 화상을 걸었다고 전한다. 이 두 번째 시조는 6진 개척에서 더 나아가 만주를 회복하려다가 신하들의 반대로 이루지 못한 울분을 표현했다고 한다.

회령부·경원부·종성군·경흥군에 이어 온성부와 부령부를 설치해 6진이 완성된 것은 세종이 죽기 1년 전인 1449년세종 31의 일이었다. 왕토의 경계를 확정하고 주변 민족과의 관계를 정착한다는 왕업의 선결 과제가 결국 필생의 과제가 되고 만 것이다. 이 과제가 계속되는 동안 세종은 특유의 추진력으로 천문과 예악을 정비하고 한글을 창제하는 거대한 문화 프로젝트를 완성해 나가고 있었다.

여진과 조선 공동의 고향, 백두산

고조선의 건국신화인 단군신화에서 건국자 단군왕검의 아버지인 환웅이 태백산 신단수 아래로 내려와 신시神市를 열었다고 한다. 이 태백산은 백두산白頭山으로 여겨진다. 그래서 대대로 백두산을 성산聖山으로 숭배해 왔으며, 고려는 백두산이 영토가 아니었는데도 고려의 산들이 모두 백두산에서 시작된다는 이유로 이곳에서 제사를 지냈다.

그런데 조선의 세종은 백두산을 조선의 영토로 편입했지만, 그곳에 제사를 지내지는 않았다. "천자는 천하의 산천에 제사하고 제후는 제후의 산천에 제사한다."라는『예기』의 기록에 충실하려는 것이었다고 한다. 조선이 백두산에 제사하기 시작한 것은 1767년영조 43의 일이었다. 당시 예조판서 한익모는 백두산이 조선 산줄기의 근원이고 태조 이성계의 고향 함경도의 모든 산이 백두산에서 뻗어 나간다는 이유로 백두산 제사를 건의했고 영조가 이를 받아들였다.

백두산을 숭배한 것은 만주를 고향으로 하는 여진족도 마찬가지였다. 고려 때 여진족이 세운 금金은 이곳을 영응산靈應山이라 부르며 제사를 지냈고, 여진족이 이름을 만주족으로 바꿔 건국한 청淸은 이곳을 장백산이라 부르며 왕조의 발상지로 숭배했다. 건륭제 때 만주족의 뿌리를 정리한『만주원류고滿洲源流考』에는 하늘에서 내려온 선녀의 아들 애신각라愛新覺羅가 장백산 동쪽에서 만주족을 일으켜 세웠다는 전설이 실려 있다.

조선의 사대부들은 청이 100년 안에 망하고 만주족은 고향으로 쫓겨 갈 것으로 보았다. 그런데 북경에서 만주로 가는 길을 몽골이 막고 있으므로 청이 조선 땅으로 우회하려다 전쟁이 날까 봐 지레 걱정을 했다. 그런 걱정에 대비하려고 만든 것이 북경에서 만주에 이르는 길을 표시한 「요계관방도」였다.

이런 생각은 기우가 되었지만 18세기 들어 청과 조선 사이에는 백두산 주변에서 영토 분쟁이 일어났다. 1711년숙종37 두만강 이북 땅을 가리키는 간도에서 조선인이 청인을 죽인 사건이 일어나자, 청은 목극등을 파견해 조선과 회담하고 백두산에 압록강과 토문강을 경계로 삼는다는 내용의 정계비를 세웠다. 그후 이 비문 속의 토문강이 송화강의 지류냐, 두만강이냐를 놓고 양국 간에 설전이 계속되었다. 전자면 간도가 조선 땅이 되고 후자면 청국 땅이 되

천지(天池) 면적 9.17제곱킬로미터, 둘레 14.4킬로미터, 평균 깊이 213.3미터. 「대동여지도」에 대지(大池)로 표기되어 있고 그 전에는 대택(大澤)으로도 불렸다. 천지는 1900년대 즈음 편찬된 중국인의 지리책에도 보인다.

기 때문이었다. 1909년융희3 대한제국의 보호국으로 자처하던 일본은 토문강을 두만강으로 인정한 간도협약을 청과 맺고 간도를 넘겨주었다. 그후 1962년 북한은 중국과 조·중변계조약邊界條約을 맺고 백두산 천지를 경계로 하는 양국 간의 국경선을 확정했다.

압록강   백두산 두만강

「요계관방도」 1706년(숙종 32) 이이명이 만든 10쪽짜리 병풍 지도. 세로 130센티미터, 가로 635센티미터. 세종대 설치한 4군 6진 지역이 조선의 영역 안에 들어 있다.

4군	6진
❶자성	❶온성
❷우예	❷경원
❸여연	❸종성
❹무창	❹경흥
	❺회령
	❻부령

2.
농업의 왕국

신농이여 조선의 들판을 보살피소서 농사짓는 법을 가르쳤다는 중국의 전설적 인물인 신농(神農)과 후직(后稷)에게 제사 지내던 선농단(先農壇). 1476년(성종 7) 지금의 서울 동대문구 제기동에 사방 4미터의 크기로 설치했다. 경칩이 지난 뒤에 지내는 선농제가 끝나면 제단 남쪽의 적전(籍田)에서 국왕이 몸소 밭을 가는 친경례를 행하곤 했다. 성종은 재임 중 세 차례의 친경례를 했다. 사적 제436호.

1429년세종 11 간행된 『농사직설農事直說』은 가장 널리 알려진 조선 시대의 농업 서적이다. 그리고 우리나라 고유의 농업기술을 정리한 농서 가운데 현재까지 알려진 가장 오래된 책이다. 그렇다면 유구한 농업 문명국가였던 우리나라가 조선 시대 이전까지는 한 번도 농서를 편찬한 적이 없다는 이야기일까?

고려 왕조가 당대 농민들이 각 지역에서 활용하던 농업기술을 정리한 농서를 편찬했을 가능성은 있다. 하지만 『고려사高麗史』, 『고려사절요高麗史節要』 등 연대기 사료를 살피면 농서를 펴낸 흔적은 찾아볼 수 없다. 따라서 일단 국가적인 차원에서 농서를 편찬하지는 않은 것으로 볼 수 있다. 물론 중앙정부가 아닌 지방 사회에서 펴냈을 가능성은 열려 있다.

고려 말에는 원의 농서인 『농상집요農桑輯要』를 목판으로 다시 간행했다. 이는 농민들이 경제적으로 몰락하고 있던 상황을 해결하고 농업기술의 개선을 꾀하려는 노력의 일환이었다. 농민들을 몰락시킨 주범은 권문세족이라 불린 원 간섭기 고려의 지배 세력이었다. 그들은 땅을 넓혀 가면서 수많은 농민의 소유 토지를 빼앗았는데, 이를 '토지 겸병'이라 한다. 그렇게 확보한 토지를 경작할 일꾼이 필요하자 위력을 사용해 일반 양인을 노비로 삼아 농사를 시켰다. 새로운 정치 세력인 신흥사대부 가운데 이색 중심의 일파는 고려 왕조를 유지하면서도 권문세족의 토지 겸병이 낳은 문제점을 해결하는 방안을 모색했다. 그들이 주력한 것은 온건한 사회 개선론을 추진하는 한편 농업 생산력을 높여 소농민 경영을 안정시키는 것이었다. 그 두드러진 사업 가운데 하나가 바로 『농상집요』를 새로운 판본으로 간행하는 것이었다. 그 결과 1372년공민왕 21 고려에서 간행된 것이 이른바 『원조정본농상집요元朝正本農桑輯要』이다.[1]

이러한 『농상집요』는 조선 왕조가 들어선 뒤에도 계속 주요

1 『농상집요』 간행 과정 이암은 원을 왕래하며 『농상집요』를 확보해 귀국했다. 이색에 따르면 이암은 『농상집요』를 우확에게 넘겨주고, 우확이 다시 강시에게 전달했으며, 강시는 이색으로부터 「농상집요후서」를 받고, 경상도 합천에서 안렴사 김주의 도움을 받아 『원조정본농상집요』를 간행했다. 강시와 이암은 생질서-처숙 관계로 이암이 세상을 떠나기 전 강시에게 『농상집요』 간행에 대한 특별한 부탁을 했을 가능성이 높다.

한 참고 농서로 이용되었다. 태종은 『농상집요』에 수록된 농업기술을 조선의 농업 여건 속에서 활용하기 위해 주요한 내용을 초록하고 여기에 이두를 붙여 번역한 농서를 편찬하게 했다. 이것이 『농서집요農書輯要』로서 현재는 16세기 초반에 새로 간행한 것을 훗날 다시 베낀 필사본이 전해진다. 그런데 중국 농서의 내용이 조선의 현실 농사법과 일치하는 것은 아니었다. 조선의 독자적인 농서 편찬이 필요한 상황이었고, 그 일을 해낸 왕이 세종이다.

세종은 조선의 농서를 편찬하면서도 그것이 태종의 치적을 계승하는 것이라고 내세웠다. 태종이 농사를 권장하기 위해 『농상집요』의 주요 내용을 초록하고 이두로 번안해 농서를 편찬했으니, 세종은 그 업적을 계승한다고 표방한 것이다. 이때 세종이 더욱 강조한 것은 바로 오방五方 풍토의 개별성이었다. 오방은 동서남북과 중앙의 다섯 방위를 말하는데, 여기서는 천하의 여러 곳을 가리키며 조선이 중국과 구분되는 지역임을 강조한다.

1428년세종 10 윤4월, 세종은 경상도 관찰사에게 노농老農을 탐방해 평안도와 함길도에 전습傳習시킬 만한 농법을 묻고 그렇게 얻은 내용을 추려서 책자로 만들어 올리게 했다. 이 왕명에서 조선 풍토에 따른 농사법을 정리하려는 세종의 의중이 분명히 드러난다. 경상도 어느 주현에 사는 노농 아무개를 방문해 농업기술에 관련된 경험을 수집하라는 것이다. 그러한 노농의 경험이야말로 그 지역의 농업 여건, 즉 미시적인 기후 조건과 특정한 토양 조건 아래 오랜 시험 과정을 거쳐 단단히 다져진, 지역에 특화된 농업기술일 터였다.

같은 해 7월, 세종은 충청도·전라도 관찰사에게도 같은 내용의 왕명을 하달했다. 세종의 명령을 받은 하삼도下三道 관찰사가 각지의 농법을 종합해 올린 책자를 기반으로 정초鄭招와 변효문卞孝文이 편찬한 책이 바로 『농사직설』이다. 정초와 변효문이 한 일은 지방에서 올라온 농업기술의 내용을 세목별로 분류하고 정리해 정서하는 작업이었다. 이러한 편찬 과정을 살펴볼 때 『농사직설』에 담긴 농업기술은 바로 당대 하삼도 지역에서 준용되고 있

조선 농서의 근본 『농사직설』 1429년에 간행한 뒤 판을 거듭했다. 1656년(효종 7)에는 『농가집성』에 포함되고, 일본에까지 건너갔다. 그 뒤에도 『산림경제』, 『임원경제지』 등 여러 국내 농서에 인용된 조선 농업 서적의 전범이었다.

던 '조선의 농법'이었다.

『농사직설』은 이후 편찬된 모든 농서들이 일단 그 내용을 준용해야 할 전범으로 간주됐다. 『경국대전』이 조종성헌祖宗成憲의 지위를 차지해 뒤에 편찬된 법전에서 빠짐없이 수록된 것과 마찬가지로 『농사직설』도 다른 농서 속에 거의 그대로 인용되곤 했다.

『농사직설』이 원의 『농상집요』를 많이 참고한 것은 사실이다. 그러나 서술 순서는 『농상집요』를 따르지 않았다. 『농상집요』는 앞부분에 조·보리·밀의 경작법에 집중해 서술한 뒤 벼의 재배 기술을 서술했다. 『농상집요』는 화북 지역을 중심으로 정리된 농업기술을 주로 다루고 있으므로, 쌀보다는 밭에서 기르는 작물에 치중해 서술한 농서로 평가된다. 반면 『농사직설』은 마 다음으로 벼의 경작법을 소개하고 있다. 이러한 차이가 어디서 온 것인지는 분명하다. 원에서 펴낸 『농상집요』가 밭작물 중심으로 구성된 것과 달리 조선 농업의 중심이 논농사·벼 재배에 놓여 있었기 때문이다.

14세기 후반 전후로 농민들이 활용하던 농업기술에 커다란 변화가 나타났다. 그 이전까지 경지를 이용하는 방식은 연작지不易之地, 1년 휴한지一易之地, 2년 휴한지再易之地로 나뉘어 있었다. 연작지를 상등전, 1년 휴한지를 중등전, 2년 휴한지를 하등전이라고 규정했다. 중등전과 하등전이 좀 더 일반적으로 이용된 토지였다고 볼 때, 1년 쉬고 농사짓거나 2년 쉬고 농사짓는 방식이 주된 경지 이용 방식이었을 것이다.

그런데 고려 말에 이르러 벼 경작법은 땅을 놀리지 않고 매년 계속해서 농사짓는 연작법으로 발전했다. 그리고 이전에는 물을 댄 논水田에서 바로 벼를 기르는 수도水稻 경작법을 썼는데, 이때는 모를 낸 뒤 논으로 옮겨 심는 모내기移秧法를 부분적으로 시행했다. 논과 달리 밭旱田에서 기르는 작물은 고려 후기에 이미 연작법으로 재배되고 있었다.

그렇다면 이를 계승한 조선 초기의 경작법은 어떠했을까? 『농사직설』은 조선 초기의 벼 재배법으로 세 가지 경종법을 제시하고 있다. 경종법耕種法이란 농사의 시작부터 파종

논농사의 견인차 낮은 곳의 물을 높은 곳으로 끌어올리는 기구인 수차. 무자위라고도 한다. 조선 시대의 것은 남아 있지 않고 근대의 것을 농업박물관에서 복원했다.

과 파종 직후의 작업까지 포함하는 것이다.

> 도종稻種에는 이른 것이 있고, 늦은 것이 있다. 경종법에는 수경水耕이 있고, 건경乾耕이 있으며, 또한 삽종插種. 苗種이 있다. 제초하는 법은 대개 모두 같다.
>
> ─『농사직설』종도(種稻) (『농서(農書)』1, 10면)

수경은 논水田, 건경은 밭乾田에 바로 씨를 뿌리는 것을 말하고, 삽종은 모내기를 가리킨다. 『농사직설』이 논에서 벼를 재배하는 경종법 가운데 수경직파법을 첫머리에 올려 서술하고 있는 것으로 볼 때, 15세기 수전 농법으로 일반적인 것은 수경직파법이었다. 이것은 제철보다 빨리 여무는 올벼早稻, 제철보다 늦게 여무는 늦벼晚稻 모두에 적용할 수 있는 기술이다. 여기서 '수경水耕'이란 물을 넣었다 뺐다 하면서 논을 기경한다는 뜻이고, '직파直播'란 벼가 자라날 논에 씨를 뿌리면 그 자리에서 벼가 자라도록 한다는 뜻이다.

오늘날 모내기법·이앙법으로 알려진 삽종법이 『농사직설』에 세 가지 경종법 중 하나로 수록된 것도 중요한 사항이다. 『농사직설』은 모판의 관리, 모내기의 구체적인 방식 등을 잘 정리하고 있다. 15세기에 이미 모내기의 기술적인 내용이 상당한 수준에 도달해 있었음을 알 수 있다. 이후 이앙법은 16세기를 거치면서 경상도 전역과 전라도·충청도의 일부 선진 지역까지 보급되기에 이른다.

한편 건경직파법은 늦벼에만 적용되는 경종법으로, 가뭄으로 말미암아 수경직파법이 불가능한 조건에서 시행할 수 있는 기술이었다. 이러한 건경직파법은 많은 노동력을 투입해야 해서 쉽게 행하기 어려웠다. 따라서 때 이른 가뭄 탓에 수경이 불가능하고 모내기할 준비도 안 되어 있을 때 보완적으로 시행할 수 있는 방식이었다.

벼농사가 땅을 놀리는 일 없이 수경직파 중심으로 이루어졌다면, 밭작물 농사는 어땠

을까? 양맥兩麥이라 불린 보리와 밀을 중심으로 살필 수 있다. 양맥은 봄에 파종하는 다른 밭작물과 달리 가을에 파종해 여름에 수확하는 방식이 일반적이었다. 그렇다면 봄에 파종해 가을에 거두는 다른 밭작물과 연계해 이모작을 할 수도 있었을 것이다.

그러나 15세기 조선에서 밭작물과 양맥을 연결해 재배하는 방식은 일반적이지 않았던 것으로 보인다. 『농사직설』은 양맥에 이어 재배하는 작물로 조와 피의 일종인 점물곡속占勿谷粟과 강직姜稷·콩大豆·팥小豆·깨胡麻 등을 설정하고 있다. 그러나 여러 가지 조건이 붙어 있어서 실제 연계 재배가 이루어졌다고 보기는 어렵다. 따라서 15세기 단계의 밭농사는 각각의 작물을 1년 1작 하는 방식이 일반적이었던 것으로 보인다.

밭농사의 순서 중국 서북 지역에 있는 하서주랑에서 발견된 그림들. 건경(밭농사) 기술의 전 과정을 상세히 묘사하고 있다. 시계 방향으로 밭 갈기, 써레질하기, 씨 뿌리기, 곡식 털기.

여론조사를 거쳐
공법(貢法)을
실시하다

조선의 토지제도는 왕조 개창 1년 전에 제정된 과전법을 그대로 계승했다. 앞에서 살펴본 대로 과전법은 고려 말 급진 개혁파가 권문세족의 사전을 혁파하면서 만든 토지 분급 제도이다. 이 제도에서는 현직 관료, 전직 관료 등 관인층에게 국가를 대신해 특정한 토지에서 세를 걷을 수 있는 권리, 즉 수조권收租權을 나누어 주었다. 과전법의 주요한 지목인 과전은 왕실 종친, 현직 관리, 서울에 거주하는 전직 관리를 관직·관품에 따라 18등급으로 나누어 제1과 150결에서부터 제18과 10결에 이르기까지 차등 있게 분급했다.

과전법은 관인층이 실제 수조를 하려면 얼마만큼, 또 어떻게 조租를 거둬야收 하는지 정해 놓았다. 과전법이 정한 수조량은 국가나 관청이 수조권을 행사하는 공전이나 관리 개인이 수조권을 부여받은 사전 모두 논 1결結에 조미糙米 30두斗, 밭 1결에 잡곡 30두였다. 여기에서 조미는 벼에서 왕겨만 벗긴 쌀이고, 조미에서 다시 속겨를 벗겨 낸 것이 백미이다. 요새 밥상에서 볼 수 있는 흰쌀밥이 바로 백미로 만든 밥이다.

과전법에서 농사 작황을 논밭에 나가 조사하는 것을 답험법이라 하고, 그렇게 조사한 풍흉에 등급을 매겨 적당한 비율로 수조액을 감면하는 법을 답험손실법이라 했다. 공전을 답험하는 1차 의무는 수령에게 있었고, 관찰사가 위관委官을 파견해 다시 확인하게 했다. 그런데 사전은 수조권자인 전주田主가 농사의 작황을 직접 조사해 손실, 즉 풍흉의 정도를 결정하고 수조액을 결정한 다음 농사를 지은 전객佃客으로부터 직접 조를 받게 했다. 고양이한테 생선을 맡겨 놓은 셈이다.

이렇게 하면 전주가 농사의 풍흉을 자의적으로 판단할 개연성이 높고, 정해진 조 외에 추가로 불법적인 수탈 등이 자행될 여지가 많았다. 그러다 보니 수조지를 받은 관리와 본래 해당 토지의 소유자 사이에 갈등이 발생할 우려도 컸다. 이때 갈등의 원인을 제공하는 것은 대부분 수조권자인 관리들이었다.

관인층은 자신들이 부여받은 수조권을 제대로 유지하고 관리하면서 과전법에서 정

양안(量案) 논밭의 크기·위치·소유자 등의 현황을 조사하는 양전의 결과로 만든 장부. 이를 토대로 토지에 대한 세금을 부과했다.

한 규정을 준수해야 했다. 먼저 관인에게 수조지를 내려 주면서 증빙 문서로 준 전권田券을 원본 그대로 손상 없이 관리하는 것이 요구되었다. 나중에 부모의 수조지를 자손이 분할해 받아야 할 때 관에서 그러한 내용을 원본에 붉은 글씨 즉 주서朱書로 표시했다. 또한 자신이 받은 수조지를 자손이나 다른 사람에게 내어 줄 때는 양도한 나머지 토지를 국가에 반환해야 하는데, 이때에도 주서로 표기하고 원본은 본래 수조지를 받았던 사람에게 돌려주었다. 수조권자가 자신이 받은 전권을 계속 보유할 수 있게 해 준다는 점에서 과전법으로 받은 수조지는 가능한 수준에서 자손에게 상속·증여될 수 있는 성격을 띠고 있었다. 즉 해당 토지의 수조권을 관인 당사자의 자손에게 상속할 수 있었다.

그리고 과전을 받은 사람이 죽었을 때 수신전守信田 명목으로 처에게, 휼양전恤養田 명목으로 자식에게 과전의 전부 또는 일부를 승계해 주었다. 이런 점에서 과전은 직사職事에 보상으로 지급하는 녹봉祿俸 이외에 국왕이 신하들에게 대대로 그 수익을 누릴 수 있도록 특별히 내려 준 토지로서 '국왕에게 바치는 충성의 경제적 대가'에 해당하는 은혜로 볼 수 있었다.

이 방식이 본디부터 담고 있던 폐단은 15세기 초반에 본격적으로 나타났다. 호조가 실태를 파악해 보고한 바로는 곡물의 풍흉을 살피기 위해 답험할 때 갖가지 문제점이 나타나 힘없는 농민에게 많은 부담을 지우고 있었다.

조정의 관리를 파견해 답험을 해도 수많은 전답을 필지마다 조사하려면 향촌 사회에 사는 품관品官 등을 현지 담당자로, 서원書員 등을 현지 실무자로 삼지 않을 수 없었다. 이들 품관·서원 등은 사사롭게 이득을 꾀할 뿐 아니라 일 처리 자체를 제대로 하지 못해 풍흉의 정도를 실제대로 파악하지 못할 때가 많았다. 게다가 풍흉 정도를 조사해 장부로 옮겨 적을 때 간사한 서리들이 농간을 부리는 일도 다반사였다.

전주 개인이 답험하는 것도 농민들에게 득보다는 실이 많았다. 양전量田을 통해 전국의

세종 어보 조선의 조세제도는 전답에 부과하는 전세, 인신에 부과하는 군역, 현물을 납부하는 공납으로 이루어져 있었다. 공법의 도입은 전세 제도의 틀을 확정한 개혁 조치로, 세종은 그 법안에 이 도장을 찍었을 것이다.

전답을 상중하로 나누면서도 절대다수의 전답을 하등전으로 파악해 토지 생산력의 향상에 따른 균평한 수취는 이루어지지 않고 있었다. 토지 생산성의 변화에 따라 새롭게 전답의 등급을 매기고 이에 따라 수세하는 것이 필요했다.

이처럼 과전법에 따른 전세 수취가 공평하게 이루어지려면 답험손실제의 폐단, 양전제의 문제 등을 척결해야 했다. 세종이 가만있을 리 없었다. 그는 답험손실의 폐단을 지양하고 농업 생산력의 향상에 조응하며 객관적 기준에 따른 전세 제도의 개혁을 추진했다. 그것이 바로 공법貢法이었다.

"과전법의 전세 수취 방법이 가진 문제점을 개혁하라!"

1436년세종 18 세종은 공법상정소貢法詳定所를 설치하고 각 도의 토지를 비척肥瘠에 따라 3등급으로 나눠 세율을 달리하는 공법 시안을 만들었다. 그리고 이 시안을 수정하고자 1443년 다시 전제상정소田制詳定所를 설치해 공법을 완성했다. 전제상정소는 풍흉에 따른 연분9등법年分九等法과 토지의 비옥도에 따른 전분6등법田分六等法을 주요 내용으로 하는 공법을 제정했다.

세종은 왕위에 오른 이래 '비리 없고 간편하며 공평한 조선적 전세 수취 방법'을 만들어 내기 위해 신하들과 직접 의논하고, 관원과 백성으로부터 찬성 반대 의견을 수렴했다. 그리고 지역별로 공법을 시험적으로 시행하는 일도 마다하지 않았다. 공법은 그러한 과정을 모두 거친 1444년세종 26에야 최종적으로 제정·반포되었다. 전제상정소는 "토지의 결부를 개정하고, 토지의 비옥도를 나누며, 한 해의 풍흉에 따라 수세"하는 새로운 공법을 수립하고 국왕의 윤허를 얻었다.

그러면 공법이 제정되기까지 어떠한 과정을 거쳤는지 자세히 살펴보자. 무엇보다 눈에 띄는 것은 세종 자신이 공법의 제정에 관심을 두고 논의를 주도해 나갔다는 점이다. 세종은 1427년세종 9에 문과 책문策問을 출제했다. 손실을 답험하는 것이 백성들에게 피해를

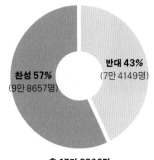

세종의 여론조사 공법은 조선의 수취 제도 가운데 가장 중요한 전세 제도의 개혁이었다. 이를 실시하기에 앞서 세종이 품관뿐 아니라 촌민까지 포함하는 17만여 명을 대상으로 실시한 여론조사는 민주주의 시대인 오늘날까지도 민의를 광범위하고 충실하게 수렴한 사례로 인구에 회자되고 있다.

찬성 57%
(9만 8657명)

반대 43%
(7만 4149명)

총 17만 2806명

가져다준다고 지적하면서 공법 시행이 좋은지 나쁜지 논변하라는 문제였다. 세종은 이상적인 전세 수취 제도인 조법助法은 정전井田[1]을 실행한 다음에야 실천 가능하다고 지적했다. 그리고 여러 해의 농사 현황을 파악해 이를 기준으로 고정된 전세 액수를 산출하는 것은 바람직하지 않다고 평가하면서 그 시정 방안을 질문했다. 세종이 내린 책문에 문과 응시자들이 어떻게 답변했는지는 알기 어렵지만, 세종이 공법 논의를 주도하고 있었다는 점만은 분명히 알 수 있다.

세종은 공법 제정 논의를 시작하던 무렵 이에 대한 찬반 여론조사를 관민官民을 대상으로 시행했다. 『세종실록』의 기사를 보면 1430년세종 12 공법 시행의 찬반 여론을 조사하게 한 기록을 찾을 수 있다. 그해 3월 5일 호조는 답험법의 문제점을 지적하면서 공법에 따라 1결마다 쌀 10말씩 거두는 방식을 제안했다. 그러자 세종은 의정부, 육조 등 경중京中의 여러 관청과 전·현직 관리, 각도의 감사, 수령과 품관뿐 아니라 여염의 소민小民에 이르기까지 모두 방문해 공법에 대한 의견을 조사하라고 명령했다. 이에 따라 같은 해 8월 10일 호조에서 서울과 지방의 공법 찬반 의견을 모아 보고했다. 호조의 보고로는 전국적으로 공법의 시행을 찬성하는 품관·촌민이 9만 8657명, 반대하는 품관·촌민이 7만 4149명이었다. 의사를 확인한 인원이 총 17만 2806명에 달하는 가운데 찬성이 57퍼센트 정도를 기록하고 있다.

찬반 의사를 밝힌 관민의 현황을 구체적으로 살펴보면 지역별로 공법에 대한 찬반 의사가 뚜렷이 나뉜다는 것을 알 수 있다. 공법의 시행이 가져다줄 경제적인 이해관계가 지역적으로 크게 달랐던 것이다. 공법은 애초에 1결이라는 면적에 대해서 정해진 전세를 내는 정액 세제로 규정되어 있었다. 이 때문에 단위면적당 생산량이 많으면 정액세를 내더라도 차익이 많으므

1 정전과 조법 정전은 하·상·주 삼대에 시행된 토지제도. 1리를 '井(정)' 자로 9등분하고 가운데 토지를 공전으로, 주변 8개 토지를 사전으로 한다. 백성은 사전을 경작해 삶을 영위하고 공전을 공동 경작해 그 수확을 세금으로 낸다. 유가에서 이상적 토지제도로 여겼다. 조법은 상이 정전제에 따라 실시한 조세제도. 여덟 집에 각각 70묘畝)의 땅을 나눠 주고, 공전 100묘를 공동으로 경작해 그 수확을 관청에 바치게 했다.

조선의 도량형기 조선의 도량형이 정비된 것은 1431년(세종 13)의 일로, 길이를 재는 주척 이외에도 부피를 재는 도구와 무게를 재는 저울도 표준화되었다. 왼쪽은 도량형이 통일되기 직전인 1421년(세종 3)과 1427년(세종 9) 공조에서 만든 희귀한 저울추로, 한 면에는 근수를 새기고 다른 면에는 제작 연월을 명시했다.

로 찬성하기 마련이었다. 반면 단위면적당 생산성이 높지 않으면 반대 의견으로 기울어지는 것이 당연했다. 당연히 토지 생산성이 높은 경상·전라 양도는 6만 5864 대 664로 찬성이 압도적인 우세를 보였고, 생산성이 낮은 함길·평안 양도는 1410 대 3만 5912로 반대가 절대 우세했다. 서울의 전·현직 3품 이하 관리들은 찬성 702 대 반대 510으로 찬성이 다소 우세했다.

1430년 공법의 찬반 여론조사는 특히 촌민으로 불리는 일반 백성의 의사까지 적극적으로 수용하려 했다는 점에서 커다란 의미가 있다. 조선 왕조가 민본民本을 나라의 기본 방향으로 내세우고 위민爲民을 정책 결정의 잣대로 삼았지만, 이는 어디까지나 치자治者의 입장에서 다스림의 대상이 되는 백성을 내려다보는 것이었다. 따라서 백성의 의사를 확인하고 이를 정책 결정에 반영하는 예는 찾아보기 어려웠다. 이러한 역사적 배경을 고려할 때 세종이 공법이라는 새로운 전세 수취 법제를 제정하기에 앞서 백성의 의사를 직접 확인하려고 한 것은 특기할 만한 일이다. 민본과 위민을 현실적으로 실천하려는 구체적인 움직임이었다. 세종은 이처럼 일반 백성의 의사를 수용하려는 파격적인 움직임을 보였지만, 세종의 뒤를 이은 왕 가운데 그러한 모습을 보인 예는 찾아보기 어렵다. 몇백 년이 지난 18세기 후반에 이르러서야 비슷한 움직임이 있었을 뿐이다.

공법의 두 번째 특징은 '전분田分 6등제'이다. 1444년에 최종 완성된 공법은 전세 수취의 기본 원리와 전세액을 규정했다. 먼저 양전척의 기준을 이전의 농부의 지척指尺2으로부터 황종척3을 바탕으로 산출한 주척周尺으로 바꿨다. 주척을 기준으로 전답을 측량한 것이다. 이때 6종의 양전척을 만들었는데, 이는 전답의 품질을 6등급으로 나눈 '전분 6등제'와 관계있다. 토지의 비옥도를 이전의 세 등급에서 여섯 등급으로 세분화한 것이다.

2 **지척** 장년 농부의 손가락 10개의 길이를 1척(약 19.41센티미터)으로 삼고 6척 4촌을 한 변으로 하는 정사각형 넓이를 면적의 기준으로 하는 양전법.
3 **황종척** 세종이 박연 등에게 황종관(黃鐘管)을 제작하게 한 뒤 여기서 얻은 척도(154쪽 참조). 『경국대전』에 따르면 황종척은 1.6684주척이었다. 주척은 주의 도량형 단위로, 우리나라에서는 고려 때부터 도량형의 기본 단위로 채택되었다.

1등전	2,753
2등전	3,246
3등전	3,931
4등전	4,723
5등전	6,897
6등전	11,036

전분6등제의 구성 1결당 면적(단위는 평, 1평은 약 3.3제곱미터)

전분 6등제에 따라 전답의 크기를 실제로 측량하고 토지의 비옥도를 반영해 결부를 산출한 다음, 같은 1결이면 면적이 달라도 같은 세액을 내게 했다. 가장 비옥한 전답은 1등 전이고 가장 척박한 전답은 6등전이다. 1등전의 1결과 6등전의 1결은 면적이 1:4의 비율을 보인다. 그러니까 1등전은 같은 면적의 6등전보다 4배나 수확량이 많다. 반대로 보면 6등전 1결은 1등전 1결보다 네 배 넓다. 이처럼 서로 다른 면적이라도 수확량이 같으면 같은 전세를 내는 것이 공법의 전분 6등제에 따른 수취 방법이었다.

농경지 면적을 계산하는 우리나라 특유의 방식으로, 토지의 비옥도와 절대 면적을 함께 고려해 상대 면적인 결부^{結負}를 산출하는 것이다. 결부^{結負}는 그냥 토지의 절대적인 면적 뿐 아니라 해당 토지에서 거둘 수 있는 수확량과 직결된 정보인 토지의 비옥도를 고려하는 것이기 때문에 생산량을 제대로 참작하는 수세 기준이라고 할 수 있다.

토지의 절대 면적을 이용하지 않고 상대적인 토지 면적 단위인 결부를 산출하는 것은 바로 세금을 공평하고 손쉽게 거두기 위한 것이었다. 결부법의 토지 면적 단위는 결부속파 ^{結負束把}로 구분된다. 곡식 이삭 한 줌이 생산되는 땅을 1파^把로 하고, 10파^把=1속^束, 10속^束 =1부^負, 100부^負=1결^結로 계산했다. 전세 등을 거둘 때 법전에서 규정한 기준은 바로 1결이었다.

이러한 결부법은 사실 조선 왕조를 운영하는 관료 처지에서 보았을 때 세금 부과를 공평하게 할 수 있는 나름대로 훌륭한 방식이다. 해당 농경지의 결부만 제대로 매겨지면 세금을 부과할 때 별다른 논란이 일어나지 않았을 것이다. 하지만 현실의 결부 계산은 그리 공평하게 이루어지지 않았다. 부유한 사람은 자신이 가지고 있는 토지의 결부를 낮추려고 노력했고, 이러한 과정에서 관리들과 결탁해 뇌물을 주고받는 일이 벌어지곤 했다. 그리하여 부자가 가지고 있는 토지의 결부 수는 실상보다 작을 가능성이 컸고, 가난한 사람의 토지는 실상보다 큰 결부 수가 매겨질 가능성이 컸다.

당나귀를 끄는 소년 16세기 후반의 사대부 화가 김시가 그린 「동자견려도(童子牽驢圖)」. 개울을 건너지 않으려는 나귀와 끌고 가려는 소년의 모습이 해학적이지만 힘겹게 살던 조선 농부의 모습을 떠올리게 한다. 보물 제783호.

공법의 세 번째 특징은 해마다 농사의 풍흉을 아홉 등급으로 나누어 파악하는 연분年分9등제였다. 연분에 따라서 1결당 최하 쌀 4두斗부터 최고 20두까지 차등을 두어 정액으로 거두게 했다. 가장 큰 풍년인 상상년上上年에는 20두를 거두고, 상중년上中年에는 18두를 거두는 식으로 2두씩 줄여 가장 큰 흉년이 든 하하년下下年에는 4두를 거두었다.

이러한 세액은 과전법에 규정된 1/10 세율을 크게 완화해 1/20로 줄인 것을 기준으로 산출했다. 즉 1결의 소출을 피곡皮穀 800두, 쌀 400두로 가정하고, 1/20인 20두를 최고 세액으로 결정한 것이다.

공법은 새로운 기준에 따른 양전과 함께 시행되었다. 1444년 하삼도 6현에서 먼저 시행하고, 1450년 전라도, 1461년세조 7 경기도, 이듬해 충청도, 그다음 해 경상도, 1471년성종 2 황해도, 1475년성종 6 강원도, 1486년성종 17 평안도, 1489년성종 20 영안도지금의 함경남북도의 순서로 시행되었다. 조선의 특색을 가진 조선의 토지 수취 제도가 자리를 잡은 것이다.

연분9등제의 구성

연분	상상년	상중년	상하년	중상년	중중년	중하년	하상년	하중년	하하년
미곡의 양	20두	18두	16두	14두	12두	10두	8두	6두	4두

심주의 「유외춘경도」 15세기에 사대부가 그린 산수화는 많이 남아 있지만 농업에 경의를 표하고 농경을 묘사한 그림은 거의 남아 있지 않다. 그들에게 논밭은 그저 조를 거두는 대상이었을지 모른다. 그런 점에서 15세기 명의 심주가 그린 「유외춘경도」는 가치가 있다.

중국과
일본의
토지제도

어린도책
중국 송에서 시작되어 명·청대에 광범위하게 사용된 조세 징수의 기초 자료. 토지의 모양을 그린 것이 물고기 비늘처럼 보인다고 해서 어린도책이라는 이름이 붙었다.

중국은 서기전 3세기 진秦 이래 토지 사유제가 보편적인 토지 소유 제도였다. 5세기 북위北魏 때 균전제를 시행하기도 했지만, 8세기 당唐 이후 다시 사유지를 주축으로 한 토지 소유 제도가 전개되었다. 이처럼 균전제에서 토지 사유제로 변하는 과정에서 장원莊園이 형성되었다. 장원은 유럽 영주의 영지와 달리 공유지가 사유화해 간 과정을 보여 주는 결과물이다. 개간이나 매입 등의 방법으로 넓은 사유지를 확보하고 여기에 '아무개 장원'이라는 푯말을 붙여 분명한 개인 소유지임을 안팎에 명시했다.

토지 사유제하에서 토지 주인은 토지를 자유롭게 사용하고 사고팔며 상속할 수 있는 권리를 가졌다. 그리고 각 토지 필지는 정부의 어린도책魚鱗圖冊에 등재되어 토지 번호를 받아야 했다. 이러한 토지제도는 이미 당대에 형성되었다. 당 조정은 커다란 장원을 형성한 귀족의 토지 소유권을 제약하려고 했지만, 12세기 남송대에 이르러 토지 소유주의 권한을 정부가 간여하지 못하는 것으로 확정했다.

15세기 중국의 대다수 토지 소유자는 소작농에게 토지를 빌려 주고 지대를 받았다. 정부는 지주에게서 소작농의 권리를 보호하려는 노력을 기울이기도 했다. 그리고 지주와 소작인의 협력, 상호 공존에 관심을 기울였다. 하지만 지주들은 소작농에게 많은 지대를 부과했고, 이러한 지주와 소작농의 불평등한 관계를 중앙 정부와 지방 관리가 법적·정치적으로 보장하고 있었다.

14세기 중반 일본에서는 무로마치 바쿠후가 각 지역에 파견한 슈고守護가 봉건적 영주로 강력한 지배력을 행사했다. 슈고는 본래 군사적 임무와 반란 진압 등을 맡은 관리였다. 그러나 바쿠후가 슈고에게 해당 지역 무사들을 강

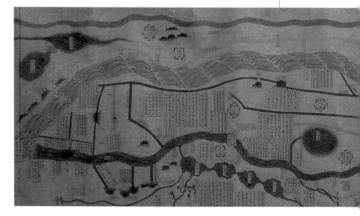

력히 지배할 수 있는 권력을 부여하자 이를 바탕으로 점차 그 지위를 세습하는 슈고다이묘로 발전했다. 이들은 가신단과 영지를 가진 봉건적 영주로, 가신들과 무사들에게 영지를 분배하고 충성을 서약받는 봉건 관계를 만들어냈다. 슈고다이묘는 자신의 관할 지역에서 조租를 징수하는 권한이 있었는데, 대부분 대관代官에게 청부를 맡겼다.

장원제는 무로마치 바쿠후하에서 점차 해체되어 갔다. 1467세조 13~1477년성종 8 오닌應仁의 난을 계기로 장원제의 해체가 본격화했다. 장원은 본래 8세기 초 개간지의 사유가 승인되자 중앙 귀족·사원·신사神社 등이 개간해 차지한 광대한 사유지를 말했다. 지방 호족도 대지주로 성장했으니, 이들이 바로 장원의 영주였다. 이때 영주로부터 장원의 토지 경작을 청부받고 자신의 구분덴口分田을 사유지화한 자립성 강한 농민이 나타났다. 이들이 묘덴名田의 주인인 묘

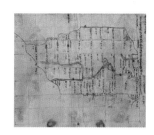
장원의 등장 8세기 일본 나라 시의 도다이지(東大寺)가 개간해 절의 소유지로 삼은 토지의 지도.

슈名主였다. 그리하여 장원의 토지는 몇몇 묘슈의 묘덴으로 구성되었다.

장원도 본래는 조세를 바쳤지만, 점차 면세 특권을 부여받은 장원이 증가했다. 이에 따라 국가 재정은 커다란 타격을 받았다.

15세기 중엽 장원제가 붕괴하자 농민은 자치적으로 단결하고 통합하는 소惣라는 자치체를 만들고, 이를 중심으로 영주, 고리대금업자에 대한 적극적 반항으로 농민 봉기인 '잇키一揆'를 일으키곤 했다.

중국의 광대한 조세 운반 경로 대운하가 산동에서 황하와 교차하며 나란히 흐르는 모습을 그린 「황하운하전도」. 매년 엄청난 양의 세곡이 이 운하를 통해 황도 북경으로 들어간다.

3.
천문의 왕국

「천상열차분야지도」(위) 두께 약 12센티미터 크기의 검은색 대리석에 음각으로 새긴 조선 초기 천문도. 가로 122센티미터, 세로 200센티미터. 가운데 위치한 별자리 그림은 지름 76.5센티미터의 원 안에 남극 주위의 별들을 제외하고 당시 한반도에서 관측할 수 있던 별들을 그렸다. 가운데 원은 일 년 내내 보이는 별의 구역을 표시한 주극원이고, 그 바깥으로 한가운데 위치한 적도와 비스듬하게 걸쳐 있는 황도가 그려져 있다. 전체 1467개의 별 중에는 상상의 별도 있다. 중국의 천문도에는 없는, 별 네 개가 마름모꼴을 이룬 '종대부'라는 별자리가 그 예다. 조선의 천문도에만 있는 조선 독자의 별인 셈이다.
17세기 말 숙종대에 다시 만든 「천상열차분야지도」의 탁본(왼쪽) 300년 가까운 시간이 지나 별의 위치가 상당히 변했으나, 태조대 것을 그대로 모사해 만들었다.

1395년 「천상열차분야지도」라는 천문도가 제작되었다. 개국공신 권근이 책임지고 서운관 판사 유방택이 제작을 주도했다. 역성혁명으로 새 왕조를 연 지 불과 3년 만의 일이었다. 반혁명 세력을 무마하면서 혁명을 완성해야 할 정치적 과제가 산적해 있던 시기에 천문도 제작이라는 국책 사업을 벌인 셈이다. 조금 늦었지만 1402년에는 온 천하를 그린 세계지도인 「혼일강리역대국도지도」가 완성된다. 하늘을 그린 천문도와 땅을 그린 천하도가 혁명 직후 국책 과제로 추진되어 완성된 것이다. 정치적으로 매우 어려운 시기에 쉽지 않은 국책 과제를 수행한 배경이 무엇일까?

이 천문도 석각본은 오래전에 평양성에 있었습니다. 그러나 전쟁으로 말미암아 대동강에 빠뜨려 잃어버린 지 세월이 오래되어 그 탁본조차 없어져 남아 있지 않았습니다. 그런데 우리 전하께서 나라를 세우신 지 얼마 안 되어 탁본 하나를 바치는 자가 있었습니다. 이를 매우 귀하게 여겨 관상감으로 하여금 천문도를 돌에 새기도록 명했습니다.

권근이 적은 「천상열차분야지도」 발문의 첫머리이다. 그 뜻은 대충 다음과 같다. 고구려에 천문도가 있었는데, 고구려가 망하면서 없어진 지 오래되어 탁본조차 남아 있지 않았다. 그런데 태조 이성계가 새 왕조를 건설하자 탁본을 몰래 소장하고 있던 자가 나타나 바쳤다. 이에 태조가 천문도를 귀하게 여겨 돌에 새겼다는 내용이다.

동아시아에서 제왕은 천명을 받아야 왕이 될 수 있었다. 왕에게 천명을 내리면서 인간 세상을 통치할 권한을 준 하늘의 뜻天文을 담은 것이 천문도였다. 천문도가 이 같은 의미를 지녔다면 위 발문은 어떤 메시지를 담은 것일까? 고구려에 있던 천명이 멸망 이후 거두어졌다가 이성계가 그 천명을 받아 새 왕조를 열었다는 뜻이 아닐까? 그리함으로써 고려 왕조를 무너뜨린 역성혁명이 인위적인 것이 아니라 자연적으로 천명을 받아受命 이루어졌다

송 채침의 『서경집전(書經集傳)』에 실린 선기옥형 『서경』은 유가에서 이상적인 시대로 인식하던 하·상·주 삼대의 요·순을 비롯한 성군의 정치를 서술해 놓은 경전이다. 송대 주희의 제자 채침은 스승의 명으로 『서경』에 대한 주석을 달아 『서경집전』을 편찬했는데, 사진은 이 책에 수록된 선기옥형의 그림이다.

고 주장할 수 있었다. 이로써 새 왕조의 건설을 정당화하려고 한 것이다.

권근의 발문은 다음과 같이 이어진다. 하늘로부터 천명을 받아 새 왕조를 연 태조에게 당부하는 개국공신의 말이다.

> 예로부터 제왕의 하늘을 받드는 정치는 천문 관측과 시간의 관측 및 보시報時를 앞세우지 않음이 없습니다. 요堯 임금이 희화羲和에게 명하여 사계절의 질서를 잡게 하고, 순舜 임금이 선기옥형璿璣玉衡으로써 일월오성의 운행을 가지런하게 한 것은 하늘을 공경하고 백성을 두려워하는 마음을 늦출 수 없기 때문이었습니다. …… 전하께서도 이와 같은 마음을 두시어 위로는 하늘을 공경하고 아래로는 백성의 일에 힘쓰면 전하의 공이 성대하게 빛나서 요·순과 같이 융성하게 될 것입니다. 하물며 이 천문도를 비석에 새겨서 영구토록 자손만세의 보배가 될 것이 분명한 것에 있어서이겠습니까?

하늘을 대신해 인간 세상을 통치하라는 명을 받은 자로서 왕은 하늘의 뜻을 받들기 위해 항상 정성을 다해 천문을 읽어야 했다. 그렇기에 천문학은 제왕학이었다. 천문학을 학습하는 것은 제왕 된 자의 의무이고, 천문역법을 독점하고 세상에 반포하는 것은 권력의 상징이었다. 인위적으로 왕위를 찬탈한 게 아니라 자연적으로 천명을 받은 제왕이라면, 당연히 완벽한 천문역법을 제정해 반포하는 일에 힘써야 했다. 요 임금이 희화씨라는 천문관원을 두어 천문역법을 수립하고, 순 임금이 선기옥형이라는 천문 관측기구를 창제했다는 『서경』의 내용은 그러한 모범 사례였다. 요·순 이래 모든 왕조는 개창하면서 '수명개제'의 원칙에 따라 새로운 역법을 제정해 반포하는 것이 예외 없는 정치 행위였다.

조선 왕조가 개창된 지 불과 3년 만에 「천상열차분야지도」를 제작한 까닭이 분명해진다. 조선 왕조가 천명을 받았으며, 요·순 임금처럼 모범적인 성군의 정치를 펼칠 것을 천하

천문관들의 교과서 『보천가』 8세기 전반 중국 당의 왕희명이 283 별자리 1464개의 별을 3원과 28수로 나누어 별 그림을 그리고, 각각의 설명문을 노래로 적은 것이다. 중국의 『보천가』는 한반도에 수입된 뒤 새로이 편찬·간행되어 천문관들의 학습 교재로 사용되었다.

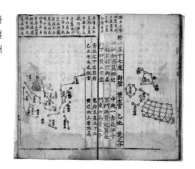

에 알리는 상징적인 행위였다. 동시에 조선 왕조가 선진적인 중화 문화를 만족스럽게 준수한 문화국가임을 상징하는 것이기도 했다.

조선 왕조처럼 새 왕조를 열면서 독자적으로 천문도를 제작해 천하에 공포한 것은 이전의 한국사에 없던 일이다. 「천상열차분야지도」는 단지 중국의 천문도를 그대로 베낀 것이 아니다. 그것은 한국사에서 처음으로 만들어진 과학적 천문도였다.

물론 1467개의 별 가운데 대부분은 「순우천문도」[1247]와 같은 중국의 천문도, 『보천가步天歌』, 중국 역대 정사의 천문지 등에 담긴 천문 데이터에 근거해 그렸다. 그러나 중국 데이터에 전적으로 의존하지는 않았다. 「천상열차분야지도」의 가운데 자리 잡은 주극원은 일 년 내내 보이는 별의 구역을 표시한 부분이다. 이곳의 중요한 별들은 14세기 말 당시 조선에서 관측한 데이터로 수정해 그렸다. 뿐만 아니라 별 그림 주위의 여백에 수록한 '경위도중성기經緯度中星紀[1]'는 독자적으로 관측해 확보한 천문학 데이터였다. '경위도중성기'는 물시계의 표준 시간을 정하는 데 절대로 필요한 데이터였다. 당시 이 같은 천문 데이터를 확보할 수 있는 곳은 유라시아 대륙에서 이슬람 지역, 북경 등 몇 군데에 불과했다.

이처럼 조선 자체의 천문학이 가미된 천문도의 제작은 대륙의 변두리에 위치한 신생 왕조가 천문학을 비롯한 과학의 선진 왕조로 비상할 것임을 예고하는 신호였다.

「천상열차분야지도」 제작으로 시작된 조선의 천문역법은 세종대에 이르러 완성된다. 한국사에서 처음으로 수립한 독자적인 역법으로 이해되는 '칠정산'이 그것이다.

한국사의 역대 왕조는 삼국 시대부터 줄곧 중국의 역법을 받아 그대로 써 왔다. 천하의 패권을 쥔 중국의 황제가 하사한 책력을 주변 약소국이 받아 쓰는 것, 이는 동아시아의 대국과 소국이 정치적 협상을 벌여 정착시킨 국제 질서였다. 그런데 꼭 이러한 국제 질서를 의식해 대국의 역법이기 때문에 받아 쓴 것만은 아니었다. 독자적으로 역법을 계산하고 천문 데이

1 **경위도중성기** 해 질 때와 해 뜰 때 하늘의 자오선에 정확히 위치하는 별을 기록한 데이터.

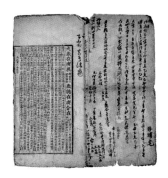

『경진년대통력』 '대통력'은 원의 『수시력』을 계승한 명의 역법으로, 조선은 세종 때 이 역법의 원리를 소화해 완전히 조선의 실정에 맞게 고쳐 쓸 수 있었다. 한국에 현존하는 가장 오랜 역법책인 『경진년대통력』은 1580년(선조 13) 관상감에서 간행한 것으로, 실생활에 사용된 달력이었다. 보물 제1319호.

터를 확보할 역량이 부족했기 때문에 할 수 없이 선진국의 역법을 받아들여 썼다는 것이 당시의 현실에 가까웠다.

고려는 국초부터 당의 역법인 『선명력』을 그대로 활용해 썼다. 1281년^{충렬왕 7} 원이 매우 우수한 역법인 『수시력』을 새로 수립해 반포하자 그대로 따랐다. 그러나 『수시력』의 계산법을 소화하지 못한 고려의 천문관들은 여전히 『선명력』에 의존해 역 계산을 지속할 수밖에 없었다. 충선왕대에 이르러서야 비로소 『수시력』의 간단한 계산을 배울 수 있었다. 그러나 고려의 도성인 개성의 위치에 맞는 주야각[2] 계산이나 일식·월식의 계산 등은 전혀 하지 못해 계속해서 『선명력』에 의존하지 않을 수 없었다. 이러한 상태는 고려 말 명이 이름과 천문 상수[3]만 바꾼 『대통력』을 반포한 이후에도 달라지지 않았다.

조선 건국 후에도 이러한 사정은 계속되었다. 「천상열차분야지도」라는 획기적 성과를 냈지만 조선의 천문관원들은 『수시력』을 습득하지 못해 여전히 독자적 역법 계산을 할 수 없었다. 이를 극복하려는 구체적인 노력이 시작된 것이 세종대였다. 세종은 1420년 무렵부터 정흠지·정초 등 문인 관료들에게 『수시력』을 완벽하게 학습하도록 명했다. 천하의 표준 역법인 『수시력』이 시행된 지 140여 년이 지나도록 독자적인 계산조차 만족스럽게 하지 못하면, 조선은 중화 문화를 갖춘 진정한 제후국일 수 없을 터였다.

왕조의 기틀을 마련하고 유교적 이상 사회를 구현하려는 조선에서 독자적인 역법의 계산은 무엇보다 중요하게 해결해야 할 과제였고, 세종은 그러한 사실을 누구보다 잘 인지했던 국왕이었다.

『수시력』 체제에 대한 학습을 독촉한 뒤 그에 기반을 두어 역법을 독자적으로 계산하기까지는 20년도 더 걸렸다. 10년이 지난 1430년 무렵에는 『수시력』 체제에 따른 어느 정도 만족스러운 계산법을 어렵사리 익혔다. 그러나 조선의 도성인 한양을 기준으

2 **주야각** 일출에서 일몰까지의 시간을 주각, 일몰에서 일출까지의 시간을 야각이라 한다.
3 **천문 상수** 일년의 주기나, 한 달의 주기 등 역법 계산에 이용되는 기본적인 수치로, 오랜 기간에 걸친 관측을 통해 확정한다.

로 하는 계산법과 주야각 시각을 확보해 내는 일은 10년을 더 필요로 했다. 결국 1442년세
종 24 무렵에 이르러 『칠정산내편』을 편찬하기 시작했고, 1444년에는 『칠정산내편』과 『칠정
산외편』을 간행하게 되었다. 고려 왕조가 『수시력』을 정식으로 받아 오고도 소화해 내지 못
한 것을 신생 왕조 조선이 완벽하게 소화해 독자적인 계산을 해낸 것이다. 동아시아의 역법
표준인 『수시력』 체제가 시행된 지 무려 160여 년 만에 이룩한 성과였다.

『칠정산내편』의 편찬으로 조선 왕조는 한양을 기준으로 하는 천문 데이터를 담은 독
자적인 역서를 반포할 수 있게 되었다. 이후 조선 왕조는 17세기 『시헌력』으로 바뀌기 전
까지 200여 년 동안 칠정산에 입각한 독자적 역서를 간행 반포했다.

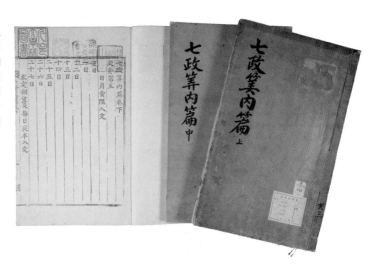

조선의 역법서 『칠정산내편』 조선의 역법으로
일컬어지는 칠정산의 역법 상수들과 계산법을 정
리해 놓은 역법책이 『칠정산내편』이다. 세종대
의 천문학자들은 중국의 『수시력』과 아랍의 『회
회력』을 완벽하게 소화해 칠정산이라는 조선의
독자적 계산법을 확립했다. 이후 1654년(효종 5)
『시헌력』으로 개력하기 전까지 근 200년 동안 칠
정산에 입각한 역서를 매년 편찬 · 간행 · 반포했다.

아랍의 토르퀘툼이
조선의
간의로 태어나다

세종대 천문학의 발전은 역법뿐 아니라 천문 의기天文儀器 창제에서도 두드러졌다. 경복궁 경회루 주변에 세운 간의대의 천문 기구들, 그리고 자격루와 흠경각루로 불리는 자동 물시계가 그러한 천문 의기들이다.

천문 의기 창제 프로젝트는 수시력의 학습이 어느 정도 본궤도에 오른 1432년세종 14 무렵 공식적으로 출범했다. 물론 준비 작업은 훨씬 이전부터 이루어졌다. 19세기 학자 이긍익이 쓴 역사책 『연려실기술』에 의하면 즉위 초 1420년 무렵부터 세종은 천문대를 세울 뜻을 밝히며 윤사웅·최천구·장영실 등 천문 전문가들을 발굴해 육성하기 시작한 듯하다. 세종은 천문학 학습과 관련 정보를 구하기 위해 그들을 북경 사신행에 딸려 보내 최신 정보를 구하고 관련 서적을 사 오게 했다. 1425년 무렵에는 중국 송·원대의 혼천의를 모방해 복제품을 만들 수 있을 정도의 성과를 얻었다. 이러한 준비 작업을 거쳐 1432년에 이르러 본격적인 천문 의기 창제를 명했던 것이다.

프로젝트는 두 가지 작업으로 나누어 진행했다. 한편에서는 정인지·정초 등 문인 관료들이 이론적 연구를 진행하고, 또 다른 편에서는 무관 이천과 장인 기술자 장영실 등이 의기를 직접 제작했다. 천문 의기의 창제는 순조롭게 이루어져 5년 만인 1437년세종 19, 흠경각루 창제를 마지막으로 애초에 목표했던 천문 의기 창제가 완료되었다.

프로젝트의 첫 작업은 가장 중요한 관측기구였던 간의를 만드는 일이었다. 간의는 본래 1270년 무렵 원의 천문학자 곽수경이 개발해 낸 획기적인 천문 관측기구였다. 간의는 관측하기에 편하도록 혼천의를 개량한 것이다. 『서경』에 따르면 혼천의는 순 임금이 창제했다는 선기옥형을 말하며, 중국 고대의 상징적 천문 의기였다. 136쪽의 도판을 보면 알 수 있듯이 혼천의는 적도좌표계·황도좌표계·지평좌표계를 기준으로 여러 개의 환들이 하나의 중심으로 모여 층층이 겹쳐 있다. 따라서 실제 천체들의 운행을 잘 표현하기는 해도 관측용 기구로는 적절하지 않은 구조를 가지고 있다. 곽수경은 이러한 혼천의를 해체

간의와 토르퀘툼 1532년 페터 아피안이 제작한 토르퀘툼(오른쪽). 12세기에 처음 만들어진 아랍의 토르퀘툼은 적도면과 황도면을 모두 갖추고 있었는데, 평상시의 천체 관측에는 황도좌표를 이용하지만, 혜성 등을 추적할 때에는 적도면을 따라 움직이며 천체 위치를 측정하는 적도좌표계를 이용할 수 있어 간의의 적도의식 장치 구조의 모델이 되었다.

적도 좌표계

지평 좌표계

적도 좌표계

지평 좌표계

해 적도의식 장치와 지평의식 장치의 두 부분으로 이루어진 실제 관측용 구조를 고안해 낸 것이다. 적도의식 장치로는 천체의 경·위도를 측정하고, 지평의식 장치로는 관측 지점을 기준으로 한 천체의 지평 고도와 방위를 측정할 수 있다.

그런데 적도좌표계만 따로 분리해 천체의 경·위도를 적도의식 구조를 이용해 관측할 수 있도록 한 원리는 종래 혼천의 전통에는 없다. 이러한 원리는 아랍의 적도의식 천문 기구인 토르퀘툼에서 찾아 볼 수 있다. 실제로 곽수경의 간의는 아랍 천문학자 하비르 이븐 아플라가 12세기에 만든 토르퀘툼의 적도의식 구조를 그대로 활용한 것이다. 언뜻 보기에 간의와 토르퀘툼은 전혀 달라 보인다. 그러나 적도환, 사유환, 그리고 규형과 계형의 부품으로 구성된 간의의 구조는 토르퀘툼의 구조를 그대로 응용한 것임을 알 수 있다. 12세기 당시 세계 최고의 천문학 수준에 도달했던 아랍의 천문 기구가 멀리 '대원제국'의 수도 북경에서 곽수경에 의해서 간의로 개량되었던 것이다. 그리고 시간은 흘러 15세기 초 북경에서 멀리 떨어진 조선에서 간의가 다시 태어나게 되었다.

간의 제작에 성공한 후 만든 천문 기구는 대부분 토르퀘툼의 적도의식 구조의 원리를 응용한 것이라 할 수 있다. 간의를 갖고 다니며 관측 활동을 할 수 있도록 작게 개량한 소간의는 물론, 해시계들인 현주일구와 천평일구는 시간의 눈금을 표시한 시반을 바로 적도면에 그려 넣은 구조이다. 낮에는 해를, 밤에는 별을 보고 시각을 측정하는 일성정시의[149쪽]도 적도면에 위치한 세 개의 환에 시각 눈금을 새겨 넣은 적도의식 시계이다.

그런데 간의의 구조를 응용한 이 천문 기구들은 곽수경의 천문 기구에 없는 것이었다. 이들은 모두 세종대 조선의 기술자들이 고안한 창제품이었다. 앙부일구[142쪽]와 정남일구[149쪽]는 얼핏 보면 적도의식 구조가 아닌 듯 보인다. 그러나 이들은 평평한 적도면 대신 남북극의 축을 중심으로 하는 반구 내부면을 시반면[4]으로 만들었다. 따라서 적도좌표계에 기반한 해시계라는 점에서 넓게 보

4 **시반면** 그림자가 비치면서 시간을 표시하는 오목한 면.

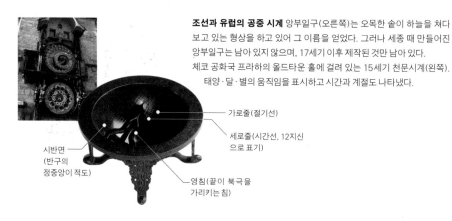

가로줄(절기선)

세로줄(시간선, 12지신으로 표기)

시반면
(반구의 정중앙이 적도)

영침(끝이 북극을 가리키는 침)

면 적도의식 구조에서 벗어나지 않는다고 할 수 있다.

앙부일구는 곽수경이 만든 원나라의 앙의를 개량한 것이다. 본래 곽수경의 앙의는 지름이 2미터가 넘는 거대한 반구형 천문 기구였다. 반구의 내부에 시반을 그려 넣은 오목 해시계였고, 시침 끝에 달린 둥근 구멍을 통과한 그림자가 시반면을 스크린 삼아 비친 모습을 통해 일식의 진행 과정을 관찰할 수 있는 유용한 관측기구이기도 했다. 조선의 과학기술자들은 이러한 앙의를 지름 25센티미터 남짓한 작은 규모의 해시계 전용 기구로 개량한 것이다. 한편 정남일구는 나침반 없이도 남북 방향을 잡아 가면서 시간을 측정할 수 있는 구조를 갖춘 해시계이다. 시반면이 구의 일부인 오목 해시계에 속한다고 볼 수 있다.

다른 천문 기구와 달리 앙부일구는 두 가지 점에서 우리의 주목을 특히 끈다. 하나는 시반면에 시각을 표시하는 12지의 한자 대신에 12지신의 동물 그림을 그려 넣은 것이다. 이는 한자를 모르는 백성도 시각을 읽을 수 있게 하겠다는 의지의 표현이다. 또 하나는 앙부일구를 1434년 10월 무렵 창제한 후 궁궐 바깥의 혜정교와 종묘 앞에 설치했다는 점이다. 당시 서울의 동서를 관통하는 가장 큰 길은 혜정교와 종묘 남쪽을 가로질러 서대문과 동대문으로 이어지고 있었다. 앙부일구를 백성이 가장 많이 다니는 길목에 설치해 좀 더 많은 사람들이 시각을 볼 수 있도록 한 것이다.

앙부일구의 이런 모습은 서구의 근대화 과정에서 처음 등장한 공중 시계를 떠올리게 한다. 근대화 과정에서 시민들이 모이는 광장이 생기고, 그 광장 중앙에는 시민들을 위한 공중 시계가 섰다. 공중 시계는 근대사회의 출현을 알리는 새롭고도 중요한 지표였다. 물론 앙부일구가 서구의 공중 시계와 똑같은 기능을 지녔다고 볼 수는 없다. 15세기 조선에서 시간은 여전히 천명을 받은 왕의 전유물이었다. 왕과 그 대리인이 시간을 측정해 백성들에게 일방적으로 알려 주었다. 왕의 권한이자 의무인 '관상수시觀象授時'의 이념은 여전히 위력을 발휘했다. 따라서 앙부일구라는 시계를 궁궐 밖에 설치해 백성들이 읽을 수 있게 한 것은, 천명을 받은 왕

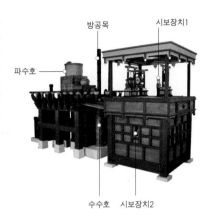

자격루 왼쪽 장치는 큰 항아리에 담긴 물을 일정 속도로 아래 작은 항아리를 거쳐 원통형의 긴 항아리에 흘려 보내는 3개의 파수호와 2개의 수수호로 구성되어 있다. 수수호 속의 잣대가 물이 차면서 떠올라 방공목(方空木) 옆에 놓인 작은 구슬을 건드려 떨어뜨리면서 오른쪽의 시보장치를 작동시킨다. 시보장치1은 상자 안의 복잡한 기계장치를 통해 상자 위에 있는 인형들이 종·북·징을 쳐 시간을 알려 주도록 하고, 시보장치2는 상자 전면의 네모난 구멍으로 시간을 적은 시패를 등장시켜 시간을 알려 준다.

방공목　시보장치1

파수호

수수호　시보장치2

이 그의 통치를 받는 백성들에게 주는 시혜로 봐야 적절하다.

그럼에도 불구하고 앙부일구가 조선의 공중 시계였다는 사실은 분명하다. 서구 근대 사회의 공중 시계와 그 기능이 다를 뿐이다. 앙부일구는 백성을 위한 시계, 백성이 이용하는 시계였다. 앙부일구처럼 백성이 자율적으로 시간을 읽을 수 있도록 궁궐 바깥에 왕의 명으로 설치한 시계는 동아시아 전통에서 일찍이 없던 일이었다. 앙부일구는 세종의 백성을 중심에 두는 정치, 즉 민본 정치의 이념을 상징적으로 보여 준다.

조선의 백성으로부터 가장 많은 사랑을 받은 시계가 앙부일구였다면, 조선 왕조의 표준시계는 물시계인 자격루였다. 본래 물시계는 고대부터 해시계와 함께 각각 밤과 낮의 시각을 재는 대표적인 시계였다. 그런데 자격루는 고전적인 물시계와는 차원이 달랐다. 이 시계는 동서양 물시계의 전통과 혼천의의 전통이 한데 어우러진 매우 복잡한 기계식 제어 장치를 갖춘 창제품이었다.

자격루가 처음 제작된 것은 천문 의기 창제 프로젝트가 시작된 지 불과 14개월이 지난 1433년 9월경이었다. 이미 오래전부터 수력으로 작동되는 송·원대 혼천의 구조를 분석하고 복제품을 만들어 보는 준비 작업이 있었기에 빠른 시간에 시제품을 만들 수 있었다. 특히 장영실이라는 탁월한 기계 기술자가 결정적 기여를 했다. 자격루의 완성품은 1434년 7월 1일에 선을 보이고, 그 날부터 조선의 공식 표준시계로 기능했다.

자격루는 조선의 역법 칠정산과 천문 기구들이 그렇듯이 아랍의 우수한 시계 기술에 중국의 물시계와 혼천의 전통이 결합되어 태어났다. 먼저 물시계인 자격루 누기漏器는 중국의 역대 물시계 중 가장 우수하다고 인정받는 송대 연숙의 물시계와 심괄의 물시계를 참고했다. 자격루의 핵심 기술은 부전浮箭,잣대을 활용해 12시와 경점 시각을 아날로그에서 디지털로 바꾸는 것이었다. 이러한 기술 원리와 기계장치는 아랍의 시계 기술자 알자자리의 시계에 담겨 있던 획기적인 방식이었다. 또 자격루가 지렛대 모양의 숟가락을 이용해

옥루의 복원도 자격루를 성공적으로 제작한 장영실이 그 제작 원리를 그대로 이용해 만들어 세종에게 바친 물시계. 유교적 성군이 다스리는 태평성대의 이상향을 표현한 시계로, 세종은 이를 매우 중히 여겨 경복궁 천추전 옆에 흠경각을 새로 짓고 그 안에 두었다.

동력을 전달하는 방식은 일찍이 동로마 지역 시계에서 볼 수 있는 것이었다.

자격루는 이처럼 동서양의 가장 우수한 시계 기술을 결합했다. 그리하여 자동으로 종·북·징을 쳐서 시각을 알려 주는 획기적인 자동 시보 장치를 갖춘 물시계로 탄생했다. 세종은 자격루를 만드는 데 가장 큰 기여를 한 장영실을 특히 총애해 2계급을 올려 주는 파격적인 포상을 할 정도였다.

세종의 총애를 받던 장영실은 그에 부응해 자격루 시제품을 만든 지 5년 후 또 하나의 시계 옥루를 만들어 1438년세종 20 1월에 세종에게 바쳤다. 이 옥루의 구조와 기계장치는 거의 자격루의 것을 변용한 것이었다. 그러나 외형은 완전히 달랐다.

옥루의 기계장치는 풀 먹인 종이로 만든 7척약 140센티미터 높이의 산 아래 숨어 전혀 보이지 않는다. 산 둘레 사방에는 매 시각 목탁과 종·북을 쳐서 시각을 알려 주는 인형을 세워 정해진 시각에 움직이도록 했다. 산의 허리에는 탄환만 한 크기의 황금 해를 만들어 하루에 한 번 돌아 해의 운행을 정확히 재현하도록 했다. 또한 산 아래 동서남북의 들에는 농부들이 평화롭게 농사짓는 형상을 재현했다. 이것은 바로 『시경』「빈풍도豳風圖」에서 묘사한 유교적 지상낙원의 풍경이었다. 이러한 모습의 옥루는 천체가 제 길을 잃지 않고 순행하며, 백성들은 열심히 농사일에 전념하는, 그야말로 요·순 임금이 다스리던 이상적인 유교 사회와 우주를 재현하는 것이었다.

옥루는 세종대 천문 기구 창제의 결정체라 할 수 있다. 옥루는 숨겨진 기계장치를 보면 물시계이지만, 구현하고 있는 외형을 보면 천문시계이다. 세종은 옥루의 완성으로 요·순 임금이 추구했던 천문학 사업을 자신이 완벽하게 구현했다는 기쁨을 맛볼 수 있었다. 그리하여 왕의 침소인 천추전 바로 옆 서쪽에 작은 집을 지어 옥루를 설치하게 하고, 그 이름을 '흠경각'이라 했다. 흠경각은 『서경』「요전堯典」편에 나오는 "공경함을 하늘과 같이해 백성에게 때를 알려 준다欽若昊天敬授人時."라는 문구에서 따온 것이었다.

측우기를 올려놓던 측우대 원래 경복궁 내의 관상감 자리에 있던 것으로 추정된다. 고종 때 경복궁을 재건하면서 궐 밖의 매동학교(지금의 매동초등학교) 교정 한구석에 옮겼고, 이것을 다시 기상청으로 옮겨 보관하고 있다. 높이 61센티미터, 길이 92센티미터, 너비 58센티미터의 화강석재 위에 측우기를 올려놓았다. 글자가 전혀 새겨져 있지 않으나 세종대에 만든 것으로 추정되고 있다. 보물 제843호.

천문역법 사업이 거의 마무리되어 가던 1441년^{세종 23} 또 하나의 획기적인 천문 의기가 창제되었다. 측우기였다. 『세종실록』에 의하면 그해 4월 무렵 당시 세자^{훗날의 문종}가 종래 비가 온 양을 정량적으로 재지 못하는 것을 극복하기 위해 측우기를 고안해 실험하고 있었다. 그로부터 넉 달 후 호조는 지름 약 16센티미터, 높이 약 40센티미터 크기의 쇠로 만든 원통형 그릇으로 측우기를 만들어 강우량을 측정하는 제도를 왕에게 보고했다. 동시에 마전교와 한강 변에는 수표를 설치해 강의 수위를 측정하는 제도에 대해서 보고했다. 이 정책은 바로 실행에 옮겨 이듬해인 1442년 5월부터 측우기를 이용한 강우량 측정 제도가 공식적으로 시행되었다. 이때 시행된 측우기는 길이 약 30센티미터, 지름 약 15센티미터로 현재 남아 있는 '금영 측우기'와 같은 크기였다. 수표는 현재 남아 있는 영조 대의 수표와 달랐다. 돌이 아닌 나무로 만들어 돌 받침대에 끼워 사용했으며, 측정 단위는 현존 수표에 쓰인 척의 100분의 1인 분 단위였다.

세종대 측우기는 세계 최초의 정량적 강우량 측정기이다. 유럽 최초의 정량적 강우량 측정기인 카스텔리의 우량계¹⁶³⁹보다 무려 198년이나 앞선다. 근대 과학이 중세 과학보다 과학적이라고 할 수 있는 근거 중 하나로 정량적 분석을 중요하게 든다. 종래 정성적 측정에 불과했던 것에서 벗어나 강우량을 정확한 수치로 측정하기 시작했다는 것은 근대 과학 출현의 중요한 지표다. 카스텔리의 우량계가 기상학 분야에서 큰 주목을 받은 이유이다.

그런데 과연 측우기의 강우량 측정을 기상학 지식의 정량화로 볼 수 있을까? 그렇게 보려면 적어도 측정한 데이터를 통계 처리해 기상예보에 활용하려는 시도가 어느 정도 있어야 한다. 물론 측우기를 통한 강우량 측정 제도가 확립된 후 한때 느슨했던 때를 제외하고 줄곧 측정치를 하나도 빼지 않고 기록해 왕에게까지 보고했다. 그러나 그 이상은 아니었다. 지역별, 절기별 어느 쪽으로도 강우량을 예측하는 기상예보를 시도했던 적이 없다. 그러면 무엇을 위해서 측우기 제도를 확립해 강우량 측정을 했을까?

카스텔리의 우량계 이탈리아 수학자 베네데토 카스텔리는 1639년 서양 최초로 우량계를 만들어 강우량을 관측했다. 하지만 기록으로만 남아 있을 뿐, 그 형태는 알 수 없다. 프랑스는 1658년, 영국은 1677년부터 강우량을 관측한 것으로 알려졌다.

측우기는 중국 고대의 성군을 모델로, 백성을 위하는 정치에 정성을 다해 만든 정책의 결과물이었다. 요 임금은 역법을 확립하고 순 임금은 혼천의를 만들어, 완벽한 역법을 확립해 정확한 때를 일러 주고자 했다. 이것이 곧 하늘을 공경하는 정치였다. 그들과 마찬가지로 성군으로 추앙받는 우 임금은 황하의 물줄기를 트는 치수 사업을 벌여 황폐해진 중원 지역을 평정했다. 천문역법 사업이 위대한 요·순 임금을 따르는 것이라면, 측우기와 수표의 창제 및 측정 제도의 확립은 우 임금을 따르는 성군의 정치였다.

조선 전기에 농사가 풍년을 맞느냐 흉년이 드느냐 하는 것은 가뭄을 어떻게 극복하는가에 달려 있었다. 수리 시설이 미비했던 당시에는 소위 '태종우' 고사에 잘 나타나 있듯 적당히 비가 내려 주길 기도하는 수밖에 없었다. 농절기에 가뭄이 들면 정부가 기우제를 지내는 일은 거의 항상 겪는 일이었다. 그런데 비를 내려 주는 일은 결국 하늘이 하는 일이었기에, 측우기를 이용한 세밀한 강우량의 측정은 하늘이 내린 비 한 방울도 놓치지 않고 감사히 받아들이겠다는 제왕 된 자의 지극한 정성의 표시였다.

지금까지 살펴본 대로 조선 왕조의 창업과 함께 우리 역사에서 과학기술은 과거와 다른 모습으로 다시 출발했다. 많은 성과물이 예전에는 없던 것이었다. 역성혁명을 한 지 10년 만에 「천상열차분야지도」라는 천문도와 「혼일강리역대국도지도」라는 세계지도를 독자적으로 제작했다. 천명을 받아 독자적인 정치를 펼치겠다는 조선 왕의 선언이었지만, 수준 높은 천문학과 지리학 지식의 축적과 발전이 없으면 불가능한 것이었다. 세종대 이룩한 『칠정산내·외편』이라는 역법과 간의·자격루·앙부일구·측우기 등으로 대표되는 천문 관측기구의 창제 또한 그러했다. 당대 세계 최고 수준이었던 아랍의 천문학과 중국의 천문학 지식, 그리고 기계 제작 기술 등이 아우러져 동방의 주변 국가 조선에서 꽃을 피웠다. 이는 고려 시대까지 내부적으로만 황제국을 칭하던 것과는 다르게 내실 있는 유교적 문화국가로 성장하는 조선의 모습을 잘 보여 준다.

이슬람의 천문대 오스만튀르크 제국의 수도인 이스탄불의 갈라타 탑 천문대에서 일하는
천문학자들과 현인들. 12세기 아랍에서 만들어진 토르퀘툼의 기술이 중국의 원을 거쳐 조
선의 간의로 이어진 것처럼 이슬람 세계와 조선은 천문에서도 연결 고리를 갖고 있었다.

경복궁에 설치한 조선의 왕립 천문대

간의대(관천대)는 경회루 북쪽 담장 안쪽에 돌로 쌓은 높이 9.3미터, 길이 14.5미터, 너비 9.8미터에 이르는 종합 천문 관측 시설이었다. 간의대 위에는 관측 기구를 대표하는 간의를 설치하고, 그 옆에는 약 12.3미터 높이

간의 세종은 세자를 거느리고 수시로 간의대에 올라 천문관원들의 관측 활동을 독려했다. 경회루 북쪽 변에 있던 간의대는 세종 말년에 경복궁 북쪽 담장 안의 후원으로 옮겨졌다.

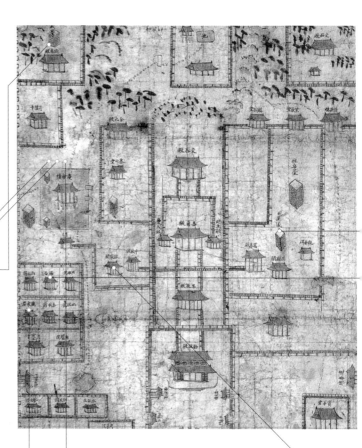

표(表)

규(圭)

동표 간의 옆에 설치해 시간과 절기 등을 측정하던 천문 기구. 규와 표로 이루어져 규표라고도 한다. 규는 청석을 깎아 만들고 그 표면에 장(丈)·척(尺)·촌(寸) 등의 눈금을 새겨 표가 드리운 그림자의 길이를 잰다. 표는 동으로 만든다.

관상감 천문을 담당하던 부서.

혼상 별자리를 한눈에 확인할 수 있는 천구의. 혼의와 함께 간의대 옆에 작은 각을 세우고 설치했다.

의 동표를 세웠으며, 다시 그 옆에 혼의와 혼상을 설치했다. 정확한 방향을 나타내는 정방안도 남쪽에 두었다. 바로 이곳에서 매일 밤 서운관원 5인이 천문을 관측하며 역사적인 천문 프로젝트의 기초 작업을 했다. 한편 경회루 남쪽에는 보루각을 지어 자격루를 설치하고, 그 동쪽에는 흠경각을 지어 옥루를 설치했다. 경회루 남쪽 궐내 각사 구역 안에는 천문을 담당하는 관상감을 두었으니 여기에 그 밖의 각종 천문 의기가 있었을 것이다.

남·북극을 가리키는 지침

지평면

정남일구 1437년(세종 19) 4월에 정초·장영실·김빈·이천·김돈 등이 완성한 해시계이다. 나침반 없이도 남북 방향을 잡아 가면서 시간을 측정할 수 있다. 유물은 전하지 않지만 『조선왕조실록』 등에 기록상의 설명은 상세히 남아 있어 그 모습을 현대에 복원했다.

북극을 향하는 두 마리 용

적도면

일성정시의 낮에는 해를 보고, 밤에는 별을 보며 시간을 측정하던 시계. 만춘전 옆에 설치했다.

조선의 표준시계 자격루 경복궁 안의 궐내각사 구역에서 경회루에 가장 가까운 곳에 자격루를 두었던 '누국'을 확인할 수 있다.

옥루의 복원도 경복궁 천추전 옆에 흠경각을 짓고 그 안에 둔 대형 물시계.

4.
예악의 왕국

예와 악은 왕도의 필수 요건 예와 악은 이상적 유교 국가의 핵심 가치이다. 예가 질서를 위한 것이라면 악은 조화를 위한 것이다. 아래 사진은 국가의 으뜸 제례인 종묘 제향 때 「보태평」과 「정대업」에 맞추어 추던 일무의 춤사위를 도해한 『시용무보(時用舞譜)』. 연대와 편자는 알 수 없다.

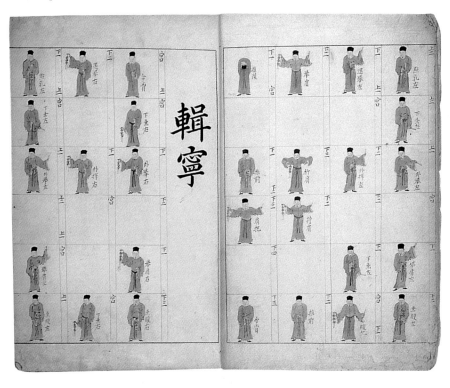

조선 왕조는 유교적 이상 국가를 구현하고자 예악 정치를 표방했다. 여기서 예禮와 악樂이란 추상적 구호 이상의 의미가 있다. 예가 질서를 위한 것이라면 악은 조화를 위한 것이다. 질서와 화합을 위해 필요한 예악은 현실적이고 구체적인 실체로서, 형정刑政의 근본을 이루며 왕도의 필수 요건이다.

중국 고전인 『예기』 「악기」에 따르면 예악 형정이 추구하는 궁극은 민심을 하나로 해 잘 다스려진 상태로 나아가는 것이다. 조선의 역대 왕은 이러한 통치 원리를 바탕으로 치도治道를 갖추고자 노력하고, 그를 위해 예와 악이 정비되어야 한다고 보았다. 예와 악의 구현은 여러 방식으로 이루어지지만, 외형적으로는 왕실의 오례五禮 중 하나로 연행된 각종 국가 전례와 음악을 통해 드러난다. 그러한 이유에서 조선 초기부터 오례를 정비하려는 시도들이 이어졌다.

태조는 고려의 유습인 연등회와 팔관회를 폐지하고 고려 때 시행된 각종 의례의 타당성을 검토했다. 그리고 유교 국가 이념에 맞는 의례를 예제화하고자 노력했다. 그러나 태조대에 운영된 오례 체제에 따른 예제는 정교하고 치밀하지는 않았다. 이는 지속적인 학문적 노력으로 보완되었다. 태종대에 의례상정소儀禮詳定所를 특별 기구로 설치하고, 예제에 밝은 하륜·변계량·허조 등이 주요 역할을 담당했다.

예제를 입안하고 계획하면서 각종 의례에서 연주되는 곡도 제정하고 정비했다. 특히 태조대에는 조선 건국의 정당성을 노래하는 「몽금척夢金尺」, 「수보록受寶籙」 등과 태조의 무공을 서술한 「납씨곡納氏曲」, 「정동방곡靖東方曲」 등의 악장[1]을 만들었다. 악장은 궁극적으로 음악의 선율에 얹어 연주하는 것이므로 여기에는 새로운 선율이 필요했다. 그러나 이때에는 선율은 새롭게 만들지 않고 기존의 것을 그대로 썼다. 고려 시대부터 이미 노래로 불리고 있던 「청산별곡靑山別曲」, 「서경별곡西京別曲」 등의 음악 자원을 활용했다.

1 **악장** 조선 전기에 나타난 시가(時歌) 형태로 궁중의 제전이나 연례 때 주악에 맞추어 부르던 가사.

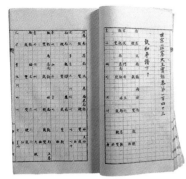

정간보 악보 발달사에서 음의 높이와 함께 음의 길이를 표기할 수 있는 기보 체계를 고안한 것은 획기적인 사건이다. 우물 정(井) 자 한 간을 한 박으로 해 32정간을 한 행으로 표기했다. 한 옥타브 낮은 음은 붉은색으로 표기하는 방식이다. 왼쪽은 『세종실록악보』 중 「용비어천가」에 얹어 노래하는 「치화평」 악보.

이처럼 국가 전례를 위한 의례와 음악을 갖추려는 노력이 이어졌지만, 세종이 즉위한 이후에도 과제는 산적해 있었다. 어떤 면에서는 전보다 더 적극적인 노력이 필요했다. 세종이 즉위한 것은 조선이 건국된 지 채 30년도 안 된 무렵이었다. 따라서 문물 정비라는 면에서 많은 부분이 새롭게 이루어질 수밖에 없었다. 세종은 예악 정치와 새로운 문물을 정비한다는 큰 과업을 이루는 시기로 자신의 통치 기간을 인식했다.

세종의 음악적 안목은 남달랐다. 숱한 음악적 업적이 그의 손에서 이루어졌다. 음의 시가時價2를 표기할 수 있는 정간보井間譜를 창안하고, 아악기의 표준이 되는 편경을 우리의 기술로 만들어 냈다. 아악雅樂3을 정리하고, 「여민락與民樂」·「보태평保太平」·「정대업定大業」 등의 음악을 만들어 국가 전례를 거행하는 데 긴요한 성과를 이룩했다.

문물과 예악을 정비하는 과정에서 새로운 음악을 제정하고 그 음악을 기록하는 방법을 고안한 것은 매우 중요한 성과였고 시의적절한 업적이었다. 한 나라의 국가 의례에서 쓰이는 음악을 악보로 기록해 놓은 것은 기록 이상의 의미를 지녔기 때문이다. 정간보 창안은 국가 전장典章 제도 정립에 긴요한 일이었다.

조선 전기 왕실에서 편찬한 악보는 실록의 일부로 만들어졌다. 악보로 기록된 음악이 국가의 주요 의례에 사용되기 때문이다. 『세종실록악보』와 『세조실록악보』가 그 사례인데, 『세종실록악보』4는 한국에 현존하는 가장 오래된 악보이다. 세종이 창안한 32정간 1행의 정간보 기보 체계를 따르고, 정간 안에는 황黃·태太·고姑·중仲·임林·남南 등의 율자律字로써 음높이를 기보해 음높이와 시가를 알 수 있도록 기보한 편리한 악보이다.

『세종실록악보』는 또한 한 단에 여러 악기의 악보를 동시에 적을 수 있는 총보總譜, full score 방식으로 기록되어 있다. 첫 번째

2 **시가** 음표나 쉼표로 표시되는 길이. 1박을 단위로 계산한다.
3 **아악** 당악(唐樂)·향악(鄕樂)과 더불어 삼부악의 하나로, 고려 때 송에서 들어온 것을 세종이 새롭게 완성한 음악.
4 **『세종실록악보』** 총 12권 분량. 아악·향악(鄕樂)·고취악(鼓吹樂) 등 완성 시기가 각각 다른 여러 음악이 실려 있다. 권136~137의 두 권에 걸쳐 있는 조회아악과 제사아악은 1430년(세종 12) 9월 29일에 세종의 명을 받아 착수해 같은 해 윤12월 1일에 『아악보(雅樂譜)』라는 이름으로 완성되었다.

행은 현악기 선율, 두 번째 행은 관악기 선율, 세 번째 행은 장고 장단, 네 번째 행은 박拍, 다섯 번째 행은 노랫말을 5단에 걸쳐 기록한 것이다. 따라서 이 악보만 보면 한꺼번에 여러 악기를 연주하고 노래를 부를 수 있었다.

　이와 같은 악보들은 조선 건국 이후 40여 년이 가까운데 아악이 미비하다는 이유에서 편찬하기 시작한 것이다. 아악 이외에 향악과 고취악에 기해 만들어진 여타 음악들은 그 완성 시기가 각각 다르지만 모두 각종 국가 의례에 사용되었다.

장악원 제조인 장악원의 업무를 총괄하는 위치에 있는 장악원 제조가 쓰는 도장이다. 장악원의 문서를 결재하기 위한 용도로 쓰였다.

중화 음악의
조선화를 위하여

아악은 제사와 조회 등 국가 의례에 사용하기 위한 음악이다. 제사는 근본에 보답하고 시
초를 돌이켜 보는 '보본반시報本反始'의 행위로 인간과 신령이 만나는 장이다. 조회 등 각종
의례는 왕실 구성원의 질서를 확인하거나 각종 경사를 기념한다는 의미를 지닌다.

세종대 아악 정비 작업은 결국 천지·조상·성현에 예를 갖춰 공경하는 마음을 올리는
행위를 극대화하기 위한 것이다. 국가 의례는 예와 악을 통해 질서와 조화를 이루려는 것
인데, 정비된 아악은 이 같은 의례가 제대로 거행될 수 있게 한다. 대부분의 국가 의례가 체
계를 갖추지 않은 건국 초기에 이를 정비하려는 노력은 자연스러운 것이었다.

보본반시라는 원론적 이념 말고도 또 하나 주목할 것은 '고제古制의 회복'이라는 이상
이다. 고제란 조선 지배층이 이상적 시대로 상정한 하·상·주 삼대의 제도이다. 삼대는 사
라졌지만 그 흔적은 중국에 남아 있다고 여겼기에 아악을 정비할 때는 기본적으로 중국
것을 원용했다. 제사·조회 등 의례에서 아악을 사용하는 것은 삼대의 질서를 조선에 재현
한다는 뜻을 지닌다. 따라서 아악 정비란 고제의 자취를 찾으려는 노력의 하나였다.

아악을 정비하려는 세종대의 노력 가운데 가장 먼저 이루어진 것은 박연을 중심으로
율관을 제작하는 일이었다. 율관이란 기준 음이 될 만한, 일정한 음높이를 내는 관pitch pipe
을 말한다. 일정한 기준 음이 되는 황종[1]율관이 만들어지면 그것을 바탕으로 해서 나머지
11개의 음높이를 추출해 낼 수 있다.

박연은 조선 각지에서 자란 기장들을 살핀 끝에 당시 해주 지역에서 생산된 것이 적합하
다고 판단했다. 기장의 낱알이 1200개 정도 들어가는 관을 만들어 그것을 황종율관으로 삼
았다. 박연은 이 황종율관의 음높이가 중국에서 보내온 편경과 같기를 바랐지만 애석하게
도 황종율관의 음이 조금 높았다. 그래서 자연에서 채취한 기장
알 대신 밀랍으로 쌀 크기를 인위적으로 만들어 율관 제작을 시
도했으나 다시 실패했다. 결국은 기존 편경의 황종 음높이에 맞는

1 **황종(黃鍾)** 12율의 첫째 율로 기본이 되는 음
이다.

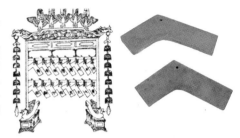

편경(編磬)과 경돌 편경은 ㄱ 자 모양의 경돌 열여섯 개를 나무틀에 매달고 일종의 뿔망치인 각퇴(角槌)로 두드려 연주하는 유율 타악기이다. 경돌을 윗단에 여덟 개, 아랫단에 여덟 개씩 두 단으로 배치한다. 고려 시대에 중국에서 유입되어 쓰이다가 세종대에 경기도 남양 곤달산에서 질이 좋은 경돌을 발견한 이후 조선에서 편경을 제작해 쓰는 역사가 시작되었다. 편경의 음높이는 경돌의 두께에 의해 정해진다. 두꺼울수록 높은 음을, 얇을수록 낮은 음을 낸다.

황종율관을 제작하는 것으로 그 시도를 마쳤다. 황종율관에 1200개가 들어갈 수 있는 적당한 크기의 기장 알을 찾아 일을 마무리한 것이다.

율관 제작 다음은 아악기를 제작하는 일이었다. 아악기 중 특히 편경은 고려 시대에 수입하기 시작해 세종대에도 여전히 중국에서 들여와야 했고 자체 제작이 불가능했다. 편경은 여러 개의 경돌을 엮어 걸어 놓고 소리를 내는 악기이므로 한 틀에서 단 몇 개의 경돌만 깨지거나 문제가 발생해도 연주가 어려운 악기이다. 피아노에 소리가 안 나는 건반이 있으면 제대로 연주하기 어려운 것과 같다. 이러한 편경을 국내에서 만들 수 없었던 것은 소리 좋은 경돌이 발견되지 않았기 때문이다. 박연은 각고의 노력 끝에 결국 경기도 남양에서 좋은 경돌을 찾아내, 그것으로 아악기인 편경을 국산화할 수 있었다.

편경 제작을 마치고 소리를 내 보니 중국에서 수입된 것보다 월등히 좋았다. 국산 악기에 대한 자부심을 가질 만한 사건이었다. 이어 세종 앞에서 악기 시연을 했는데, 유독 이칙음夷則音, g#이 약간 높았다. 귀가 예민한 세종은 곧바로 그 사실을 지적했고, 확인해 보니 돌을 더 갈아 내야 할 부분이 남아 있었다. 먹줄이 그어져 있는 남은 부분을 모두 갈아 내고 나니 비로소 정확한 소리를 냈다. 세종의 음악성이 확인되는 장면이다. 좋은 편경을 만든 업적은 아악기 정비에서 가장 큰 수확이라 할 수 있다. 그 외에도 주종소를 설치해 제작한 편종 이하 여러 아악기가 제작되어 여러 의례에서 연주될 수 있었다.

아악기 제작과 함께 이루어진 업적은 1430년『아악보雅樂譜』의 완성이다.『아악보』서문을 쓴 정인지는 "조선 건국 후 40여 년의 세월이 흘렀지만 여전히 아악이 갖추어지지 않았기 때문에 이를 만들었다."라고 설명하면서 박연의 율관 제작 경위를 먼저 적어 놓았다. 그가 말한 바로는 조선에는 이미 고려 예종 때 송의 휘종이 준 편종, 공민왕 때 명 태조가 준 종과 경, 영락제가 준 종과 경 수십 개가 있었다. 그것을 바탕으로 편종을 만들고 남양에서 경돌을 얻어 편경을 만든 박연의 업적을 비중 있게 다룬 뒤, 정인지는 악보 제작에 관한 이야기를 전개했다.

당시 봉상시에서 제사를 위해 연주하던 악장樂章의 음악이 어디에서 전해 온 것인지 알 수 없었다. 또 그중에는 악공들이 일시적으로 보탠 것도 있어서 믿을 만한 것이 없었다. 당시 참고할 수 있는 악보로는 『의례경전통해』 「시악詩樂」의 '풍아風雅' 12편, 『지정조격至正條格』과 임우林宇의 『석전악보釋奠樂譜』 17궁宮뿐이었다. 결국 『아악보』의 음악은 이러한 음악들을 바탕으로 만든 것이다. 그나마 이 악보들도 완전한 것은 아니었고 여러 이유에서 부적합한 것들을 포함하고 있었다. 그러나 이들 이외에 참고할 것이 없었기 때문에 「시악」에서 「소아小雅」 6편을 취해 조회악을 만들고, 『석전악보』에서 몇 가지 선율을 취해 제사 음악을 만들었다. 「소아」를 취한 것은 「소아」가 제후의 음악이기 때문이다.

새로 제작된 조회 아악은 완성된 후 곧바로 1431년세종 13 1월 1일의 하정례, 즉 신년하례에서 연주되고, 회례연會禮宴과 양로연養老宴 등에서도 활용되었다. 새롭게 만든 제사 아악도 사직·석전·선농·선잠 등 각종 제사에 쓰였다. 세종은 "우리나라의 아악이 만들어졌으니 중국에 부끄러워할 것은 없다."라고 하면서 박연의 노고를 치하했다.

세종대 아악의 정비는 삼대의 고제를 염두에 두고 이루어졌지만 삼대의 흔적이 남아 있는 중국 것을 조선식으로 재해석해 받아들이는 방식이었다. 세종대에 만들어진 아악이 중국의 것과 같은 것이 아님을 알 수 있다. 옛 문헌을 참고하고 주周 음악과 가장 가까운 특징을 가진 것을 찾되 일정한 기준을 가지고 찾았으며, 그 결과로 만들어 낸 아악이었기 때문이다. 중국에 부끄러워할 것은 없다는 세종의 맥락이 곧 그것이다.

방향	화	생	방향		방향	생	화	방향
가	가	가	가		가	가	가	가
비파	비파	비파	비파		비파	비파	비파	비파
피리	피리	피리	우		우	피리	피리	피리
적	적	적	월금		월금	적	적	적
대쟁	아쟁	가야글	현금		현금	가야글	아쟁	대쟁
향리	퉁소	퉁소	향리		향리	퉁소	퉁소	향리
대적	대적	대적	해금		해금	대적	대적	대적
장고	장고	장고	장고	장고	장고	장고	장고	장고	장고
장고	장고	장고	장고	장고	장고	장고	장고	장고	장고

서 · 동

남

당비파(唐琵琶, 왼쪽) 목 부분이 굽었고 네 줄로 되어 있다.
향비파(鄕琵琶) 목 부분이 곧으며 다섯 줄로 되어 있다.

당피리(唐觱篥, 왼쪽) 세종대의 당피리는 지공(指孔)이 아홉 개이다.
향피리(鄕觱篥, 가운데) 주로 향악 계열의 음악을 연주한다.
퉁소(洞簫) 세로로 잡고 부는 관악기. 청공 1, 지공 5, 허공 2 등 모두 8공이다.

가야금(伽倻琴) 12줄로 된 대표적인 현악기 중의 하나

장고 음악의 장단을 맞추는 대표적인 타악기이다. 고려 시대에 중국에서 유입된 당악기이다.

『세종실록오례』「가례서례」악현도 중 고취(鼓吹)악대 조참(朝參), 왕이 친림하는 문과 전시, 합격자 발표인 방방(放榜) 등 다양한 의례에서 음악을 연주하는 전정(殿庭, 궁중의 뜰) 고취악대의 구성. 노래를 포함해 아악기·당악기·향악기 등 18종의 악기 64대가 고르게 편성된다. 거문고·가야금·향비파·당비파·생(笙)·우(竽)·화(和)·월금·해금·방향(方響)·적(笛)·대적(大笛)·아쟁·대쟁(大箏)·장고 등이 포함된다. 장고만 해도 20대가 동원되는 대규모 악대이다.

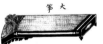

대쟁(大箏) 고려 시대부터 전해지는 15현의 현악기. 당악기이다.

아쟁(牙箏) 줄을 마찰시켜 소리 내는 당악기이다.

방향(方響) 12율 4청성의 16음을 소리 낼 수 있는 유율 타악기로 당악기이다.

월금(月琴, 왼쪽) 둥근 몸통이며 네 줄로 되어 있다.
해금(奚琴) 고려 시대에 유입된 두 줄의 찰현악기.

적(笛, 왼쪽) 다섯 개의 지공, 한 개의 취구가 있는, 가로로 부는 관악기.
대적(大笛) 조선 초기에 연주된 관악기로 적(笛)보다 크다.

현금(玄琴) 거문고의 한역(漢譯). 가야금과 더불어 우리나라의 대표적인 현악기이다.

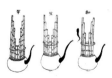

우(竽, 왼쪽), 생(笙, 가운데) 화(和) 162쪽 참조.

백성과 더불어
신하와 더불어

세종이 만든 국가 의례 음악 중에 「여민락與民樂」[1]이 있다. '백성과 더불어 즐긴다.'는 의미이다. 『맹자孟子』「양혜왕장梁惠王章」에 나오는 '여민동락與民同樂'에서 유래한 말이다. 「여민락」의 노랫말은 조선의 개국을 찬미한 악장 「용비어천가龍飛御天歌」에서 가져왔다. 개국을 칭송하고 선조의 위업을 찬양한 장편 서사시이다. 「용비어천가」는 조선을 탄생시킨 선조와 그 조상들, 태조가 왕위에 오르기 전에 있었던 일들, 조선의 기강을 세우고자 했던 선왕들의 업적을 노래했다. 그러한 서사시의 노랫말을 가져와 세종 자신이 만든 음악의 제목을 '여민락'이라 한 것은 곧 백성과 함께 즐거움을 나누고자 하는 마음을 음악에 담고 싶었기 때문이다.

이처럼 「여민락」뿐 아니라 세종대에 연주된 많은 곡은 세종이 직접 만든 것이다. 『세종실록』에는 세종이 음악을 만드는 장면을 다음과 같이 묘사해 놓았다.

> 임금은 음률에 밝았다. 신악新樂의 절주節奏는 모두 임금이 제정한 것으로, 지팡이를 짚고 땅을 쳐서 음절을 구분해 하룻밤에 제정했다.
>
> ─『세종실록』권126, 1449년 12월 11일

실록의 기록만 보면 마치 아무런 고민 없이 그저 지팡이만 내리치면 음악이 만들어지는 듯, 음악 만드는 일을 무척 쉬운 것처럼 오해할 소지가 있다. 그러나 세종 당시 새로운 음악을 만드는 법은 기존에 전하는 선율에 노랫말을 얹는 방식이었다. 좋은 노랫말이 있으면 거기에 기존 선율에 어울리도록 가사를 배치하는 방식으로 많은 음악을 만들었다. 세종이 지팡이로 땅을 쳐서 음절을 구분해 가며 음악을 만드는 장면은 당시 작곡의 방

---

1 「**여민락**」 원래 「봉래의」라는 대규모 모음곡에 포함된 하나의 곡이다. 「봉래의」는 전인자-진구호-여민락-치화평-취풍형-후인자-퇴구호의 일곱 부분으로 이루어져 있다. 모두 노래와 춤, 기악 부분을 갖춘 넓은 의미의 악(樂)으로, 거대한 규모의 공연물이다. 이러한 악무는 조선 건국을 노래한 『용비어천가』에서 노랫말을 취하고 그것을 무대화해 웅장한 공연 예술로 연주되었다.

「보태평」(위)과 「정대업」(아래) 세종이 회례악무로 제정한 악(樂)·가(歌)·무(舞)를 아우르는 악무. 「보태평」은 문덕(文德)을 칭송하고 「정대업」은 무공(武功)을 기리는 내용이다. 세종이 만든 「보태평」은 11성(成), 「정대업」은 15성으로 되어 있다. 고려 시대의 속악(俗樂)인 「풍입송」·「만전춘」·「서경별곡」·「청산별곡」 등의 향악과 고취악(鼓吹樂)을 바탕으로 해서 만들었다. 이 음악은 1464년(세조 10)에 제례악의 용도에 맞게 개정되어 종묘제례악으로 채택되었다. 사진은 2008년 종묘에서 연행된 종묘제례악 중에서 「보태평」과 「정대업」을 연행하는 장면.

식을 보여 준다. 이때 더 중요한 것은 '노랫말'이다.

> "뿌리 깊은 나무는 바람에 흔들리지 않으니, 꽃 좋고 열매를 많이 맺으며, 샘이 깊은 물은 가뭄에 그치지 않고 솟아나 내를 이루어 바다에 이르니 ……."

요즘 들어도 멋진 노랫말이다. 선조들을 칭송하는 『용비어천가』와 같은 멋스러운 노랫말이 있어 「여민락」 같은 음악이 만들어질 수 있었다. 세종은 그렇게 만든 음악을 국가 의례를 행할 때 연주하도록 했다. 궁중 안에서 행하는 의례라 백성이 직접 참여하지는 못하지만, 의례를 행한 후에는 사대문에서 백성에게 쌀과 음식을 내리기도 해 백성과 함께 즐긴다는 여민동락의 정신을 보이고자 했다.

세종은 후에 종묘제례악으로 조선의 종묘에서 영원히 울려 퍼지게 될 악무 「보태평」과 「정대업」도 만들었는데, 원래 회례악會禮樂[2]의 용도로 만들었다. 이 악무는 조정에서, 임금과 신하가 모두 모인 장엄한 장소에서, 노래와 춤이 어우러지는 의례로 연행되었다. 세종이 만든 「보태평」 중 '희문熙文'의 노랫말 일부 내용을 보자.

> 운수에 응하시어 태평을 이루시고, 지극한 사랑으로 만백성을 기르시며, 우리의 후대를 열어 주고 도우시매, 억만 대까지 영원히 이어 가고 이어 가리. 이렇듯 장한 일을 무엇으로 나타낼 것인가? 마땅히 노래해 찬송을 올리리라.

세종은 지극한 사랑으로 만백성을 기르고자 했다. 그리고 그 사랑이 후대로 영원히 이어지기를 원했다. 그 마음을 회례악무 「보태평」, 「정대업」에 고스란히 담은 것이다. 세종이 만든 이 음악

2 회례악 대신들이 한자리에 모인 궁중 회례연에서 연주되던 음악.

지악지신(知樂之臣) 박연 부부의 초상 박연은 음률에 밝았으므로 세종대에 악학별좌, 악학제조를 역임하면서 조선의 음악을 정비하는 과제를 수행했다. 제사를 지낼 때 연주하는 아악과 회례용 아악을 정비하고 그간 조선에서 만들 수 없었던 편경을 제작한 일도 그의 업적이다. 박연은 어려서부터 대금의 신동이라 알려져 이론은 물론 상당한 연주 실력도 갖추었다고 한다.

은 1464년세조 10 종묘제례악으로 채택되어 지금도 매해 5월이면 종묘에서 들을 수 있다. 세종이 만든 음악은 정간보에 모두 기록되어 있어, 악보를 펼치면 누구든 그 음악을 어렵지 않게 노래로 불러 볼 수 있다.

세종의 곁에는 음악을 잘 아는 신하가 있었다. 바로 박연과 맹사성이다. 세종은 이들과 함께 조선의 예악을 정비하고 그 격조를 높였다. 박연은 서른넷에 등과해 집현전 교리, 세자시강원, 관습도감사, 중추원부사 등을 역임했지만 가장 큰 업적은 음악과 관련된 악학별좌, 악학제조를 맡으면서 이루었다. 악학별좌는 과거에 급제하고 음악적 역량이 있는 관리가 맡는 것이 최상이었다. 박연이 악학별좌나 악학제조를 역임한 것도 그의 음악적 재능과 무관하지 않음을 알 수 있다. 박연은 새로운 문물 정비의 하나로 이루어지던 세종대 음악 정비에 없어서는 안 될 존재였다.

박연은 편경 제작은 물론 제사를 지낼 때 연주하는 아악과 회례용 아악도 정비했다. 당시 종묘·사직·석전·선농·선잠제 등의 제사 음악이나 회례악은 정리가 되어 있지 않았다. 이에 박연은 『석전악보』, 『의례경전통해』의 「시악」 등 전적을 참고해 음악을 정비하는 과제를 수행했다. 세종 때 박연을 중심으로 정리된 아악은 지금도 성균관 대성전에서 매해 봄가을 상정일上丁日에 거행되는 문묘 제례의 음악을 통해서 들을 수 있다.

박연이 아악과 관련된 음악 업적을 주로 남겼다면 맹사성은 향악과 관련된 업적이 두드러진다. 맹사성도 음률에 정통해 음악과 관련된 중요한 사안이 제기될 때마다 추천되곤 했으며, 그를 음악과 관련한 주요 자리에 머물게 해 바른 음악을 가르치게 해야 한다는 제안이 끊이지 않았다. 특히 향악곡과 관련된 업적 가운데 노랫말을 개작하는 작업이 주로 그에 의해 이루어졌다. 당시 전해지던 여러 향악곡 중에는 연애 감정을 노골적으로 드러낸 노랫말이 들어 있었다. 맹사성은 바로 이 같은 음악을 개작하는 일을 주관했다. 1419년 설날의 일이다. 세종은 신하들의 하례를 받은 후에 상왕 태종에게 하례를 했다. 태종은 인

맹사성이 사랑한 대금 맹사성은 음악 이론가이기도 했지만 훌륭한 대금 연주가이기도 했다. 대금을 손에 한번 들면 서너 곡은 꼭 불었다. 맹사성은 손수 흰 옥으로 대금을 만들어 불었는데, 이를 '백옥저'라 했다. 실물은 충청남도 아산의 중요 민속자료 제225호로 지정되어 있다.

정전에서 여러 신하의 하례를 받았는데, 이때의 의례에는 승도僧徒는 물론 아랍계의 회회인回回人과 왜인倭人까지 참여해 국제적인 분위기를 연출했다.

술자리가 무르익자 상왕 태종이 일어나 춤을 추고 신하들도 함께 즐겼다. 이 자리에서 상왕은 맹사성·변계량·허조 등을 불러 당시의 음악에 관해 이야기했다. "「후전진작後殿眞勺」의 곡조는 좋은데 가사는 듣고 싶지 않다."라고 하자 맹사성은 이렇게 아뢰었다.

"전하의 분부는 마땅하옵니다. 그래서 지금 악부에서는 그 음악의 곡조만을 쓰고 가사는 쓰지 않습니다. 「진작眞勺」은 만조慢調·평조平調·삭조數調가 있는데, 고려 충혜왕이 자못 음탕한 노래를 좋아해 총애하는 측근들과 더불어 후전後殿에 앉아서 새로운 가락으로 노래를 지어 스스로 즐기니, 그 시대 사람들이 '후전진작'이라 일컬었던 것입니다. 그 가사뿐 아니라 곡조도 쓸 수 없는 것입니다."

이 보고는 이후 향악곡을 정비하는 사업이 전개되리라는 것을 암시하고 있었다. 이에 따라 그는 당시 전해지는 여러 향악곡 중에서 음탕한 노랫말로 된 작품들을 고치는 작업을 진행했다. 또 당시 종묘 제향에서 조상들이 살아 있을 때 늘 듣던 음악인 향악을 연주할 것을 주장하기도 했다.

맹사성은 그 자신이 훌륭한 연주가이기도 했다. 특히 대금을 잘 불었다. 대금을 한번 들면 최소 서너 곡은 꼭 불었을 정도로 연주를 즐겼다. 대금을 연주하는 것이 삶의 일부였고 즐거움 중 하나였다. 여름이면 소나무 그늘 아래서, 추운 겨울에는 방 안에서 화롯불을 지펴 놓고 악기를 연주했다. 음악 전문가는 아니지만 그의 연주에는 전문가 이상의 깊이가 스며 있었다.

맹사성과 박연은 세종의 지악지신知樂之臣, 즉 음악을 잘 아는 신하로서 그 시대의 음악을 최고의 경지로 끌어올리는 데 중요한 역할을 담당하고 있었다.

조선의 악기들

15세기에는 궁중 의례를 활발하게 정비했다. 그런 가운데 제작된 국가전례서로『국조오례의(國朝五禮儀)』가 있다. 세종대 편찬에 착수했으나 완성하지 못하고 세조대까지 이어졌지만 여전히 탈고하지 못하다가 1474년(성종 5) 신숙주·정척 등이 완성해 조선왕조의 기본 예식이 된 오례서이다. 오례에 해당하는 국가 전례에 쓰이는 악·가·무 관

아부악-사직 악현

등가

편경(編磬) 경돌을 격자 모양으로 잘라 윗단에 8개, 아랫단에 8개를 매달아 놓고 연주하는 타악기.

관(管) 두 개의 오죽(烏竹)을 붙여 만든 쌍관(雙管)의 관악기. 아악기에 속한다.

지(篪) 12율 4청성을 낼 수 있는 관악기. 아악기에 속한다. 가로로 부는 악기이다.

```
                    남
 절                        절
 고                        고
 특  갈(어)        강(축)  특
 경                        종
     금 금 금     금 금 금
     슬 슬 슬     슬 슬 슬
 편  가가가가가   가가가가가  편
 경  가가가가가   가가가가가  경
     생우화약관   관약화우생
     적지훈소     소훈지적
                    북
```

편종(編鐘) 고려 때 이래 중국에서 수입해 사용하다 1429년 주종소(鑄鐘所)를 두고 직접 제작했다.

금(琴) 7줄로 된 현악기로 아악기에 속한다. 사직, 문묘 등의 제사에서 아악 선율을 연주한다.

슬(瑟) 25줄로 된 현악기로 아악기에 속한다. 사직, 문묘 등의 제사에서 아악 선율을 연주한다.

화(和) 박통에 13개의 대나무 관을 꽂아 만든 포부(匏部) 악기. 열두 음을 소리 낼 수 있다.

헌가

우(竽) 박통에 17개의 대나무 관을 꽂아 만든다. 36개의 관을 가진 것도 있다.

생(笙) 박을 재료로 삼아 만든 포부악기. 박통에 구멍을 뚫어 17개의 대나무 관을 꽂아 만든다.

진고(晉鼓) 헌가(軒架)에 편성해 음악의 시작과 끝에 연주한다. 혁부 타악기이다.

영고(靈鼓) 북면이 여덟 개인 타악기이다. 지기(地祇)를 제사할 때 쓰인다.

훈(塤) 흙으로 구워 만든 관악기로, 불어서 소리 낸다. 아악기에 속한다.

```
                      남
 진                          진
 고                          고
              영   영
              고   도
     편종                    편경
   편경                        편종
     편경  어         축      편경
 편종 관 관 관 관 관 관 관 관 관 편종
   편경 악 악 악 악 악 악 악 악 악 편경
     편경 생 생 생 생 생 생 생 생 생 편종
 편종 우 우 우 우 우 우 우 우 우
   편경 소 소 소 소 소 소 소 소 소 편경
     편종 적 적 적 적 적 적 적 적 적 편종
          지 지 지 지 지 지 지 지 지
          부 부 부 부 부 부 부 부 부
          훈 훈 훈 훈 훈 훈 훈 훈 훈
                      북
```

련 기록을 다량 수록하고 있다. 이와 함께 『국조오례서례』도 함께 편찬했는데 여기에는 제기·복식·의물·의장·도량형 등의 도설도 수록했다. 음악과 관련된 도설로는 당시 쓰이고 있던 아악기·당악기·향악기의 그림과 악기 배치도를 그린 악현도·일무도(佾舞圖) 등이 있다. 각종 의례에 쓰이는 악장(樂章)도 수록되어 있다. 아악을 연주하는 대표적 제사로 사직 제례, 속악을 연주하는 대표적 제사로 종묘 제향의 악현도와 악기를 살펴보자.

속부악–종묘 악현

등가

가야금(伽耶琴) 거문고와 함께 향악기를 대표하는 현악기. 12줄로 되어 있다.

현금(玄琴) 거문고. 6줄과 16개의 괘가 있다. 술대를 사용해 줄을 탄다.

월금(月琴) 둥근 모양으로 된 4줄짜리 현악기. 향악을 주로 연주했다.

해금(奚琴) 두 개의 줄을 마찰시켜 소리 내는 현악기. 금·석·사·죽·포·토·혁·목의 여덟 가지 제작 재료를 모두 사용해서 만든다.

북							
특경			박			특종	
어	대쟁			아쟁	축		
		가 가 가	방향	가 가 가			
편경	가야금	절고		현금	편경		
생	장고	월금	당비파	당비파	향비파	장고	화
지	당적	대금	통소	피리	피리	해금	대금	당적	훈
남							

(서 ← → 동)

당비파(唐琵琶) 목이 굽은 곡경비파로 네 줄로 되어 있다. 당악기에 속한다.

향비파(鄕琵琶) 목이 곧은 직경비파로 다섯 줄로 되어 있다. 향악기에 속한다.

방향(方響) 윗단과 아랫단에 각각 여덟 개의 철편을 배치해 12율 4청성을 낼 수 있는 타악기.

헌가

대금(大琴) 우리나라의 대표적 관악기로 대나무로 만들었다. 이미 신라 시대에 대금 음악이 324곡 있었다고 전한다.

당적(唐笛) 해목은 황죽(黃竹)으로 만들며 8공이다. 당악기에 속한다.

당피리 지공이 8개인 당악기이다. 향피리보다 관대가 굵다.

통소(洞簫) 청공 1, 지공 6, 허공 2, 총 9공을 지닌 관악기로 당악기에 속한다.

향피리 지공이 8개인 향악기이다. 당피리보다 관대가 다소 가늘다.

북							
노고	노고			노도		노도	
편경						편종	
가 가 가	어			축	가 가 가		
월금	가야금	당비파	당비파	방향	방향	당비파	당비파	현금	향어금
태평소	피리	피리	피리	장고	장고	피리	피리	태평소
해금	훈	지	관	진고	장고	관	지	훈	해금
화	우	통소	장고		장고	당적	통소	우	생
소금	중금	대금	대금	교방고	장고	대금	대금	중금	소금
남							

(편종·편경 양쪽)

교방고(敎坊鼓) 장고의 북편 소리와 함께 친다. 종묘제례악 헌가에서 진고(晉鼓)와 함께 쓴다.

장고(杖鼓) 음악의 주요 장단을 연주하는 타악기. 종묘제례악의 등가·헌가에 모두 쓰인다.

태평소(大平簫) 본래 군중에서 쓰이는 관악기였다. 「정대업」의 소무·분웅·영관을 연주할 때 쓰인다.

5.
문자의 왕국

'완성형' 한글 활자 1443년 한글을 창제한 뒤 이를 널리 보급하기 위한 한글 활자를 만들었다. 1461년
에 간행한 『능엄경언해』에서 본문의 한문은 을해자를, 한글본은 한글 활자를 사용했다. 을해자와 함께
사용되었다고 해서 이 한글 활자를 '을해자 병용 한글 활자'라고 한다. 을해자 병용 한글 활자는 『아미타
경언해』, 『두시언해』 등의 인쇄와 선조대 언해된 경서에도 사용되었다.

한글은 세계의 많은 학자가 찬사를 아끼지 않는 세계 최고의 독창적인 문자이다. 한글이 만들어지기 전에 한민족은 한자를 사용한 문자 생활을 했다. 중세 유럽에서 라틴어가 민족을 초월한 공통 문어^{文語} 구실을 한 것과 마찬가지로, 한국뿐 아니라 일본·유구·베트남 등 동아시아 전역에서 한자와 한문은 공통의 문어 구실을 했다. 그러나 한자와 한문은 한국어와는 매우 딴판인 중국어를 바탕으로 만들어진 문자요 문어이기 때문에, 한국어를 한자·한문으로 표기하기는 어려웠다.

한자를 가지고 한국어를 표기하려는 시도, 이른바 차자표기법^{借字表記法}이 등장하기는 했다. 차자표기법을 이용해 한문 텍스트 속에서 한민족의 고유 명사를 표기하기도 했고, 감정을 진솔하게 읊은 노래를 표기한 향가, 한문 텍스트에 모어의 조사나 어미를 붙인 구결, 하급 관리의 공문서에서 한자를 한국어 어순으로 배열하고 조사나 어미를 보충해 표기한 이두 등도 생겨났다. 이렇게 차자표기법이 발전해 사용되기는 했지만, 말과 글이 따로 노는 상황은 한자·한문 교육을 제대로 받지 못한 보통 백성과 여성에게 많은 불편을 불러왔다. 세종은 백성의 이러한 불편을 인식하고 있었고, 이를 해결할 새로운 문자를 만드는 일을 추진하게 되었다.

주변 국가들의 선례도 세종이 그러한 프로젝트를 진행할 용기를 내는 데 도움이 되었던 듯하다. 중국 송대에 북방에서 일어나 한때 화북 지역을 지배한 거란족의 요와 여진족의 금은 각각 자신의 언어를 표기하고자 한자를 바탕으로 거란문자와 여진문자를 만들었다. 티베트와 서하^{西夏}도 각각 독자적인 문자를 만들었다. 세계 제국을 건설한 몽골족의 원 세조^{쿠빌라이}도 티베트 승려인 파스파에게 명해 몽골어를 표기할 문자를 만들도록 했고, 파스파는 티베트문자를 바탕으로 새로운 문자를 만들었다. 이것이 바로 파스파문자이다. 세종은 이렇게 왕이나 국가의 주도로 자민족의 언어를 표기할 문자를 만들어 낸 사례들을 참고했을 것이다.

흔히 한글이 1443년^{세종 25}에 창제되고 1446년^{세종 28}에 반포되었다고 알고 있지만, 이는 사실이 아니다. '1443년 창제, 1446년 반포'라는 설은 『세종실록』의 두 기록에 뿌리를 두고 있다. 『세종실록』 1443년 12월 조 끝 부분에 "이달에 임금께서 친히 언문[1] 28자를 만드셨다."라고 되어 있는데, 다시 『세종실록』 1446년 9월조 끝 부분에서 "이달에 훈민정음이 완성되었다."라고 하고 있다.

20세기 초의 학자들은 이 두 기록을 놓고 고민에 빠졌다. 1443년 12월에 언문이 만들어졌다고 했는데 1446년 9월에 다시 훈민정음이 완성되었다고 말하고 있으니, 도대체 한글이 완성된 시기는 둘 중 어느 때인지 혼란스러웠다. 그래서 학자들은 1443년 12월에 한글이 일단 완성되기는 했으나 이것을 「용비어천가」 한글 가사 등에 실제로 사용해 본 결과 여러 가지 문제점이 드러나서 이것을 수정·보완하는 과정을 거쳐 1446년 9월에 최종 완성되었다고 결론짓게 되었다.

한글날을 정할 때도 위의 두 기록 중 후자를 더 중시하게 되었다. 1443년 12월의 언문 제작은 말하자면 베타 버전인 셈이고, 1446년 9월에 정식으로 완성된 것이라고 본 것이다. 그러나 『세종실록』의 두 기록 모두 정확한 날짜를 명시하지 않고 그냥 '이달에^{是月}'라고 해서, 한글날을 정확히 며칠로 해야 할지 난감했다. 그래서 9월 그믐날인 9월 30일로 가정하고 이것을 양력으로 환산해 10월 29일을 한글날로 정하게 되었다.

그런데 1930년대에 방종현이 『세종실록』 1446년 9월 조 기사에 대한 새로운 해석을 내놓았다. 이 기사는 한글이라는 문자가 완성되었다는 뜻이 아니라 그 문자를 해설한 책인 『훈민정음^{훈민정음해례}』의 원고가 완성되었다는 뜻이라는 해석이다. 세종은 신하들에게 한글 관련 연구 및 서적 편찬을 명했는데, 『훈민정음』은 그런 책의 하나로서 한글의 제작 원리 및 사용 방법을 해설한 책이다. 세종의 명

1 **언문** 한글의 당시 명칭은 '훈민정음(訓民正音)'이었고 이를 줄여서 '정음(正音)'이라고도 했다. 그러나 한글을 별로 달갑게 생각하지 않았던 사람들은 '언문·언서·언자' 등으로 불렀다. 한문을 '진서(眞書)'라고 하면서 한글을 낮춰 생각하는 태도를 반영하고 있다.

한글회관의 『훈민정음』 서울 종로구 한글회관에 자리 잡은 한글학회는 1921년 창립된 조선어연구회에서 비롯되었다. 조선어연구회는 한국 최초의 민간 학술 단체로 1926년 한글날의 기원인 가갸날을 제정했다. 사진은 한글학회 입구에 새겨진 『훈민정음』 서문.

을 받은 신숙주 등의 신하들이 이 책의 원고를 작성해 1446년 9월에 완성했다.

그렇다면 한글날을 정하려면 1446년 9월이 아니라 1443년 12월 조 기사를 기준으로 해야 마땅하다. 김민수 등의 학자가 그런 주장을 내놓았으며, 북한도 그 의견에 따라 1443년 12월 그믐날을 양력으로 환산해 1월 15일을 한글날로 정했다. 애초에 한글날을 정하는 데 관여한 국어학자들은 방종현의 주장을 듣고 술렁였으나 자신들이 과거에 사료를 잘못 이해했다고 솔직히 시인하기보다는 궁색한 변명을 내놓았다.

한글이 1443년 12월에 창제된 것은 맞으나, 3년간의 시험 사용 기간을 거쳐 1446년 9월에 정식으로 반포한 것으로 보고, 그 반포일을 한글날로 삼자는 논리였다.

그러나 1446년 9월에는 한글이라는 문자를 반포하는 일이 있었던 것도 아니고 『훈민정음』이라는 책이 정식으로 출간된 것도 아니다. 책의 원고가 완성된 뒤에도 이것을 책으로 간행하기까지는 많은 시간이 걸린다. 완성된 책을 임금에게 바치면 임금이 이것을 신하들에게 나누어 주는데, 이를 반사頒賜라고 한다. 원고의 완성으로부터 반사까지는 보통 몇 달 걸리며 1년 이상 소요되는 일도 종종 있다. 따라서 『훈민정음』이라는 책을 세종이 신하들에게 반사했는지도 불확실하지만, 반사했다 해도 그것은 1446년 9월보다는 훨씬 뒤의 일일 것이다.

더욱이 한글이라는 문자를 공식적으로 반포하는 일이 그때 일어났을 가능성은 별로 없다. 한글을 공식적으로 반포한다는 것은 매우 중대한 의미를 지니는 일일 텐데, 『세종실록』을 비롯한 사료에서 한글 반포에 관한 기사를 전혀 찾아볼 수 없다. 그렇게 중요하고 공식적인 일이 사료에 누락되었을 리는 없다. 한글을 공식적으로 반포한다는 것은, 당시의 분위기상 일어나기 어려운 일이었다. 대다수 신하가 한글에 거부감을 가지고 있었기 때문이다.

오랫동안 실물을 찾아볼 수 없었던 책 『훈민정음』은 1940년대에 발견되었다. 그 책에 정인지가 쓴 서문의 날짜는 1446년 9월 상순으로 되어 있었다. 그래서 『훈민정음』의 원고가 완성된 시기를 좀 더 좁혀 잡을 수 있게 되었다. 본래 『세종실록』 1446년 9월조 기사를 바탕으로 한글날을 음력 9월 그믐날로 잡았었는데, 이것을 20일 정도 앞으로 당길 필요가 생겼다. 그래서 한글날을 10월 29일에서 10월 9일로 바꾸게 된 것이다.

한글이 언제 만들어졌는지는 사료가 불충분한 탓으로 학자들이 정확히 파악하지 못하고 한동안 우왕좌왕했으나 이제는 어느 정도 명확해졌다. 그럼 한글 창제에 관한 당시의 사료가 왜 그토록 부실한 것일까? 그것은 세종이 한글 창제 사업을 은밀히 추진했기 때문인데, 이에 대해서는 다음 절에서 살펴보겠다.

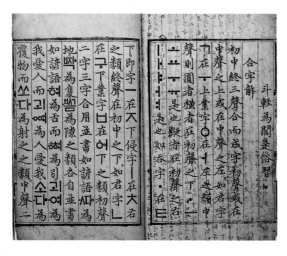

『훈민정음혜례본(訓民正音解例本)』 세종이 만든 훈민정음(한글)을 풀이한 책. 초성·중성·종성을 합해 글자를 만드는 원리를 설명한 부분이다.

한글을 만든 사람이 누구냐고 물으면 세종이라고 답하는 사람이 많겠지만, 사실은 한글을 세종이 친히 만들었다는 친제설親制說보다는, 세종이 신하들과 힘을 합쳐 만들었다는 협찬설協贊說이나 세종은 지시만 하고 실제로는 신하들이 만들었다는 명제설命制說이 널리 받아들여지고 있다.

그러나 한글을 집현전 학자들이 만들었다는 생각은 전혀 사료에 바탕을 두지 않은 잘못된 생각이다. 사료에서는 일관되게 한글을 세종이 친제했다고 증언하고 있기 때문이다. 앞의 『세종실록』 1443년 12월 조 기사가 그러하고, 『훈민정음』의 정인지 서문도 그러하다.

협찬설이나 명제설을 옹호하는 이들은 흔히 당시에는 신하들이 한 일이라도 왕의 업적으로 돌리는 것이 관례였기 때문이라고 말한다. 그러나 그것은 잘못된 편견이다. 『세종실록』을 다 뒤져 보아도 세종대에 이루어진 많은 일 가운데 '친제'라는 표현을 쓴 것은 한글이 유일하다. 세종이 신하를 시켜서 한 일은 분명히 신하를 시켜서 했다고 하지 세종이 친제했다고 한 사례가 없다. 실록이나 기타 기록에서 세종이 한글을 친제했다고 밝히고 있는데, 별 근거 없이 그것을 불신하는 것은 곤란한 일이다.

세종은 한글 창제 작업을 집현전 학자들에게 드러내 놓고 시키기는커녕 오히려 매우 은밀히 진행했다. 위의 두 실록 기사에서 정확한 날짜를 명기하지 않은 것이 그 증거이다. 세종이 어전에서 공개적으로 신하들에게 한글 관련 사업을 하도록 명했다면 사관史官이 이것을 사초史草에 기록했을 것이고, 이것은 실록 편찬 시에 사초의 정확한 날짜와 함께 수록되었을 것이다.

세종이 문자 창제 프로젝트를 은밀히 추진한 것은, 신하들의 반발이 불을 보듯 뻔했기 때문이다. 당시의 지배층은 한문을 배워서 과거 시험을 볼 수 있었는데, 과거 시험은 양반 관료로 편입되어 정치적 권력과 경제적 이익을 챙길 수 있는 기반이었다. 지배층의 입장에서는 보통 백성까지 쉽게 배울 수 있는 문자의 출현은 별로 달갑지 않은 일이었다. 세종은

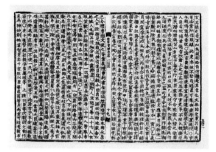

기득권 계층의 반발을 충분히 예상하고 있었기에 한글 창제를 매우 은밀히 진행했다. 게
다가 세종은 불교 신앙 문제로 신하들과 오래도록 신경전을 벌이고 있었고 안질·당뇨병·
피부병 등의 질병에도 시달려서 심신이 피로해진 상태였다. 한글 창제 사업을 처음부터 공
개적으로 추진해 신하들과 마찰을 빚는 것은 피하고 싶었을 것이다.

그러나 한글이 완성된 이상 이것을 언제까지나 비밀로만 할 수는 없었다. 문자는 널리
사용하려고 만든 것이기 때문이다. 세종이 한글을 이용해 처음으로 공개적인 사업을 추
진한 것은 1444년 2월 16일 집현전의 관리들을 시켜 『운회韻會』를 언문으로 번역하게 한
일이다. 그런데 이 일에 집현전의 비교적 하급 관리에 속하는 신하들을 동원한 것이 주목
된다. 집현전의 관리들을 동원하고 싶으면, 아무리 임금이라 하더라도 집현전의 책임자와
상의해 인선하는 것이 순리이다. 그러나 세종은 그런 과정을 생략하고 일을 급속히 추진
한 것이다. 당시 집현전의 사실상 책임자는 부제학副提學[1] 최만리였다.

최만리에게 이것은 매우 자존심 상하는 일이었을 것이다. 한글이란 것을 만들어서 무
엇인가 일을 추진하려 하는 세종의 처사를 못마땅하게 생각한 신하들이 가만히 있어서
는 안 된다고 최만리의 등을 떠밀었는지도 모르겠다. 그 결과 최만리 등이 그해 2월 20일
한글 창제 반대 상소문을 올리게 된다. 이 상소문의 내용은 한글 창제 과정과 관련된 중요
한 사실들을 알려 주는데, 그 시점에 주목할 필요가 있다.

만약 세종이 집현전 학자들을 동원해 일찍부터 드러내 놓고 한글 창제 사업을 진행했
다면, 최만리 등이 그때 가만히 있었을 리가 없다. 그전에는 세종이 혼자서 한글 창제 작업
을 은밀히 추진했기 때문에 최만리 등이 그것을 몰랐거나, 알았다 하더라도 공식적으로
추진되는 사업이 아닌 이상 공개적으로 거론하기 어려웠을 것
이다. 한글과 관련해서 공개적으로 일이 추진되는 것은 1444년
2월이 처음이기 때문에, 이때 반대 상소문이 나오게 된 것이다.

1 **부제학** 집현전의 정3품 벼슬.

『홍무정운(洪武正韻)역훈』 명 태조 홍무제 때 편찬한 『홍무정운』에 훈민정음으로 음을 표기하고 주석을 붙인 책. 세종이 신숙주와 성삼문 등에게 편찬하게 했다. 한자의 중국음을 소리글자인 한글로 기록한 점에서 중국 음운사 연구는 물론 한글 서체 변천과 활자 연구에 중요한 자료이다.

최만리 등은 상소문에서 언문 창제와 같은 중대한 일을 신하들의 공론을 모으지 않고 졸속으로 진행하는 것은 옳지 못하다고 지적하고, 임금이 건강이 안 좋아 요양을 떠나면서까지 그리 급한 일도 아닌 언문 관련 사업에 그토록 신경을 쓰는 것은 옳지 않다고 했다. 이 상소문은 세종이 한글 관련 사업을 은밀히 추진했다는 것, 그리고 세종이 한글 관련 사업에 남다른 관심과 애착을 가지고 있었음을 말해 준다.

이 상소문을 받아 본 세종은 진노해서, 상소에 참여한 최만리 등 7명의 집현전 관리들을 불러다 호통을 치는데, "그대들이 운서韻書를 아느냐? 사성四聲과 칠음七音을 알며 자모字母가 몇인지 아느냐? 만일 내가 운서를 바로잡지 않는다면 누가 바로잡는단 말이냐?" 하고 언성을 높인다. 음운학에 대한 세종의 학문적 자부심이 잘 드러나는 대목이다. 한글은 당시 한국어의 음운 체계를 정확하고 정밀하게 분석한 결과를 바탕으로 만들어진 것이다. 음운학에 조예가 깊은 학자가 아니면 그런 일을 하기 어려웠을 것이다. 세종은 그러한 언어학적 식견을 가지고서 한글을 만들었으며, 기득권에 젖어 있던 유신儒臣들의 반대를 예상하고 있었기에, 한글 창제 사업을 신하들 몰래 은밀히 추진했다. 한글을 다 만들고 나서 이를 이용해 여러 사업을 전개하고자 집현전의 신숙주·성삼문 등을 비롯한 젊은 학자들을 동원했으며, 이 과정에서 유신들의 반대에 부딪혔으나 강한 의지로 돌파했다.

세종이 친히 한글을 만들었다는 위의 내용은 사실 국어학자 이기문이 오래전에 소상히 밝힌 것이다. 한글의 협찬설이나 명제설을 옹호하는 이들은 성종대 학자 성현의 『용재총화慵齋叢話』에 나오는 다음 기록을 친제설에 반대하는 증거로 들곤 한다. 이 책에서는 "세종께서 언문청諺文廳[2]을 설치해 신숙주·성삼문 등에게 명해 언문을 짓게 하니……."라고 말하고 있다. 그러나 강희맹의 「태허정묘지문太虛亭墓誌文」, 『증보문헌비고增補文獻備考』 권108 「악고樂考」 훈민정음 조 등 여러 기록을 보면, 세종이 언문 자모 28자를 창

2 **언문청** 이 명칭도 당시의 정식 명칭은 '정음청'이었겠지만, 한글에 비우호적인 사람들이 이렇게 부른 듯하다. 『문종실록』에는 '정음청'이라는 이름으로 등장한다.

제한 후 궁궐 안에 국局을 설치해 이름난 선비 몇 명을 뽑아서 『훈민정음해례』 등의 책을 만들게 했다고 말한다. 이들 기록에서 설치된 국의 이름을 밝히고 있지는 않으나 이를 『용재총화』에 언급된 언문청으로 볼 수 있을 것이다. 그렇다면 언문청은 세종이 언문 자모들을 다 만든 뒤에야 설치되었으며 언문청의 주 임무는 이 문자의 해설서인 『훈민정음』 등의 책을 만드는 것이었다고 결론짓게 된다.

이 기록들과 『용재총화』의 내용을 모순 없이 합리적으로 이해하는 방법은 『용재총화』에서 "언문을 짓다."라고 한 것을 책으로서의 『훈민정음』을 만들게 한 것으로 이해하는 것이다. 『용재총화』에서는 세종이 한글을 창제했다는 이야기는 빠졌지만 그 뒤의 내용은 기타의 기록들과 일치하게 된다. '언문'이라는 말이 문자로서의 한글이 아니라 책으로서의 『훈민정음』을 의미하는 예는 성종대 학자 서거정의 『필원잡기筆苑雜記』 같은 기록에서도 찾아볼 수 있다.

앞에서 일부 학자들이 실록의 "훈민정음이 완성되다."라는 기사에서 '훈민정음'이 문자를 의미하는 것으로 오해해 웃지 못할 촌극이 벌어졌음을 밝혔다. 이 '훈민정음'이라는 말이 문자가 아니라 책을 의미함을 깨닫기까지 적지 않은 대가를 치렀다. 『용재총화』에 등장하는 '언문'도 문자가 아니라 책을 의미하는 것으로 이해해야 다른 사료들과 조화롭게 이해할 수 있다.

한글은 세종이라는 천재 덕분에 한국어를 표기하는 데 적합하면서 과학적이고 체계적인 문자로 탄생했다. 그러나 아무리 잘 만들어진 제도라 할지라도 실제 운용에 들어가면 신경 써야 할 문제들이 적잖이 발생하게 마련이다.

우선 제기되는 문제는 한글이라는 문자 체계의 단위가 되는 낱글자들을 풀어쓸 것인가, 아니면 음절 단위로 모아쓸 것인가 하는 것이다. 한글을 만든 사람은 분명히 음절 단위로 모아쓸 것을 전제로 만들었다. 각 글자의 모양이 모아쓰기에 적당하다. 한글을 쓰더라도 한자와 섞어 쓸 생각이었고, 한자 각 글자가 하나의 음절에 해당하므로 당시 사람들로서는 음절 단위의 모아쓰기 말고 다른 대안은 별로 생각해 보지 않았을 수도 있다.

그런데 최현배 등 일부 학자들은 로마자처럼 한글도 풀어쓰기를 하는 것이 효율적이라고 생각했다. 특히 타자기가 나오고 한글 기계화 문제가 제기되던 초기에는 모아쓰기 방식이 기계화에 방해된다는 생각이 많았다. 그러나 컴퓨터 기술의 발달로 이는 더 이상 문제되지 않는다. 풀어쓰기 방식을 주장하는 또 다른 근거는 받침 처리 문제, 연철·분철 문제 등 표기법의 여러 난제가 풀어쓰기를 채택하면 저절로 해결된다는 것이었다. 그러나 독서 능률 면에서 모아쓰기가 월등히 우세하다는 주장도 있고, 세로쓰기에서도 모아쓰기가 편리한 점이 많다.

받침 표기 문제도 골칫거리였다. '숲'이라는 단어는 '숲이', '숲을' 등에서는 'ㅍ'이 발음되지만 '숲도', '숲 안에' 등에서는 'ㅂ'으로 발음된다. 어떻게 발음되든 상관없이 항상 '숲'으로 고정해서 표기할 것인가, 아니면 발음에 따라 '숲', '숩'으로 표기할 것인가? 세종은 표면적인 발음의 변이를 중시할 게 아니라 그 근저에 있는 동일성을 중시해 '숲'으로 고정해서 표기해야 한다고 생각했다. 반면에 수양대군과 신하들은 세종의 주장이 이론적으로는 옳다 하더라도 보통 백성이 그런 추상적인 원리를 숙지하기는 어려울 것이고 그냥 발음대로 표기하는 것이 실용적인 방안이라고 주장한 듯하다.

『월인천강지곡』이 수록된
『월인석보』 『월인천강지곡』
은 1447년(세종 29) 수양
대군이 어머니 소헌왕후의
명복을 빌기 위해『석보상
절(釋譜詳節)』을 지어 올리
자 세종이 석가의 공덕을
찬송하며 지은 노래. 세조
가 왕위에 오른 뒤 두 책을
합쳐서『월인석보』를 편찬
했다.

　세종은 이론적으로 매우 철두철미한 성향이었고 학문적 고집이 대단한 사람이었지
만, 이 문제는 신하들에게 한발 양보해 발음에 따라 받침을 적게 했다.『훈민정음』은 이 두
가지 방식이 다 가능하지만 받침을 발음대로 적는 쪽을 채택한다고 기록하고 있다. 그래
서 국가가 주도해 간행한 당시의 한글 문헌은 받침을 발음에 따라 적고 있다. 그러나 세종
은 자기가 직접 지은 글을 책으로 간행할 때만큼은 이론적 소신을 굽히고 싶지 않았던 듯
하다. 현재 남아 있는『월인천강지곡月印千江之曲』을 보면 '숲'의 받침 부분 종이가 물로 씻겨
있고 그 위에 'ㅍ'이 도장처럼 찍혀 있다. 아마도 식자·인쇄를 담당한 실무자들이 당시의
일반 원칙에 따라 '숩'으로 인쇄했다가 세종이 교정을 명해 이렇게 바뀐 것으로 보인다.
　체언이나 용언 어간에 모음으로 시작하는 조사나 어미가 붙을 때 받침을 뒤 음절로 넘
겨서 적을 것인가'수피', 아니면 어간의 받침으로 고정해 적을 것인가'숲이' 하는 문제도 이와
관련이 있다. 전자는 연철, 후자는 분철이라고 하는데, 세종이 직접 지은 책에는 분철 방식
을 많이 사용했지만 그 외의 책에는 거의 연철 방식을 사용했다. 그러다가 조선 후기로 가
면서 분철 방식이 확대되는 경향을 보인다.
　개화기에 주시경 등 학자들이 한글 맞춤법을 연구하고 서로 논의하는 가운데 이런 문
제들이 다시 불거졌다. 이러한 논의에서도 발음을 중시하는 입장과 형태를 고정해 표기하
는 입장이 맞섰다. 오랜 논의 끝에 형태를 중시한 주시경 학파가 우세해졌다. 이것이 1933년
'한글 맞춤법 통일안'으로 결실을 보아 오늘날까지도 맞춤법의 기본 원리로 이어져 오고 있
다. 500여 년 전의 논쟁에서는 세종이 한발 양보했지만, 결국은 세종의 뜻대로 된 셈이다.

을해자 병용 한글 활자 1455년(세조 즉위) 강희안의 한자 글씨를 구리 활자로 만들어 찍은 것을 을해자라고 한다. 을해자와 함께 사용한 한글 활자도 강희안의 글씨로 추정되고 있다.

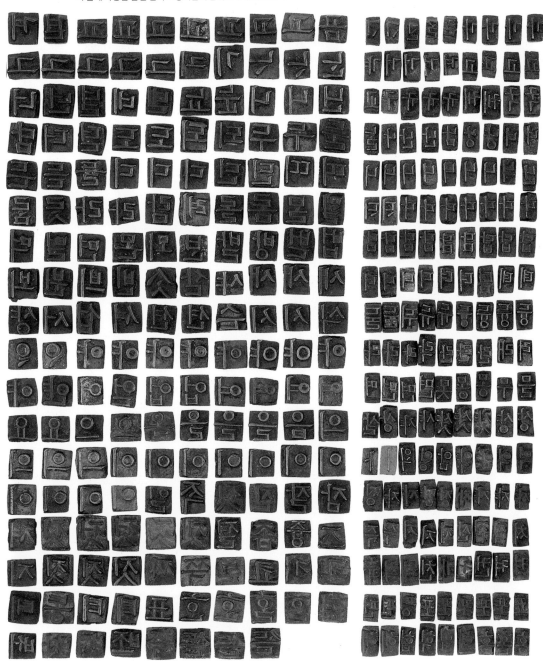

훈민정음의
보급 과정

보통 백성도 문자 생활을 영위할 수 있도록 하겠다는 세종의 취지는 당시에는 매우 파격적이었기 때문에, 그런 생각이 실제로 실현되기까지 많은 시간이 걸렸다. 공식적인 문자 생활에 한글이 침투할 여지는 별로 없었다. 백성이 국가에 문서를 제출할 때에도 한자를 이용해 이두문으로 작성하도록 했다. 한글로 작성한 문서는 국가에서 문서의 효력을 인정하지 않았다. 대신 한글은 한자·한문과는 차별적인 역할을 맡음으로써 세력을 서서히 확장하게 된다.

한글이 백성을 위해 만들어진 문자인 만큼, 한글은 백성 사이에서 주요 기능을 했다. 지배층 중에도 한글을 사용할 줄 아는 이가 늘어 갔지만, 이들은 한자와 한문이라는 공식적이고 특권적인 문자를 사용하고 있었기 때문에 특수한 사례가 아니면 한글을 쓸 일이 별로 없었다. 반면에 보통 백성은 다른 선택의 여지가 없었기 때문에 점차 한글을 요긴하게 사용하게 된다. 임진왜란 때 강압에 못 이겨 왜군에 투항한 백성에게 선조는 왜군의 손아귀에서 빠져나올 것을 호소하는 교서를 한글로 써서 내렸다. 이는 당시 한글이 백성 사이에 상당히 보급되

어 있었음을 짐작하게 한다.

사대부 계층에서도 한글을 읽고 쓸 줄 아는 이가 점차 늘어났다. 1504년연산군 10 연산군의 폭정을 비판하는 한글 괴문서가 나타나자, 연산군은 한글을 가르치고 배우는 것을 금하고 한글로 된 책을 불사르며 한글을 쓰는 사람을 모두 신고하게 했다. 괴문서를 작성한 이는 양반이었을 텐데, 아마도 신원의 노출을 피하려고 한글을 사용한 듯하다.

한글 사용을 확대하는 데는 여성의 역할이 컸다. 양반 사대부 계층에서는 여성도 한문 교육을 받는 일이 많이 있기는 했지만, 점차 한글을 많이 사용하게 된 듯하다. 그래서 여성끼리, 또는 여성과 남성이 편지를 주고받을 때에는 주로 한글을 사용했다. 또한 주로 여성을 독자로 상정하는 책은 한글로 간행된 것들이 많다.

불교의 역할도 컸다. 조선 조정이 표면적으로 숭유억불 정책을 쓰긴 했지만, 민중의 의식 속에서 불교는 여전히 중요한 자리를 차지했다. 특히 세종·세조 등 왕실 인사들은 불교 신앙이 독실했다. 그래서 한글을 사용해 할 수 있는 여러 사업 중에서도 특히 불경을 한글로 간행하는 일에 의욕적이었다. 궁궐 내에 불당을 지어 놓고 예불을 드리고 활자를 가져다가 불경을 찍어 내는 일이 빈번했다. 신하들은 이에 강력히 항의했지만 세종·문종·세조대에 이러한 사업은 꾸준히 이루어졌다. 그 뒤에는 전국의 여러 사찰에서 불경을 한글로 간행하는 일을 계속 진행했다. 한문을 모르는 백성도 한글로 불

한글 편지 훈민정음이 창제된 뒤 궁중에서 주로 궁인들에 의해 한글 편지(언문서찰)가 쓰이기 시작했다. 성종~선조대에 이르면 점차 일반 부녀자들에게 퍼져 나갔다. 내간·내찰·안편지·언간·언찰이라고 했다.

경을 읽어서 불교의 진리를 깨닫고 극락왕생할 수 있게 하려는 취지였다.

17~18세기에 이르면 소설이 한글의 보급에 많이 이바지했다. 당시 중국의 많은 통속 소설이 번역·번안되어 백성들 사이에서도 많이 읽히게 되었다. 한글 소설은 초기에는 필사본으로 유포되다가, 상품 가치가 커지면서 방각본_{상업적 출판물}으로도 많이 간행되었다. 현재 남아 있는 수많은 방각본 한글 소설은 당시에 소설이 널리 읽혔음을 보여 줄 뿐 아니라 한글을 읽을 줄 아는 사람이 매우 많았음을 보여 준다.

이러한 과정을 거쳐서 한글은 널리 보급되었다. 조선 후기에 한글로 읽고 쓸 줄 아는 국민의 비율은 당시 서양 국가들의 문자 해득률에 비해 절대 낮지 않았던 듯하다. 병인양요 때 강화도에 왔던 프랑스 군인은 일반 백성의 집에 책이 많이 있다는 데 놀라며 부러움과 열등감을 느꼈다는 기록을 남겼다.

한글 소설이 유행하고 상업적 출판이 대두하는 것은 근대의 징후였다. 공통 문어 중심의 중세 문화에서 민족어를 중시하는 근대 문화로 이행하고 있었다. 한문을 대신해 한글이 지배적인 문자로 자리 잡게 된 것은 근대를 향한 진보의 의미가 있었다.

개화기에 한글을 사용해야 부강한 근대국가가 될 수 있다는 주장이 대두하고 갑오개혁₁₈₉₄으로 국가의 공식적인 문서에서 한글을 사용하게 되었다. 세종이 한글을 창제할 때 가지고 있었던 생각은, 시간이 오래 걸리기는 했지만 결국 실현된 것이다.

천자는 천지에, 제후는 산천에 제사 지낸다 하늘에 제사를
지내는 환구제는 조선 개국 이래 민감한 논쟁거리였다. 세
조 때에 이르러 마침내 '천자는 천지에, 제후는 산천에' 제사
지낸다는 유교의 예에 따라 고려 이래의 환구제를 폐하고
중화 체제의 제후로서 왕의 위상을 재확인했다.

03
조선의 길

1453년

일어난 계유정난과 그 이후의 역사는 여러 생각을 던져 준다. 인간도 자연의 일부이므로 그 생활의 적지 않은 부분이 자연현상과 닮았다. 그런 측면을 가장 또렷하고 효과적으로 보여 주는 사례는 수많은 속담일 것이다. "비 온 뒤에 땅 굳는다."라거나 "콩 심은 데 콩 나고 팥 심은 데 팥 난다."라는, 너무도 익숙한 속담들은 자연 현상과 인간 생활의 비슷한 본질을 소박하지만 더없이 날카롭게 압축하고 있다. 계유정난으로 시작된 조선 사회의 변화는 바로 이런 현상과 본질을 생각하게 한다.

모든 변화는 일단 처음에는 낯설다. 그것이 익숙해지려면 길든 짧든 일정한 시간이 반드시 필요하다. 거대한 변화일수록 그 시간은 대체로 오래 걸린다. 전근대의 왕정 체제에서 가장 중요한 사건은 당연히 왕조의 교체였다. 한족과 이민족이 충돌하면서 25개의 왕조가 명멸한 중국사와 견주면, 한국사에서 왕조 교체는 매우 드물게 일어났다. 한 왕조의 수명은 상당히 길었고, 이민족의 지배도 없었다. 다시 말해서 한국사는 적어도 그 외형에서는 급격한 변화보다는 상대적으로 점진적이며 완만한 이행에 가까운 전개로 발전해 왔다.

현실에서 일어나는 수많은 변화의 궁극적인 완결은 하나의 제도로 성립되는 것이다. 달리 말하면 이것은 법률로 규정된다는 의미다. 대체로 어떤 변화는 현실적 필요에서 시작된 뒤 공감과 지지를 얻으면서 그 영향력과 입지를 넓힌다. 그러나 그것이 법제화되지 않는다면, 그 변화는 끝내 미완에 그치게 된다. 법률로 규정될 때 비로소 그 변화는 도덕적 당위를 넘어 현실적 강제력을 획득한다.

앞서 말했듯이 모든 변화는 일단 낯설다. 그러므로 하나의 새로운 제도가 현실에 뿌리 내리기까지는 상당한 진통이 불가피하다. 조선의 역사에서 15세기는 왕조 개창이라는 가장 중요한 변화에 바로 이어진 기간이었다. 14세기의 맨 끝머리에 조선이 건국되었다는 사실을 생각하면, 15세기 전반前半은 진정한 건국기라고도 할 수 있다.

1401년부터 1450년까지 15세기의 절반은 조선의 가장 뛰어난 국왕들인 태종과 세종의 치세였다. 두 국왕의 탁월한 통치에 힘입어 조선은 크게 도약했다. 특히 32년에 걸친 세종의 치세 동안 조선의 여러 체제는 그야말로 획기적으로 발전했다. 이런 시대적 맥락을 고려할 때 그 세기의 남은 절반이 더욱 융성하리라고 기대하는 것은 자연스러웠다.

그러나 그런 예상은 적중하지 않았다. 15세기 후반에 접어든 조선은 왕위 계승을 둘러싼 또 한 번의 치열한 분쟁을 통과했고, 국정 운영도 상당한 변화를 겪었다. 세조의 집권부터 성종의 치세에 이르는 이 기간의 가장 중요한 두 사건은 계유정난의 발발과 『경국대전』의 완성1485이라고 할 수 있다. 계유정난으로 왕위 계승의 물줄기는 다시 한번 바뀌었고 정치 상황은 크게 요동쳤다. 그러나 체제를 안정시키려는 모색은 치열하고 꾸준히 시도되었고 그런 노력은 『경국대전』의 완성으로 결실을 보았다.

이처럼 15세기 후반은 정치적 갈등을 수습하고 체제의 완성으로 나아가는 역정이었다. 조선이 멸망할 때까지 『경국대전』이 국법의 지위를 유지했다는 사실이 보여 주듯이, 이때 형성된 체제는 왕조의 골격을 형성했다. 앞서 말한 소박한 속담을 적절히 인용하자면 이 시기는 '비 온 뒤 땅이 굳어지는' 과정이었다.

1.
꿈꾸는
잠룡들

안평대군의 꿈을 그린 「몽유도원도」 세종의 셋째 아들 안평대군은 당대의 명필이었다. 「몽유도원도」는 안평대군이 꿈에서 본 도원의 풍경을 안견이 그린 조선 전기 회화 최고의 걸작이다. 안평대군은 이 그림처럼 낙원을 꿈꾸었으나 형인 세조에 의해 현실에서 참담한 최후를 맞아야 했다.

금단의 성역을
꿈꾸는 사람들

시대와 지역을 뛰어넘어 세종의 업적은 한 명의 국왕이 이룰 수 있는 최대치를 보여 주었다. 그를 보필한 신하들조차 뛰어났다. 제2차 왕자의 난[1400] 이후 반세기의 안정을 누리면서 조선에서 왕위 계승을 둘러싼 분쟁은 사라진 것처럼 보였다. 그러나 거인이 사라진 자리에는 그만큼 큰 공백이 남는다. 그 공백은 공교로운 상황과 맞물리면서 더욱 크고 위험해졌다. 세종의 맏아들 문종은 자질과 인품이 뛰어나 서른둘이 되던 1442년부터 국정을 대리하며 통치 경험을 쌓았지만 즉위 2년 만에 서른여덟의 젊은 나이로 붕어했다. 그 뒤를 이어 즉위한 단종은 겨우 열하나의 어린 나이였다.

국왕의 때 이른 붕어와 어린 세자의 즉위라는 돌발 상황은 그 자체로 중요한 정치적 위기였지만, 그 위기는 또 다른 조건 때문에 더욱 심각해졌다. 그것은 단종을 둘러싼 숙부들의 존재였다. 세종은 대군[1]만 여덟 명을 두었는데, 특히 둘째 수양대군과 셋째 안평대군은 능력을 높이 평가받았다. 각각 서른다섯과 서른넷으로 한 살 차이인 두 사람은 단종이 즉위했을 때 삶에서 가장 정력적인 나이에 도달해 있었다.

15세기 중반 조선의 상황은 멀리 중국 고대 국가 주의 초기와 매우 비슷했다. 그때 주공周公은 어린 조카 성왕成王을 보필해 나라의 기틀을 잡은 뒤 깨끗이 물러남으로써 불멸의 명성을 얻었다. 그러나 단종의 숙부는 끝내 윤리나 이성으로 정치적 야심을 극복하지 못했다. 결국 그는 조선 시대 유일한 찬탈 군주가 되고 말았다.

단종 즉위 후 정치적 주도권은 의정부 중심의 대신들이 장악했다. 그들의 구성은 삼정승에 황보인·김종서·정분, 육조 판서에 민신·윤형·이승손·조극관·이계린·권맹손 등이었다. 대부분 60대 이상인 그들은 세종 때부터 뛰어난 능력을 발휘하면서 오랫동안 국정에 참여해 온 인물이었다.

당시 대신들이 국정을 주도한 것은 그들의 자발적이자 선제적인 행동이라기보다는 문종과 단종의 위임에 따른 결과로 여

1 **대군** 조선 시대 정궁(正宮)의 몸에서 태어난 적실왕자(嫡室王子). 1414년(태종 14) 1월 왕의 적비(嫡妃)에게서 출생한 왕자를 대군, 빈(嬪)의 몸에서 출생한 왕자를 군, 궁인의 자를 원윤, 친자나 친형제의 적실 자식을 군에 봉했다.

조카인 성왕을 보필하는 주공 주 무왕의 동생으로 형과 조카를 도와 주의 기초를 확립했다.

겨진다. 승하하기 전 문종은 대신들에게 단종의 보좌를 부탁해 그들의 영향력에 정당성을 부여했다. 단종도 즉위 교서에서 자신이 아직 어리고 정무에 어두우므로 모든 사안을 의정부·육조와 의논해 시행할 것이며, 그간 육조가 국왕에게 직접 아뢰던 사무도 모두 의정부를 거치라고 지시했다.

대신 가운데 핵심 인물은 좌의정 김종서였다. 그것은 훗날 수양대군이 일으킨 계유정난에서 그가 가장 먼저 제거되었다는 사실에서도 알 수 있다. 이 시기를 서술한 기본 사료는 『단종실록』과 『세조실록』이다. 그것은 각각 예종과 성종 때 편찬되었으므로 세조에 편향된 시각이 짙게 투영된 것은 부인할 수 없다. 그러나 이런 측면을 충분히 고려하더라도 단종 때 김종서의 권력이 크게 팽창한 것은 사실로 생각된다.

기록에 따르면 김종서가 충남 공주로 성묘를 가자 도성의 거의 모든 사람이 그를 배웅했고, 경기도와 충청도에서는 전례 없이 그의 행차에 큰 비용을 지출했으며, 곳곳에서 뇌물이 들어왔다. 김종서의 첩은 국왕이 궁궐 밖으로 나갈 때 임시로 거처하는 곳인 시좌소侍坐所 내문內門까지 함부로 들어가기도 했고, 김종서는 김윤부라는 인물에게서 말을 받기도 했다. 1453년 7월 15일, 사헌부가 이런 일들을 탄핵하려고 하자 김종서는 강력히 반발하며 항변했다.

"내가 의정이 되어 한 나라의 권력을 잡고 있으니 못 할 일이 없는데, 무엇 때문에 궁인宮人과 결탁하겠는가? 그리고 내가 김윤부의 말을 받은 것을 본 사람은 누구인가?"

사건의 경위는 좀 더 복잡하며 실체도 과장되었을 수 있지만, 이런 기록이 날조되었다고 보기는 어렵다. 김종서의 발언도 맥락을 신중히 살펴보아야겠지만 있었을 것이다. 그것은 오만함의 발로일 수도 있지만, 자신감이나 결백함의 표현일 수도 있다.

이 시기 대신의 권력을 보여 주는 가장 대표적인 사례는 1452년단종 즉위 7월 2일의 이른바 '황표정사黃標政事'일 것이다. 관원의 임용은 대체로 신하들이 후보 세 명을 올리면 국왕이 그중 한 명을 낙점해 이루어지는데, 이때는 의정부·이조·병조의 대신들이 그런 후보 세 명 중 한 명의 이름 위에 누런 표시를 붙여 올리면 단종이 그대로 따른 것이다.

이런 대신의 세력 강화는 분명히 이례적인 현상이기는 했다. 그러나 이전과 현재의 국왕이 직접 지시했으므로 왕권을 위협하는 적대적 성격보다는 커다란 정치적 공백을 보완하는 우호적 측면이 좀 더 컸다고 판단된다. 그러나 이런 노력에도 불구하고 최고 권력을 둘러싼 정치적 갈등은 어쩔 수 없이 발생했고 점차 심각해졌다. 한편에는 수양대군의 세력이 포진하고, 다른 한편에는 안평대군과 김종서 중심의 대신들이 자리 잡았다.

단종 초 대신들이 정치적 주도권을 잡자 그들과 상당히 가깝고 정치적 야심도 있는 안평대군이 일단 유리해졌다. 그러나 그들은 상황을 정확히 파악하지 못했거나 적어도 상대만큼 기민하고 적극적으로 행동하지 못했다. 이때 발생한 정치적 공백이 내포한 뜻을 가장 날카롭게 포착해 과감히 행동한 세력은 수양대군과 그 일파였다. 그들이 보기에 김종서와 안평대군이 정치적 변란을 모의하는 움직임은 단종 즉위 직후부터 포착되었다.

우선 제시된 증거는 1452년 6월 30일 김종서가 안평대군에게 주었다는 시였다.

큰 허공은 본래 적막하니, 현묘한 조화를 누구에게 물으랴.	大空本寂寥, 玄化憑誰訊
사람의 일이 진실로 어긋나지 않으면, 순조롭게 비가 오고 볕이 드네.	人事苟不差, 雨暘由茲順
바람 따라 복숭아와 자두에 부딪혀, 화사하게 꽃 소식을 재촉하니.	隨風着桃李, 灼灼催花信
촉촉한 윤기가 보리밭을 적시면, 온 땅이 고르게 윤택해지리.	沾濡及麥隴, 率土均澤潤

『단종실록』은 이 시를 김종서가 안평대군에게 인심을 수습해 반역을 도모하라고 재촉한 것으로 해석했다. 그러나 여기서 그런 뜻을 읽어 내려면 적지 않은 상상력이 필요해 보인다. 조금 뒤인 1453년 4월 27일의 기록이기는 하지만, 김종서가 서울 마포에 사는 안

안평대군의 「몽유도원도」와 발문 안평대군이 전날 밤 꾼 꿈에 대해 듣고 안견이 그린 그림. 안평대군은 복사꽃 만발한 무릉도원에서 박팽년 등과 함께 노니는 꿈을 꾸었다고 한다. 발문에는 안평대군의 꿈 이야기가 매우 구체적으로 적혀 있다.

평대군과 밤마다 몰래 만났다는 혐의도 추가되었다. 몇 번의 인사이동도 수양대군을 압박하려는 김종서 등의 포석으로 지목되었다. 우선 1452년 8월 7일 김종서의 맏아들 김승규가 정4품 사복시 소윤에 임명된 조처였다. 사복시가 군사 행동에 필수적인 병마를 관리하는 부서라는 측면에서 이는 변란을 예방하려는 의도가 짙은 조처로 받아들여졌다. 『단종실록』은 이를 김종서의 전횡이라고 비판했다. 5개월 뒤 이 자리는 황보인의 아들 황보석에게 넘겨졌는데, 『단종실록』은 이를 더욱 날카롭게 비판했다.

> 이때 의정부에서 권력을 장악해 대신의 자제와 혼인한 집안은 모두 상피相避하지 않고 특지特旨를 핑계로 자주 승진하니, 높고 낮은 관직이 모두 그들 손에 있었다. 그 세력이 타오르는 불길 같아서 누구도 감히 어떻게 할 수가 없었다.
>
> -1453년 1월 4일

다소 과장이 있었음을 고려하더라도 단종이 즉위한 뒤 정치적 주도권은 일단 김종서를 중심으로 한 대신들이 장악하고, 안평대군은 그들과 좀 더 친밀한 관계에 있었다고 판단된다. 이런 상황은 수양대군을 상당히 초조하게 만든 것 같다. 그런 정황을 보여 주는 좋은 사례는 문종의 능을 조성하는 과정에서 나타났다. 산릉도감의 장무掌務를 맡은 이현로는 안평대군의 측근이었다. 1452년 윤9월 6일 수양대군은 이현로가 안평대군 등에게 아부하고 자신에게는 무례했다면서 자신의 종에게 그를 수십 차례 채찍질하도록 했다. 그리고 그런 행동을 김종서에게 통보했다. 상당히 과격해 보이는 이런 행동은 초조한 심리 상태의 반증이자 자신의 의지와 실천력을 상대에게 과시하려는 포석이기도 할 것이다.

아무튼 수양대군과 그 일파에게는 국면을 바꿀 전기가 필요했다. 수양대군은 핵심 측근을 포섭했고, 그들과 함께 과감한 행동에 나섰다.

계유정난이
일어나다

수양대군이 선택한 승부수는 명에 고명 사은사로 가는 것이었다. 새로 즉위한 국왕을 책봉해 준 데 감사하는 명목의 고명 사은사는 중국의 주요 신하는 물론 황제와도 접촉해 그들의 생각을 파악하고 자신을 알릴 수 있는 매우 중요한 사행이었다. 이처럼 긴박한 시기에 그런 사행의 무게는 수양대군과 안평대군 모두 잘 알고 있었다. 먼저 안평대군 쪽이 움직였다. 이현로는 사행의 무게를 설명하며 안평대군에게 권유했다.

"사행을 가게 되면 공은 용모와 시문·서화로 중국에 이름을 날릴 것이며, 널리 인망을 얻어 훗날의 기반이 될 것입니다."

'훗날의 기반'이라는 표현은 안평대군과 그 일파의 정치적 의도를 조용히 알려 준다. 안평대군은 수긍했고, 영의정 황보인의 동의를 얻었다. 그러나 더욱 신속하고 적극적으로 움직인 쪽은 수양대군이었다. 그는 그런 동태와 의도를 알아채고 자신이 가겠다고 나섰으며, 몇 차례의 실랑이를 거쳐 결국 자기의 뜻을 관철했다. 앞서 말했듯이 이 사행은 중국에 자신을 알릴 수 있는 외교적 소득과 함께 불리한 국면을 잠시 벗어남으로써 반전을 도모할 시간을 확보하는 대내적 효과를 동시에 노릴 수 있는 중요한 전기였다.

아울러 이 사건은 수양대군의 탁월한 정치 감각을 잘 보여 주는 증거로도 생각된다. 우선 그는 이 사행을 앞두고 향후 자신을 보필할 가장 중요한 인재 두 사람을 포섭했다. 사행을 가겠다는 의사를 밝히기 한 달쯤 전인 1452년 7월 28일, 수양대군은 권람의 추천으로 한명회를 만났다. 기록에 따르면 수양대군은 그를 처음 만난 뒤 '나라의 선비國士'라고 극찬하면서 오랜 친구처럼 여겼다. 또 며칠 뒤에는 신숙주를 포섭했다. 8월 10일, 수양대군은 자신의 집 앞을 지나가던 신숙주를 불러 세웠고, "사직을 위해 죽을 각오가 되어 있다."라고 정치적 포부를 우회적으로 밝혔다. 신숙주는 "어찌 장부가 집에서 편안히 죽겠습니까?"라고 화답했고, 수양대군은 즉시 "그렇다면 중국으로 가라."라고 지시했다. 거의 동년배인 이 세 사람의 만남과 제휴는 14개월 뒤 계유정난의 성공으로 이어져 역사의 물줄

세조의 오른팔 신숙주 세종 때부터 촉망받는 인재였던 신숙주는 수양대군에게 포섭되면서 한 살 아래의 성삼문으로 대표되는 사육신과 정반대의 길을 걸었다. 그는 세조대부터 성종대 초반까지 국정 전반, 특히 외교와 국방에서 많은 업적을 남기면서 조선의 체제가 안정되는 데 큰 공을 세웠다. 그러나 '숙주나물'이라는 표현이 보여 주듯이 그 빛에는 찬탈에 협력한 배반자라는 그림자가 언제나 뒤따랐다.

기를 바꿨다.

또한 수양대군은 이 사안에서 측근들을 뛰어넘는 치밀한 행동과 날카로운 판단력을 보여 주었다. 그는 황보인과 김종서의 아들인 황보석과 김승규를 사행에 데리고 갔다. 그만의 과장된 가상일 수도 있지만 이로써 핵심 대신들의 선제 행동을 차단했다. 또한 당초 한명회와 권람은 "이렇게 중요한 시기에 국내를 비울 수 없다."라고 반대했지만, 수양대군은 단호하게 거부했다.

내가 깊이 생각해 보니, 저들의 간사한 계략은 이미 이루어졌는데 나는 후원하는 사람이 없다. 저들이 변란을 일으키면 사로잡히게 될 것이니, 여기에 있은들 무슨 이익이 있겠는가? 그러나 하늘이 우리 종묘와 사직을 돕는다면 몇 달 사이에 무슨 일이야 있겠는가? 하물며 황보석·김승규 등이 나를 따라가니, 황보인 등이 즐겨 따르지 않는다고 해도 염려할 필요는 없을 것이다. 그러나 저들은 걸림돌이 없어져 더욱 방자해질 것이니 비밀스럽게 그 종적을 염탐하라.

사은사 수종관 김문달과 강곤이 "만 리 길을 따라가는 것이 기뻐 잠을 이룰 수 없습니다."라고 하자 수양대군이 그 뜻을 알았다는 기록은 집권을 향한 수양대군의 의지가 이미 확고했음을 알려 준다.

요컨대 조선의 중앙 정치는 단종이 즉위한 지 겨우 두세 달 만에 치열한 견제와 암투로 긴박하게 움직이고 있었다. 그 첫 번째 결과는 계유정난의 발발이었다.

1453년 2월 26일, 수양대군은 넉 달 만에 귀국했다. 국면을 전환하는 승부수는 성공했고, 수양대군은 이때부터 주도권을 잡은 것으로 보인다. 수양대군이 돌아온 직후 한명회는 안평대군의 심복인 조번을 매수해 그 세력의 동태를 파악했다. 그해 3월 21일, 조번은 안평대군이 황보인·김종서·정분·허후·민신·이양·조극관 등과 밤에 자주 잔치를 벌

분청사기 철화 연꽃·물고기 무늬 병 15세기 조선의 도자기를 대표하는 분청사기 병. 지금의 덕수궁으로 짐작되는 수양대군의 집에서 한명회·권람 등과 이런 술병에 든 술을 마시며 물고기가 용으로 승천하는 순간을 기다렸을 것이다.

이고 술을 마신다면서 "삼정승과 이조·병조판서가 안평대군과 골육처럼 친하게 지내니 생사도 같이할 것"이며 "수십 일이 지나지 않아 큰 경사가 있을 것"이라고 전망했다.

이런 첩보에 따라 수양대군 측은 급박하게 움직였다. 이틀 뒤인 3월 23일, 한명회는 거사를 권유하면서 양정·유수·유하 등 정난에서 큰 임무를 수행하는 무장들을 천거했다. 수양대군은 "안평대군은 부도不道해 권간權姦들과 결탁했다. 종묘와 사직이 불안하고 백성들이 도탄에 빠졌으니 의리상 큰 난국을 평정하지 않을 수 없다."라고 결의를 밝혔다.

금방이라도 일어날 것 같던 정변은 그러나 7개월 뒤인 10월 10일에야 발생했다. 앞서 "수십 일 안에 경사가 있을 것"이라는 조변의 예측과 상당히 어긋난 이 결과는 수양대군 측의 과장된 정세 파악을 보여 주는 한 방증으로 보인다.

계유정난의 직접 발단은 9월 25일 권람의 노비 계수의 고발이었다. 계수는 황보인의 노비와 함께 가죽 만드는 일을 했는데, 그에게서 황보인이 김종서 등 여러 재상과 결탁해 국왕을 폐위하고 안평대군을 옹립하려고 한다는 말을 들었다고 고변했다. 시기는 10월 12~22일이며, 방법은 창덕궁 수리를 핑계로 지방의 군사 수천 명을 부르고 군기감의 무기를 안평대군 집으로 보내 거사한다는 것이었다. 권람은 "큰 계책을 빨리 결정하시라."라고 재촉했다. 수양대군은 한명회·홍달손·양정 등 주요 측근과 논의한 뒤 "이처럼 급박한 때는 변통하는 것이 마땅하니 먼저 의리를 편 뒤 주상에게 아뢰겠다."라고 결단했다.

이런 수양대군의 동태는 대신들에게도 알려졌다. 그러나 수양대군이 한발 빨랐다. 수양대군은 10월 10일 새벽 권람·한명회 등을 불러 "오늘 거사할 것이며, 간당姦黨 중에서 김종서가 가장 간사하고 교활하니 내가 역사力士 한두 명을 데리고 그 집에 가서 베면 나머지 도적은 평정할 필요도 없을 것"이라고 계획을 밝혔다. 측근들은 모두 동의했다.

계유정난의 과정은 잘 알려져 있다. 날이 저물자 수양대군은 앞의 계획대로 노비 임어을운만 데리고 김종서의 집으로 갔다. 그는 "상의할 말이 있다."라면서 김종서를 집 밖으

로 유인했고, 임어을운과 뒤따라온 양정이 각각 그와 아들 김승규를 살해했다.

일단 첫 목표를 이룬 수양대군은 즉시 경복궁으로 가서 입직 승지 최항에게 "도적의 우두머리 김종서 부자를 베어 없앴고, 그 나머지 무리도 지금 아뢰어 토벌하려고 한다."라고 밝혔다. 이런 계획대로 수양대군 일파는 주요 대신의 숙청에 곧바로 착수했다. 그들은 대궐과 도성 주요 지점을 몇 겹씩 삼엄히 경계한 뒤 조극관·황보인 등을 입궐하게 했고, 궁궐 문에서 기다렸다가 그들을 살해했다.

그래도 상황은 완전히 종결되지 않았다. 김종서가 아직 죽지 않았기 때문이다. 철퇴를 맞은 김종서는 다시 깨어나 안평대군에게 사태를 알리고 내금위를 불러 반전을 꾀하려고 했다. 그는 여장을 하고 둘째 아들 김승벽의 처가에 숨었지만, 곧 사로잡혀 살해당했다. 수양대군 일파는 그를 비롯한 황보인·이양·조극관·민신 등 주요 대신을 저자에서 효수하고 안평대군을 강화도로 귀양 보내 정변을 마무리했다. 이로써 계유정난은 한국 현대사에서 일어난 두 번의 쿠데타와 비슷하게 하룻밤 만에 전격적으로 성공했다.

수양대군은 즉시 조선의 실질적인 최고 권력자가 되었다. 그는 정난 바로 다음 날인 10월 11일, 김종서를 완전히 살해한 때부터 반나절도 안 되었을 시점에 '영의정부사 영경연 서운관사 겸 판이병조사'라는 긴 직함을 가지고 국가의 전권을 거머쥐었다. 아울러 그날로 정인지·허후·정창손·이계전·홍달손·신숙주 등 핵심 측근을 각각 좌의정·좌참찬·이조판서·병조판서·병조참의·우승지 등 요직에 배치해 조정을 장악했다.

반년 뒤인 1454년^{단종 2} 3월 9일, 수양대군은 '분충장의광국보조정책정난공신 수양대군 영의정부사 영집현전 경연예문춘추관서운관사 겸 판이병조사 중외병마도통사'라는 더욱 엄청난 직함과 식읍 1000호, 식실봉^{食實封1} 500호라는 큰 경제적 보상을 받았다.

수양대군이 결국 찬탈하리라는 조짐은 1455년^{단종 3} 초부터

1 식읍과 식실봉 식읍은 나라에서 공신에게 조세의 징수권을 준 지역, 식실봉은 조세와 부역을 수취할 권한을 준 가호(家戶)를 말한다.

오국성 이중환의 『택리지』에 따르면 이징옥이 도읍으로 삼으려고 한 오국성은 함경도 회령 운두산에 있는데 특이하게도 이곳에 중국 송의 휘종과 흠종의 능이 있다고 한다. 여진족이 세운 금의 침입을 받고 포로가 되어 이곳에서 억류 생활을 하다가 사망했기 때문이다.

— 회령

감지되었던 것 같다. 그해 1월 14일 단종은 "수양대군이 군사를 거느리고 백성을 모두 죽이려 한다거나 임금에게 불리한 행동을 할 것이라는 소문이 도는데, 이것은 반역의 무리들이 꾸며 낸 말이다. 수양대군은 주공과 같은 인물이니, 떠도는 말에 현혹되지 말라."라는 교서를 내렸다. 이는 찬탈이 다가오고 있음을 반증한다. 이 조짐대로 단종은 반년 뒤인 윤6월 11일 금성대군의 역모가 발각된 것을 기회로 양위하고, 수양대군은 그날로 근정전에서 즉위함으로써세조 정치적 숙원을 이뤘다. 단종 즉위로부터 4년, 정난을 일으킨 지 20개월 만의 일이었다.

단종은 세조가 즉위한 뒤인 1455년 윤6월 20일 상왕의 자리로 물러나 창덕궁으로 거처를 옮겼고, 7월 11일 곧바로 태상왕에 추대되었다. 그해 10월 13일 명도 칙사를 보내 세조의 즉위를 인정해 주었다. 세조의 체제는 순조롭게 안착하는 것처럼 보였다. 그러나 세조에게 지울 수 없는 도덕적 오점이 있는 것은 자명했다. 그의 체제가 뿌리내리기까지는 또 한 번의 진통과 최종적 조처가 필요했다. 그것은 사육신 사건과 단종의 사사였다.

1453년 10월, 계유정난이 일어난 그달에 함길도에서 이징옥의 난이 일어났다. 세조는 6진 개척에 공을 세운 이징옥이 김종서계 인물이란 이유로 파직하고 후임으로 박호문을 임명해 함길도에 보냈다. 이징옥은 호위 병력을 약간 거느리고 서울로 가는 길에 계유정난 소식을 듣고 박호문을 죽인 후 군사를 일으켜 '대금 황제'로 자처했다. 이징옥은 여진의 후원을 약속받고 오국성五國城에 도읍을 정하기로 했다. 그리고 두만강을 건너려고 종성에 머물다가 호군 이행검·종성 부사 정종 등의 습격을 받아 세 아들과 함께 살해당했다.

중앙에서도 반란이 은밀히 준비되고 있었다. 성삼문 등이 단종을 복위시키려다 1456년세조2 6월 계획이 누설되어 실패한 사육신 사건은 다시 한번 많은 희생자와 함께 세조에게 큰 도덕적 상처를 남겼다. 이런 변란의 궁극적 원인은 단종이 아직 살아 있기 때문이었다. 단종의 죽음에는 공교로운 국제적 변동도 작용했다. 그것은 명 황제의 교체였다. 8년 전

토목보의 변 정통제는 1449년(세조 5) 오이라트부의 추장 에센이 쳐들어오자 이를 토목보에서 맞아 싸우다가 대패하고 포로가 되었다. 중국 역사에서 황제가 적에게 생포된 일은 이것이 처음이었다. 그림은 1575년(선조 8) 명군이 몽골을 정벌하기 위해 출정하는 장면.

상황上皇으로 물러났던 정통제가 1457년 1월에 복위하고 경태제가 폐위된 것이다. 더구나 경태제는 폐위된 지 한 달 만에 급서했다. 하정사 신석조는 이 소식을 신속하게 알렸고, 6월에는 명 사신이 와서 복위 조서를 발표했다.

물러났던 상황이 복위하고 재위하던 황제가 급서한 중국의 이런 정치적 변동은 세조와 그 측근에게 큰 위기감을 주었을 것이다. 이 사건이 없었더라도 단종은 오래 생존하지 못했을 가능성이 크지만 이 변동으로 그의 운명이 앞당겨진 것은 분명했다.

단종의 최종적 조처는 급속히 진행되었다. 1457년 6월 단종의 국구國舅인 판돈녕부사 송현수 등이 복위 음모를 꾸몄다는 고변이 나왔고, 단종은 그날로 노산군魯山君으로 강봉되어 강원도 영월에 유배당했다. 닷새 뒤에는 단종의 모후인 현덕왕후 권씨가 서인으로 폐출되고 그 능인 소릉昭陵이 파괴되었다. 같은 해 7월 3일, 경상도 순흥에 유배되어 있던 금성대군은 순흥부사 이보흠과 상왕의 복위를 모의하고 있다는 혐의로 처벌되었다.

이런 사태의 원인과 목표는 모두 단종이었다. 결국 단종은 이런 일련의 사태가 일어난 지 다섯 달 만인 1457년 10월 24일 사사賜死됨으로써 16세의 짧고 비극적인 생애를 마쳤다.

이로써 세조의 집권과 관련된 반발과 소요는 일단 마무리되었다. 계유정난부터 계산하면 꼭 4년이 걸렸다. 냉혹한 판단과 행동으로 이 험로를 통과한 세조는 이제 자신의 치세를 본격적으로 시작했다. 14년에 걸친 그의 통치는 뚜렷한 특징과 명암을 남겼다.

계유정난에 따라붙는 가장 큰 논란은 그 필요와 당위의 문제일 것이다. 이 시기의 기본 사료인 『단종실록』과 『세조실록』은 편찬 주체와 시기를 감안할 때 신중히 받아들여야 한다. 그러나 널리 인정받는 실록의 엄정함과 객관성을 고려하면, 다소 과장이나 가감은 있더라도 날조나 가공의 가능성은 그리 크지 않다.

단종 초반 대신의 권력은 크게 팽창했고, 안평대군도 정치적 야심이 없던 인물은 아니다. 그리고 그 두 세력은 상당히 가까웠다고 인정된다. 그러나 그들이 궁극적으로 찬탈을 목표로 삼았거나 적어도 세조 세력만큼 구체적인 방안을 모의했는지는 의심스럽다. 우선 "수십 일 안에 경사가 있을 것"이라고 예측한 조변의 발언과는 달리 7개월 뒤에야 세조 측의 선공으로 정난이 발생해 하룻밤 만에 전격적으로 성공한 것은 그런 의심의 중요한 근거다. 정난 직전의 긴박한 상황도 중요하게 고려할 필요가 있다. 세조가 먼저 거사하려고 한다는 소식은 정난 8일 전 황보인·김종서 등에게 알려졌다. 그때 서둘러야 한다는 측근들을 세조는 이렇게 진정시켰다.

"저들이 알더라도 회의와 약속 등으로 거사하려면 8~9일은 걸릴 테니 열흘만 넘기지 않으면 우리가 성공할 것이다."

그러나 권람의 노비 계수의 고변에 따르면, 안평대군과 대신들은 이미 구체적인 시간과 방법을 모두 확정한 상태였다. 그런 단계에서 이처럼 급박한 변화가 생기면 날짜를 앞당기는 것이 당연한 조처다. 그리고 당시의 불편한 통신과 교통을 감안해도 그런 응변에 열흘이나 걸리지는 않을 것이다.

안평대군의 태도와 발언도 주목할 만하다. 그는 정난이 일어나기 직전인 10월 7일까지도 사냥을 즐겼고, 사냥을 마치면 사람들과 술을 마시며 "내가 지금은 너희들에게 덕을 보일 것이 없으니, 이상하게 여기지 말고 천시天時를 기다리라."라고 말했다. 이런 기록은 그에게 아직 구체적인 집권 계획이 없었으며, 적어도 그 시점이 임박하지는 않았다는 것을 알려 준다. 정난 당일에 세조가 찾아왔을 때 김종서의 집 앞에 30여 명의 군사가 주둔해 있었다는 사실도 대신들이 선제공격보다는 방어나 진압에 치중했음을 보여 준다.

요컨대 안평대군과 대신들의 정변을 막기 위해 먼저 거사했다는 세조 측의 명분은 설득력이 부족하다. 세조 세력의 목표는 당연히 집권과 찬탈이었을 것이다. 세상의 많은 일처럼, 명분은 그런 노골적인 욕망을 가리는 포장일 뿐이었다.

유배 떠난 왕 단종은 조선 역사상 최초로 유배를 떠난 왕이었다. 개천(청계천) 영도교에서 정순왕후와 생이별한 단종은 머나먼 영월 땅에서 16년의 짧은 생을 마감했다. 머리를 깎고 서울 동쪽 정업원에 들어간 정순왕후는 오욕의 삶을 60여 년간이나 더 살면서 시숙의 잔혹한 죄업이 그 증손자인 연산군에게서 파멸로 마무리되는 것을 똑똑히 지켜보았다.

영도교

영월 —

관풍헌과 자규루 1456년 여름 홍수로 청령포가 범람하자 단종은 관풍헌으로 옮겨가 생활하며 동쪽의 자규루에 자주 올라 소쩍새의 구슬픈 울음소리에 자신의 처지를 견준 「자규사」를 지었다고 한다.

17세기에 제작된 「팔도지도」 중 강원도

자규루

관풍헌

장릉 단종은 영월에 머무르다 끝내 사약을 받고 죽었다. 한때 국왕이던 소년이 죽었지만 세조의 눈 밖에 날 것을 두려워한 사람들이 시신을 거두지 않았다. 그때 영월 호장 엄흥도가 몰래 시신을 수습해 만든 무덤이 장릉이다.

청령포 동쪽·남쪽·북쪽의 삼면은 물로 둘러싸여 있고, 서쪽으로는 암벽이 있어 오직 나룻배로만 바깥과 연결되는 단종의 유배지.

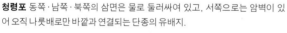

계유정난과
「조의제문」

정축년 1457, 세조 3 10월 어느 날 나는 밀성密城, 지금의 경상북도 밀양에서 경산을 거쳐 답계역踏溪驛, 지금의 경상북도 성주에서 잤다. 그때 꿈에 한 신령이 일곱 가지 무늬가 들어간 예복七章服을 입은 헌칠한 모습으로 와서 "나는 초楚 회왕懷王 손심孫心인데, 서초패왕西楚霸王 항우項羽에게 살해되어 침강에 빠뜨려졌다."라고 말하고는 홀연히 사라졌다. 나는 깨어나서 놀라며 중얼거렸다. "회왕은 중국 남쪽에 있는 초 사람이고 나는 동이東夷 사람이니, 거리는 만 리 넘게 떨어져 있고 시간의 선후도 천 년이 넘는다. 그런데도 꿈에 나타났으니 이것은 얼마나 상서로운 일인가? 또 역사를 상고해 보면 강에 빠트렸다는 말은 없는데, 혹시 항우가 사람을 시켜 몰래 쳐 죽이고 그 시체를 물에 던진 것일까. 알 수 없는 일이다."

마침내 글을 지어 조문했다.

하늘이 만물의 법칙을 마련해 사람에게 주었으니, 누가 하늘·땅·도道·임금의 네 가지 큰 근본四大과 인·의·예·지·신仁義禮智信의 다섯 가지 윤리五倫를 높일 줄 모르겠는가. 그 법도가 어찌 중화에는 풍부하지만 동이에는 부족하며, 예전에는 있었지만 지금은 없겠는가? 그러므로 나는 천 년 뒤의 동이 사람이지만 삼가 초회왕 의제를 조문한다.

옛날 진시황秦始皇이 포학을 자행해 사해가 검붉은 피바다가 되니, 큰 나라나 작은 나라나 모두 그 폭정을 벗어나려고 허둥댈 뿐이었다. 전국 시대 여섯 나라의 후손들은 흩어져 도망가 보잘것없는 백성으로 전락했다. 항량項梁은 남쪽 초의 장군의 후예로 진승陳勝과 오광吳廣을 뒤이어 대사를 일으킨 뒤 임금을 구해 세우니, 백성의 소망에 부응하고 진시황에 의해 끊어졌던 나라의 제사를 다시 보존했다.

그의 도움에 힘입어 회왕은 하늘이 내려 준 제왕의 상징을 쥐고 왕위에 오르니, 천하에 진실로 미씨초 왕족의 성씨보다 높은 사람이 없었다. 회왕은 항우 대신 유방劉邦을 관중關中에 들여보냈으니 그 인의仁義로움을 충분히 알 수 있다. 그러나 회왕은 항우가 상장군 송의宋義를 멋대로 죽였는데도 어째서 그를 잡아다가 처형하지 않았는가? 아, 형세가 그렇게 할 수 없었으니 회왕에게는 더욱 두려운 일이었다. 끝내 배신한 항우에게 시해를 당했으니 하늘의 운세가 크게 어그러졌다.

침강의 산은 하늘을 향해 우뚝 솟았지만 햇빛은 어둑어둑 저물어 가고, 침강의 물은 밤낮으로 흘러가지만 넘실넘실 되돌아오지 않는다. 하늘과 땅이 끝이 없듯 한恨도 어찌 다하리오. 회왕의 혼은 지금까지도 떠돌아다니는구나.

내 충성된 마음은 쇠와 돌도 뚫을 만큼 굳세기에 회왕이 지금 홀연히 내 꿈에 나타났다. 주자의 원숙한 필법을 따라 떨리는 마음을 공손히 가라앉히며 술잔 들어 땅에 부으며 제사하노니, 바라건대 영령은 와서 흠향하소서.

서초패왕 항우

김종직이 26세 때 지은 「조의제문弔義帝文」의 전문이다. 이 짧은 글은 1498년연산군 4의 무오사화가 확대되는 데 가장 중요한 요인으로 작용했다. 이 글은 무오사화 당시는 물론 그 뒤에도 내포된 뜻을 둘러싸고 많은 논쟁을 불러왔다. 우선 무오사화가 전개되던 1498년 7월의 『연산군일기』를 보면 당시 주요한 재상인 윤필상 등은 「조의제문」이 그 의미가 매우 깊어 "충분忠憤을 부쳤다."라는 김일손의 말이 없었다면 세조의 찬탈을 비판했다는 사실을 알아채기 어려웠을 것이라고 말했고, 대사헌 강구손도 일찍이 그 글을 보았지만 그 뜻을 파악하지 못했다고 진술했다.

김종직의 제자들도 의견이 엇갈렸다. 표연말은 그 뜻을 해득하지 못했다고 말했고, 권경유도 김종직은 본래 충의에 불타는 사람이므로 의제를 위해 조문을 지었고 충의가 격렬해 읽는 사람들이 눈물을 흘렸다고 진술했지만 단순히 의제를 추모한 글일 뿐 다른 의도는 없다고 판단했다. 그러나 권오복은 「조의제문」이 간곡하고 침통해 사람들이 말하지 못한 부분을 말했기 때문에 사림들이 전해 외웠다고 상찬하면서 의제를 노산단종에 비유한 것이 맞다고 인정했다.

진실이 다수결에 따라 결정되는 것은 아니지만, 권오복을 제외하면 김종직의 제자들도 「조의제문」의 '깊은 의미'를 사전에 파악한 사람은 드물었고 재상들도 김일손의 자백이나 유자광의 해설에 힘입어서만 그 진의를 알 수 있

김종직의 편지 한국사에서 가장 유명한 글 중 하나일 「조의제문」은 『연산군일기』에 실려 있으며, 『점필재집』 부록의 사적(事蹟)에도 수록되었다.

었다는 사실은 「조의제문」이 왜곡되거나 확대 해석되었을 가능성을 암시한다는 측면에서 상당히 주목된다.

이런 판단을 뒷받침하는 가장 중요한 근거는 그 글의 작성자인 김종직의 삶이다. 무오사화 당시의 공식적인 해석대로 「조의제문」이 세조의 찬탈을 은밀하되 격렬하게 비판한 문서라면, 그 뒤 김종직은 젊은 날의 '충분'을 배반한 채 세조와 그의 후손이 통치한 조정에서 일생 재직하고 영달한 것이다. 물론 인간은 수많은 자기모순을 감내하거나 숨기면서 살아가는 복잡한 존재지만, 이것은 절개나 충의가 아니라 훼절과 오욕의 삶에 가깝다.

또한 그처럼 엄청나게 불온한 내용을 함축한 문서를, 발각될 위험을 무릅쓴 채 보존하고 유통했다는 것에도 상식적으로 쉽게 동의하기 어렵다. 진실은 김종직만이 알고 있겠지만, 무오사화가 전개되는 과정에서 정치적 필요에 따라 그 의미가 부풀려졌을 가능성이 좀 더 클 것이다.

2.
상처 입은 용

세조 조선 제7대 왕. 세종의 둘째 아들로 태어나 1428년 수양대군에 봉해졌다. 수양대군은 무인 세력을 휘하에 두고 야망을 실현할 기회를 엿보다가, 단종이 어린 나이로 즉위하자 억지로 왕위를 양도받아 즉위했다. 그러나 재위 14년 동안 국방·외교·학문·토지제도·관제 등에 수많은 치적을 올리고, 왕권 확립에 공헌한 점은 인정하는 시각도 있다. 말년에는 불교에 귀의했다.

지울 수 없는 도덕적 오명을 무릅쓰고 집권했지만 세조의 치세는 그리 길지 않았다. 조선은 519년 동안 27명의 국왕이 통치했으므로 평균 재위 기간은 19.2년이었다. 세조는 이보다 5년 정도 짧은 14년 동안 치적과 과제를 함께 남겼다. 그가 가장 중요하게 생각하고 집요하게 추구한 과업은 왕권의 강화였다. 그는 다양한 제도와 확고한 태도로 그 목표를 끊임없이 추구했다. 그 결과 세조는 외형적으로 매우 강력한 왕권을 구축하는 데 성공했지만, 그 내면에는 상당한 한계도 잠복해 있었다. 그는 공신 소수에 의존해 국정을 운영했고, 그 결과 자신의 의도와는 반대로 그들을 강력한 세력으로 성장하게 함으로써 후대의 국왕들에게 상당한 부담을 남겼다.

먼저 왕권 강화와 관련해 즉위 두 달 만에 육조 직계제를 다시 도입한 것이 가장 주목된다. 의정부의 서사심의를 거치지 않고 육조가 국왕에게 직접 보고하고 지시받는 이 제도는 국왕이 국정을 강력하게 장악할 방법이었다. 세조는 일찍이 1414년에 실시됐다가 1436년세종 18 의정부 서사제로 환원된 이 제도를 즉위하자마자 다시 시행한 것이다.

의정부와 육조의 당상관인 의정·찬성·참찬·판서는 모두 대신을 구성했지만, 그 기능은 약간 달랐다. 의정부가 거의 모든 국무의 포괄적 심의를 맡은 데 견주어 육조는 각자 분화된 영역에서 실무의 추진을 담당했다. 그러나 이런 차이는 그 뒤 국정의 한 축으로 뿌리내린 삼사와 비교하면 그리 중요하지 않았다. 삼사의 위상이 제고되면서 의정부와 육조의 동질성은 강해졌다.

왕권에 대한 세조의 생각은 직계제를 시행하는 과정에서 뚜렷이 드러났다. 그는 "삼공은 자잘한 업무를 직접 살피지 않고 육경이 분야를 나눠 다스리는 것이 옛 제도"라고 전제하면서 형조에서 처리하는 사형수를 제외한 모든 국무를 육조가 직접 보고하도록 했다. 이를 시행하려는 의지도 물론 확고했다. 1455년 8월, 세조는 예조참판 하위지가 그 제도에 반대하자 그의 관을 벗기고 엄중히 질책했다.

이윤과 주공(왼쪽) 이윤은 상(商)의 책사로 탕왕을 도 와 하(夏)를 멸하는 데 큰 공을 세웠다. 주공은 형인 무왕을 도와 상을 멸하는 데 큰 공을 세운 인물이다. 두 사람 모두 전설적인 재상 으로 추앙받았다.

"총재頂丞의 의견을 듣는 것은 임금이 죽은 제도다. 너는 내가 죽었다고 생각하는가? 또 아직 어려 서무를 결재하지 못할 것으로 생각해 권력을 아래로 옮기려 하는가?"

왕권을 강화하려는 세조의 의지는 시간이 지나도 흔들리지 않았다. 7년 뒤인 1461년 6월 23일, 『경국대전』에서 "사형은 의정부에 먼저 보고한다."라는 조항을 삭제하는 데 의 정부가 반대하자 세조는 다시 한번 강력하게 힐책했다.

"역대의 임금이 어찌 모두 유충하고, 역대의 재상이 어찌 모두 이윤伊尹·주공처럼 현 명하겠는가? 육경이 어찌 모두 재상보다 어질지 못해 믿을 수 없겠는가? 천하의 고금에 어 찌 먼저 신하에게 보고하는 일이 있는가? 의정부의 의견대로 한다면 장차 권력이 옮겨 가 도 알지 못하게 될 것이다."

가장 중요한 국정 운영 방식을 바꾼 세조는 부차적인 변화에도 착수했다. 그것은 국왕 에 관련된 다양한 의례를 강화한 조처였다. 어전에서는 절대 어좌를 등지고 서지 못하고, 명령으로 부르면 지금보다 갑절로 빠르게 달려오도록 했다. 어가가 지나가면 갑옷과 투구 를 착용한 장수와 군사 이외에 칼을 찬 사람은 모두 꿇어앉고, 임금이 원로 종친 대신과 사적으로 만날 경우 세자 이하는 모두 자리에서 물러나 엎드려 머리를 조아리게 했다. 모 든 행차에서 환궁할 때 대장은 궁궐에서 숙직하는 군사를 거느리고 광화문 안의 좌우 뜰 에 줄지어 어가를 맞이해야 했다.

매일 아침 간단히 치르는 조회인 상참常參에서도 그동안은 국왕에게 두 번만 절했지만 이제는 네 번씩 절하도록 바꿨다. 두 번만 절하는 것은 같은 서열끼리 만나는 예절이므로 지존에게는 사용할 수 없다는 논거에서였다. 의례는 엄숙해야 한다는 이유에서 악대도 참 여토록 했다. 의례의 중요성은 문신들에게 내린 책문에서도 강조했다. 거기서 세조는 "조 회와 연향이 중요한 까닭은 임금과 신하의 예절을 익히기 때문이고 예악과 문물이 소중한 까닭은 임금과 신하의 구분을 굳게 하기 때문"이라고 규정했다.

세조의 어보가 찍힌 상원사 중창 권선문 1464년 혜각존자 신미 등이 왕의 만수무강을 빌며 상원사를 중창하자 세조가 물품을 하사한다는 내용이 적힌 글. 세조와 왕비의 인장이 찍혀 있다.

강력한 왕권을 지향한 세조의 태도는 당시 어쩌면 왕권보다 더욱 큰 보편성과 상징성을 갖고 있던 유교도 넘어서는 것이었다. 그런 측면은 1466년세조 12 8월 정6품 종학사회 김종련과 관련해 잘 나타났다. 김종련은 『논어』를 강의하면서 "주자의 태극설에는 틀린 곳이 많습니다. 신은 주상의 명령에 따라 아뢰려고 했지만 천하의 공론이 두려워 감히 비난하지 못할 뿐"이라고 아뢰었다. 이것은 왕권보다 공론이 더욱 부담스럽다는 고백이었다. 세조는 "공론이 무엇인가?"라고 캐물었고 김종련은 "유자儒者들의 의견"이라고 대답했다. 그러자 세조는 더욱 민감하고 날카롭게 반응했다.

"유자들이 모두 공론이 있다면 조정 대신도 모두 유자인데, 그대가 두려워하는 사람은 누구인가? 지금 나라에는 권신權臣이 없는데 그대가 두려워하는 사람은 누구인가?"

대수롭지 않게 보일 수도 있는 이 사건은 김종련의 죽음을 불러왔다. 권신을 밝히라는 추궁에 그가 제대로 답변하지 못하자 세조는 의금부에 명해 압슬형壓膝刑[1]으로 심문케 했다. 그러고도 모자라 세조는 김종련과 그 자손을 내수소內需所의 종으로 영원히 편입하도록 했다가 결국 그해 12월 26일 참형에 처하고 말았다.

왕권의 절대성에 관련된 세조의 생각은 1467년 12월 "친히 정사를 보고 권력이 아래로 옮겨 가지 않는 것이 군주의 도"라고 한 발언에 가장 잘 집약되어 있을 것이다. 이 발언이 치세 끝머리에 나왔다는 사실에서 짐작할 수 있듯이, 세조는 이런 원칙을 재위 내내 강력히 관철했다. 그러나 부당한 집권이라는 태생적 결함 때문에 세조는 어느 때보다 많은 공신을 양산했고 한명회·신숙주·정인지 등으로 대표되는 소수 대신들에게 크게 의지해 국정을 운영했다. 그리고 그런 통치 방식은 자신의 의지와는 반대로 '권력이 아래로 옮겨 가는' 결과로 이어졌다.

1 **압슬형** 죄인을 신문할 때 죄인을 움직이지 못하게 한곳에 묶어 놓고 무릎 위를 널빤지 같은 압슬기로 누르거나 무거운 돌을 올려놓는 형벌.

상처받은 왕권을
지키는 길은
부국강병뿐

강력히 구축한 왕권을 바탕으로 세조는 경제와 국방을 강화하는 데 주력했다. 먼저 경제 분야와 관련해 주목되는 시책은 호구戶口의 파악이었다. 지금도 그렇지만 인구를 정확히 파악하는 것은 납세와 국방의 의무를 공정하고 빠짐없이 부과하기 위해 가장 중요한 기반을 마련하는 일이다. 그러나 국가의 행정력과 정보력이 지금처럼 개인을 면밀히 통제할 수 없었던 당시에 그것은 지난하고 방대한 사업이었다.

세조는 우선 1459년세조5 2월, 한동안 중단되었던 호패법을 시행했다. 그 뒤 1461년 7월 기존의 호적과 군적을 회수하고 전국에 걸쳐 실제 인구를 다시 철저히 조사해 인구 400만 명, 가호 70만 호에 정군正軍 27만 명, 조정助丁 58만 명 등[1] 모두 85만 명의 군역 인력을 확보하게 되었다. 이것은 조선이 개창된 뒤 국가에서 호구를 허구적으로 설정하지 않고 그 실제 규모를 처음으로 파악한 중요한 업적이었다.

백성에게 부과한 공물을 줄인 것도 중요한 경제 정책으로 평가된다. 우선 1457년 3월에 세조는 일찍이 세종 중반에 책정된 공물 분량 중에서 3분의 1을 감축했다. 더욱 중요한 조처는 1464년에 횡간橫看을 제정한 것이었다. 가로로 몇 개의 단을 만들어 대조해 보는 형태의 서식에서 그 이름을 따온 횡간은 중앙 조정에서 지출하는 공물의 명세서다. 조선이 개창된 뒤 국가의 공물은 3년 정도 분량을 예비해 놓아야 한다는 판단에 따라 실제로 필요한 분량보다 상당히 많이 책정되었고, 백성의 부담은 그만큼 컸다. 그러나 이때 횡간을 만들어 예산을 정확히 책정하고 지출 내역을 자세히 기록하게 되면서 불필요한 예산의 수립과 부정한 지출이 크게 줄었다. 백성의 부담도 그만큼 가벼워진 것은 자연스러운 결과였다.

상평창의 설치와 직전법職田法의 실시도 주목할 만한 시책이었다. 풍년에는 곡식을 사들여 저장했다가 흉년에 낮은 가격으로 팔아 물가를 조절하는 관서인 상평창은 1458년 하삼도 도순문진휼사로 파견된 한명회의 건의로 처음 운영되었다. 직전법은

1 **정군과 조정** 정군은 정병의 다른 이름으로 양인 농민의 의무 병종을 가리킨다. 고려 말 유력자들이 지방의 농민들을 가려 뽑아 번상시키던 시위패가 그 유래이다. 조정은 봉족(奉足)·갑사(甲士)·별시위(別侍衛) 등에 복무하는 군사에게 딸려 그 뒷바라지에 종사하는 장정을 말한다.

횡간 조선 시대의 세출예
산표. 1년간 국가에서 지
급하는 현물의 명세서를
괘지(罫紙)에 일목요연하
게 기재했다. 「전제상정소
준수조획」에 기록된 횡간.

1466년에 시행했다. 건국의 경제적 기반이던 과전법은 이미 태종 때 상당한 문제점을 드러냈
다. 가장 큰 폐단은 관원이 현직에서 물러나면 과전을 국가에 반납해야 하는데 그러지 않고 세
습하는 일이 많아지는 데서 비롯되었다. 결국 새로 임용된 관원에게 줄 과전이 부족해졌다. 그
결과 세종 중반에는 과전을 받은 관원과 그렇지 못한 관원이 구분될 정도였다. 직전법은 현직
관원에게만 과전을 지급해 이런 폐단을 개혁한 제도였다. 따라서 과전법보다 관원에게 주는
토지의 규모를 줄여 국가의 지출을 경감했다. 예컨대 정1품 관원은 150결에서 100결로, 9품 관
원은 15결에서 10결로 지급 규모를 줄이는 식이었다.

관서를 개편하고 관원을 감축한 것도 예산을 절감하고 행정의 효율성을 높이는 데 이
바지한 정책으로 평가된다. 세조는 1460년부터 1466년까지 종친부·병조·사헌부·사간
원·한성부 등 40여 관아의 관원 100여 명을 줄이고 오위진무소·상서사를 오위도총부·
상서원으로 개칭하는 등 다양한 관제 개편을 시행했다. 이렇게 개편된 관제는 『경국대전』
에 그대로 반영되어 조선의 중앙 제도는 거의 정비되었다.

이처럼 세조는 호구를 정확히 파악해 조세와 군역을 부과하는 기반을 마련하고, 횡간
을 제정해 공납의 부담을 줄였으며, 직전법과 관제 개편으로 국가의 지출을 경감하는 경
제정책을 시행했다. 이런 정책은 경제 상황을 개선한 의미 있는 치적이었다.

군사제도를 개편해 국방력을 강화한 것도 주요 업적이다. 그 골자는 중앙의 오위五衛
제도와 지방의 진관鎭管 체제였다. 1457년 설치된 오위는 5개의 정예부대로 수도 각 부와
전국 각 도의 방어를 유기적으로 결합한 군사제도였다. 오위는 평상시에는 입직入直2, 행
순行巡3, 시위侍衛4 등의 임무를 수행하고, 유사시에는 수도의 각 부를 방어하는 전투 부대
로 기능했다. 이런 오위 제도는 1466년 오위도총부의 설치로 완
성된다.

1457년 10월 시행된 진관 체제는 각 도의 거점 지역을 위계

2 **입직** 궁궐에서 숙직하며 경비하는 일.
3 **행순** 궁궐과 도성을 순찰하는 일.
4 **시위** 국왕의 행차를 수행하면서 경호하는 일.

이름	방어 및 관할 지역	
	수도	지방
중위[의흥위(義興衛)]	중부	개성부 경기·강원·충청·황해도 진관
좌위[용양위(龍驤衛)]	동부	경상도 진관
우위[호분위(虎賁衛)]	서부	평안도 진관
전위[충좌위(忠佐衛)]	남부	전라도 진관
후위[충무위(忠武衛)]	북부	영안도 진관

오위의 구성과 기능

에 따라 조직한 국방 체계였다. 각 도의 최고 군사 지휘관인 병마절도사와 수군절도사의 소재지를 주진主鎭으로 삼고, 그 밑에 절제사·첨절제사가 통솔하는 몇 개의 거진巨鎭을 두어 그것을 하나의 진관으로 설정했다. 그리고 그 거진 아래 동첨절제사·만호 등이 담당하는 제진諸鎭을 배치해 주요 거점을 중심으로 체계적이고 효율적으로 군사를 지휘하고 동원할 수 있게 했다.

이로써 한층 강화된 국방력은 두 번에 걸친 건주위 여진 정벌로 입증되었다. 건주위 여진은 압록강 일대에 거주한 부족으로 조선과 잦은 마찰을 빚어 왔다. 조선도 강경책으로 맞서 세종은 4군·6진을 개척하면서 그들을 정벌해 큰 피해를 준 바 있다.

그러나 세조가 등극하면서 이런 강경책은 수정되었다. 세조는 집권의 부당성을 희석하고자 기본적으로는 포용 정책을 썼다. 안으로 가장 대표적인 사례는 거듭된 공신 책봉일 것이다. 그런 기조는 여진에게도 적용되었다. 세조는 여진의 내조를 적극적으로 받아들여 1458년 8월 건주위 추장 이만주의 아들 이고납합과 건주좌위 추장 퉁창이 알현하자 지중추원사의 관직과 녹봉을 내려 주었다. 그러나 이런 조처는 명과 외교적 마찰을 불러왔다. 명은 그들이 이미 명의 관직을 받았다면서 조선의 월권을 지적한 것이다. 조선은 즉시 표문을 보내 사과했다.

그렇다고 여진에 영향력을 확대하는 정책은 중단되지 않았다. 이번에는 무력을 동원한 강경책으로 되돌아갔다. 1450년대 후반 여진 부족인 오랑캐와 우디캐는 서로 대립하고 있었다. 세조는 신숙주를 함길도 도체찰사로 파견해 그들이 화해하도록 하려 했지만, 추장 중 한 명인 낭발아한이 그런 시책에 협조하지 않았다. 그러자 그 부족을 공격해 낭발아한과 그 아들 낭이승거 등 주요 인물 17명을 죽였다. 이런 강경 조처는 당연히 그 부족의 큰 반발을 불러왔다. 낭발아한과 친했던 화라온火剌溫 부족과 낭발아한의 또 다른 아들 아비거가 2000명이 넘는 군사를 이끌고 함길도 일대를 빈번히 공격했다.

여진 정벌의 기록, 『북정록』 1460년 모련위 여진족이 자주 변경에 침입하자 신숙주가 여러 장수를 거느리고 가서 경원·경흥·부령 등 6진의 여진족을 정벌한 사실을 기록한 책. 1468년 조석문·노사신 등이 편찬했다.

　사태가 이렇게 진전되자 세조는 1460년 3월에 정벌을 단행하기로 하고 신숙주를 함길도 도체찰사로, 홍윤성을 부사로 삼아 출정하도록 했다. 보병과 기병 8000명으로 구성된 조선군은 7월 말부터 8월 말까지 한 달 동안 여진족 430명을 죽이고 집 900여 채를 태웠으며 소와 말 1000여 마리를 죽이거나 사로잡는 전과를 올리고 돌아왔다.

　두 번째 여진 정벌은 1467년 9월 건주위를 정벌하고 그 추장 이만주 등을 제거한 일이었다. 앞서 말했듯이 이만주와 그 부족은 조선에 자주 내조해 관직과 경제적 이익 등을 얻었지만, 조선의 국경을 자주 약탈해 많은 문제를 일으키고 있었다. 건주위의 세력은 계속 커져 1461년에는 요동을 공격하고 조선까지 침략할 의도를 드러냈다.

　건주위 정벌은 이시애의 난을 진압하는 과정에서 함께 이뤄졌다. 1467년 5월 함길도에서 이시애의 난이 일어나자 세조는 구성군龜城君 이준을 도총사로, 조석문을 부사로 삼아 5000여 명의 병력을 출정보냈고, 관군은 석 달 만에 반란을 진압했다. 건주위와 인접한 지역에 관군을 파견한 것을 계기로 세조는 그들까지 정벌하기로 했다. 우참찬 윤필상·주장 강순·대장 어유소·남이 등은 건주위를 공격해 추장 이만주 등 400여 명을 죽이고 가옥 100여 채를 불태우는 전과를 올리고 개선했다.

　건주위를 향한 세조의 강경한 태도는 강순과의 대화에서 잘 드러났다. 1467년 11월 19일, 강순이 건주위를 정벌하면서 목판에 "조선 대장 강순이 정예병 1만 명을 거느리고 건주를 공격한다."라 썼다고 하자 세조는 "'공격한다攻'는 표현은 통쾌하지 못하니 '멸한다滅'는 글자가 더 좋았을 것"이라고 지적했다.

　이처럼 세조는 중앙과 지방의 군사 제도를 개편해 국방력을 강화했고, 두 차례에 걸쳐 여진을 정벌함으로써 군사력을 과시했다. 이처럼 정치·경제·국방에 걸친 세조의 치적은 조선의 국력을 한층 강화한 것이 분명했다. 그러나 찬탈이 가져온 현실적·도덕적 부담은 쉽게 가시지 않았다. 그것이 낳은 가장 중요한 현상은 공신 세력의 형성이었다.

내가 너희를
공신으로 삼으니
나를 옹위하라

세조의 치세에 나타난 중요한 특징 중 하나는 공신 세력이 강고하게 형성되었다는 것이다. 여기서 세조의 치세란 정확히 말해서 그가 즉위하기 전인 계유정난부터 성종 초반까지 포함한다. 그 기간은 공신 책봉의 시대라고 부를 만했다. 조선이 건국된 때부터 세조 이전까지 60여 년 동안 세 번의 공신[1]이 책봉되었지만, 세조는 자신의 치세에만 같은 횟수의 공신 책봉을 단행했다.

일찍이 지적된 대로 공신은 '양날의 칼'이다. 그들은 주로 왕조 교체, 대규모 전쟁 등 큰 변란에서 뛰어난 공을 세웠다. 공신 책봉은 그런 공에 주는 치하와 격려의 표시이기도 하지만, 유인과 결속의 장치이기도 하다. 충분한 보상이 뒤따르지 않을 때 그들은 경험을 되살려 또 다른 변란에 참여할 수 있는 잠재성을 가진 집단이기 때문이다.

공신이 자주 많이 책봉되었다는 것은 그때가 중요한 정치적 변화가 많이 일어났거나 적어도 유인과 결속이 다른 때보다 더 필요한 기간이었음을 반증한다. 세조 때의 상황은 이런 측면과 잘 들어맞는다. 세조는 도덕적 오명을 감수하고 수많은 난관을 헤치며 집권하는 과정에서 소수 측근에 의지할 수밖에 없었고, 성공 후에는 그들을 충분히 포상해야 했다. 세조는 그들을 거듭 공신에 책봉하고 요직에 배치해 국정을 운영했다. 이 과정을 거치면서 일군의 공신은 강력한 권력과 거대한 재력이 생겼고 그들의 영향력은 긴밀한 혈연과 혼인 관계를 매개로 확대 재생산되었다.

이런 과정은 세조의 통치에 역설적인 결과를 가져왔다. 그는 왕권의 강화를 가장 큰 목표로 삼았지만, 소수 공신에게 크게 의지해 그들의 세력이 과도하게 팽창해 자신의 치세는 물론 후대에도 많은 부담을 남긴 것이다. 요컨대 세조의 왕권은 외형적으로 매우 강력하지만, 그 내면은 상당히 취약한 이중적 성격을 가졌다고 평가할 수 있다.

1 **공신** 개국(開國)·정사(定社)·좌명(佐命)공신을 말한다. 개국공신은 말 그대로 조선 건국을 기념해 1392년(태조 1) 8월에 43명이 책봉되었고, '사직을 안정시켰다.'는 의미의 정사공신은 1398년(정종 1) 10월 제1차 왕자의 난에서 공로를 세운 29명이 선정되었다. '천명을 도왔다.'는 뜻을 가진 좌명공신은 1401년 1월 태종의 즉위에 기여한 46명을 책봉한 것이다.

적개공신 장말손 1467년 이시애의 난 때 공을 세운 사람에게 내린 칭호가 적개공신이다. 45명을 3등급으로 나눠 포상했는데, 장말손은 2등 공신에 속했다.

이 시기 공신의 원형은 가장 먼저 책봉된 정난공신에서 만들어졌다. 계유정난이 성공한 직후인 1453년 11월에 책봉된 43명의 정난공신은 세조의 집권에 큰 공로를 세운 인물들로서 세조가 즉위한 뒤에도 정치적 실권을 계속 장악했다. 정인지·한확·권람·한명회 등 12명으로 구성된 일등 공신은 그런 측면을 또렷이 보여 준다. 정난공신에는 대체로 세조와 비슷한 30대가 많았고, 정난의 군사적 특징에 따라 무인이 19명에 이르렀다.

공신 책봉은 세조가 즉위한 직후인 1455년 1월 다시 한번 이루어졌다. 그럴 만한 특별한 사유가 없었음에도 왜 46명의 좌익공신을 선정했을까? 그것은 진정으로 시작된 세조의 치세를 보좌할 핵심 신하를 확정하는 의미가 있었다. 정난공신에서는 이등으로 녹훈된 신숙주를 포함해 한확·권람·한명회 등 세조대를 대표하는 인물들이 이때 모두 일등 공신에 선정되었다는 사실이 그 의미를 충분히 설명한다.

실제로 정난·좌익공신은 세조의 조정을 강력히 지배했다. 세조대에 이루어진 15회의 주요 인사이동 때 임명된 120명 중 정난·좌익공신이 아닌 인물은 28명밖에 되지 않았다. 가장 높은 삼정승은 모두 공신이고, 정인지·정창손·신숙주 등이 역임한 영의정은 일등 공신 명단과 거의 일치한다. 핵심 관직인 이조·병조판서도 대부분 공신이었다.

좌익공신의 또 다른 특징은 정난공신보다 무신이 크게 줄고 문신이 대부분을 차지했다는 사실이다. 무신은 5명에 불과하고 문신이 37명으로 80.4퍼센트를 차지했다. 이런 변화는 무력이 필요한 격변의 시기를 지나 이제 문치가 중시되는 안정적 국면으로 접어들었음을 반영한다.

그러나 이처럼 연속성 위에서 진행되던 공신 책봉은 12년 뒤 중요한 변동을 보였다. 세조가 승하하기 1년 전인 1467년 9월에 책봉된 45명의 적개敵愾공신은 그해 5월에 일어난 이시애의 난을 평정한 공로를 포상하는 조처였다. 이시애는 함길도의 호족이었다. 세조는 즉위하면서 중앙집권의 강화를 위해 북도 출신 수령의 임명을 제한하고 경관京官으로 대

한명회의 신도비 한명회는 계유정난 때 수양대군을 도운 공신으로, 사육신의 단종 복위 운동을 좌절시킨 것은 물론 단종을 사사하는 데 가담했다. 병조판서로 북방의 수비를 견고하게 했으나, 노후에 관직이 삭탈되어 압구정에서 노년을 보내다 사망했다. 충청남도 천안. 오른쪽 사진은 한명회의 수결(手決, 서명).

체했으며, 수령들에게 지방 유지의 자치 기구인 유향소의 감독을 강화하게 했다. 회령부사를 지내다가 상을 당해 사직한 이시애는 유향소의 불평불만과 백성의 지역감정을 묶어 반란을 일으켰다. 이시애는 여진까지 끌어들여 관군에 맞섰으나, 허종·강순·남이 등이 이끄는 3만 군대에 밀려 여진으로 도망치려다가 붙잡혀 난을 일으킨 지 3개월 만에 토벌군 진지 앞에서 목이 잘렸다.

이시애의 난을 진압한 공으로 생겨난 적개공신의 성격은 앞서 상당한 연속성 위에서 진행된 정난·좌익공신과 매우 달랐다. 우선 외형상 무신이 급증했지만 문신은 크게 줄었다. 이는 반란 진압에 무력이 좀 더 필요하다는 측면에서 자연스러운 결과였다.

더욱 중요한 측면은 내면의 변화다. 적개공신은 이전의 공신을 거의 배제하고 대부분 새로운 인물로 구성되었다. 45명 중 이전에 공신이었던 사람은 조석문과 한계미뿐이었다. 이런 변화는 적개공신 책봉을 앞뒤로 기존 대신의 지위가 크게 흔들렸음을 보여 준다. 일차 원인은 이시애의 난이었다. 반란이 일어났을 때 한명회·신숙주·김국광·노사신·한계희 등 핵심 대신들이 연루해 있다는 소문이 돌았다. 이 소문은 세조에게 큰 충격을 주었다. 이때 세조는 집권 과정에서 과시한 권력의 비정함을 다시 한번 보여 주었다. 진위도 정확히 조사하지 않은 채 소문의 대신들을 즉시 하옥한 것이다.

그 뒤의 조처도 냉혹했다. 세조는 수감 상황을 확인하다가 대신들이 곧 풀려나리라고 생각한 의금부 낭관 남용신이 목에 채우는 쇠사슬인 항쇄項鎖를 느슨하게 풀어 주었다는 사실을 알게 되었다. 세조는 그를 즉시 거열형車裂刑에 처했다. 그 뒤 소문은 근거 없는 것으로 밝혀졌고, 세조는 사과하면서 대신들을 풀어 주었다.

이 사건은 권력에 대한 세조의 강한 집착과 함께 그가 구축한 정치 구조의 허약성을 보여 준다. 정난에 성공하고 13년에 걸쳐 국정을 함께 운영한 핵심 대신들과의 신뢰 관계는 근거도 희박한 한 번의 소문으로 무너졌다. 물론 측근을 가차 없이 제거한 사례는 역사

장량(오른쪽)과 위징 장량은 선견지명을 가진 책사로서 유방을 도와 한 왕조의 창업에 결정적인 공을 세웠다. 한편 위징은 당 태종과 황위 계승 경쟁을 벌이던 태자 건성의 측근이었으나, 태종은 위징의 인격에 이끌려 자신의 신하로 등용했다. 굽힐 줄 모르는 직간으로 유명했다.

에서 수없이 많다. 하지만 거듭 공신에 책봉하고 중국의 명신인 위징이나 장량에 견주면서 상찬하던 주요 신하들을 일거에 하옥한 세조의 조처는 그가 구축한 왕권의 허약한 내면을 비춰 주는 것이다.

세조의 공신에 또 하나 특기할 만한 것은 정공신正功臣과 함께 원종공신原從功臣[2]도 매우 많이 책봉되었다는 것이다. 원종공신은 정공신보다 포상 규모가 작지만, 모두 6회에 걸쳐 2672명이 선정되었다. 이렇게 많은 인원이 책봉된 일은 드물 뿐만 아니라 국가에도 적지 않은 경제적 부담을 주었을 것으로 판단된다.

이 시기에 네 번째로 책봉된 익대공신은 예종 즉위 직후 발생한 남이의 옥사가 마무리된 것을 기념한 조처였다. 1468년예종 즉위 10월에 39명이 녹훈된 그 공신의 가장 중요한 의미는 이전의 정난·좌익공신 체제로 복귀한다는 것이었다. 무엇보다도 세조대를 대표하는 두 인물인 한명회와 신숙주가 일등 공신으로 선정된 사실로 미루어 짐작할 수 있다.

무신이 압도적으로 많았던 적개공신과 달리 문신이 많이 늘어난 것도 정난·좌익공신과 비슷했다. 요컨대 세조 말엽 이시애의 난과 적개공신 책봉으로 잠깐 흔들렸던 기존 대신들의 지위는 곧 회복되었으며, 익대공신의 선정은 그런 사실을 공인하는 조처였다.

이런 측면은 1469년예종 1 4월에 일어난 사관 민수의 옥사에서도 잘 나타난다. 원래 사초는 비밀과 직필을 보장하려는 의도에서 작성자의 이름을 밝히지 않게 되어 있었다. 그러나 예종은 사초에 사관의 이름을 밝히라고 지시했다. 고인이 된 권람을 비판하는 사초를 쓴 민수는 그런 내용이 문제 될까 걱정해 그것을 고쳐 썼다가 발각되었다. 그러자 예종은 "대신은 두렵고 국왕은 두렵지 않으냐."라고 대로했고, 결국 민수는 처형되었다. 이 사건은 당시 대신들의 영향력을 잘 보여 준다. 예종이 민수는 극형에 처했지만, 문제의 근원이라고 볼 수 있는 대신들에게는 아무런 조처도 하지 않았다.

2 **원종공신** 정공신 외에 왕을 수종(隨從)해 공을 세운 사람에게 준 칭호.

좌리공신 정인지의 필적 정인지는 세종의 집현전 학사 중 한 명으로 안지 등과 함께 『용비어천가』를 지었고, 그 밖에도 천문·역법·아악 등에 관한 책을 많이 편찬했다. 계유정난 때 수양대군을 도와 좌의정이 되고 정난공신 일등에 책록되었다.

　흔히 역사는 반복된다고 말하지만, 이전과 비슷한 현상은 이때도 나타났다. 앞서 세조가 즉위한 뒤 선정한 좌익공신은 책봉할 만한 특별한 사유가 없었지만 정난공신과 연속성을 띠면서 세조대를 이끌 핵심 인물들의 위상과 범주를 확인하는 의미가 있었다고 지적했다. 이런 현상은 20년 뒤인 1471년^{성종 2} 3월에 책봉된 좌리^{佐理}공신에서 다시 한번 나타났다. 이름도 좌익공신과 비슷한 이 공신은 바로 앞의 익대공신은 물론 그 이전의 정난·좌익공신부터 형성된 대신들의 지위를 총괄적으로 확인하는 조처였다. 다시 말해서 세조가 집권한 때부터 형성된 공신 집단은 이때에 이르러 그 영향력과 범주를 완전히 굳힌 것이다.

　75명이나 되는 좌리공신은 이전의 공신보다 두 배 가까이 많았다. 이는 그때까지의 주요 인물을 모두 망라한 것이었다. 좀 더 중요한 사실은 이처럼 외형적으로 확대된 주요 인물이 안으로도 공고하고 긴밀한 관계를 형성했다는 것이다. 좌리공신에는 부자나 형제처럼 매우 가까운 인척 관계에 있는 사람들이 그 이전의 어느 공신보다 많았다.

　또한 소수 주요 인물은 그동안 거듭 공신에 책봉되면서 주요 관직을 장악했다. 좌리공신 중에는 그 이전의 공신에 한 번 이상 참여한 인물이 절반을 넘는 39명에 이르렀다. 그들은 성종대 내내 조정을 지배했다. 성종대 25년간 삼정승 가운데 공신이 아닌 인물은 맨 끝해에 우의정으로 임명된 윤호뿐이라는 사실은 이런 상황을 잘 설명해 준다.

　요컨대 세조의 집권과 함께 형성된 지배층은 성종대까지 큰 교체 없이 이어졌다. 그들은 거듭된 공신 책봉과 지속적인 요직 근무, 긴밀하고 중첩된 혈연과 혼인 관계를 매개로 영향력과 지위를 확대하고 재생산하면서 하나의 견고한 집단을 형성했다. 그러나 대신이 주도한 이런 정치 운영 방식은 성종 중반부터 중요한 도전에 직면한다. 그것은 삼사^{三司}의 대두였다. 삼사가 중앙 정치의 한 축으로 자리 잡는 이런 변화는 『경국대전』에 바탕을 둔 조선적 체제가 형성되어 가는 역정이었다.

저 두 마리 용을 향해 보개(위)는 궁궐 정전·편전·진전 등 당가가 설치되는 건물의 천장에 설치되는 장식물이다. 용은 왕을 상징하는 대표적인 상상의 동물로 웅장하고 화려한 조각으로 왕의 공간을 장식함으로써 왕의 신성과 위엄을 강조했다. 세조는 바로 저 보개 밑에 앉기 위해 패륜의 낙인을 무릅쓰고 조카로부터 왕권을 찬탈했다.

훈구와 사림은
정치 세력이었나

『양문양공 외예보』의 의미

『양문양공 외예보梁文襄公外裔譜』라는 독특한 이름의 족보가 있다. '양문양공'은 세조 때의 주요한 대신인 문양공 양성지梁誠之이고 '외예'는 외손 계열의 후손을 말한다. 즉 이 책은 양성지의 외손 계열만을 모아 놓은 이례적인 족보이다. 양성지가 세상을 떠난 지 300여 년 뒤인 1791년정조 15에 편찬된 이 족보는 조선 시대 지배층의 형성과 인식을 보여 주는 매우 흥미롭고 중요한 자료로 여겨진다.

정조는 1776년 즉위 직후 규장각을 세웠는데, 일찍이 양성지가 같은 제도를 구상했음을 알게 되었다. 정조는 그런 식견을 높이 평가하면서 그의 문집을 편찬하도록 지시했다. 그런데 『눌재집訥齋集』 간행을 준비하면서 흥미로운 사실이 발견되었다. 그동안 규장각을 거쳐 간 관원 중 30명이나 되는 사람이 양성지의 외예였던 것이다. 정조와 그 당사자들은 그런 사실을 기념하기로 했고, 그 결과 1791년에 『눌재집』을 간행하면서 『양문양공 외예보』라는 독특한 족보를 함께 펴내게 된 것이다.

그 족보는 양성지의 외예 30명을 관직·세대별로 정리하고 양성지를 1세로 해서 16세까지 모계 계보를 기록했다. 거기에 실린 30명은 제학提學에 황경원·이복원·서명응·채제공·이휘지·김종수·유언호·오재순·조경·이성원·정민시, 직제학에 서호수·심염조·정지검·서유방·박우원, 직각直閣에 김면주·서정수·서용보·정동준, 대교待敎에 이곤수·김조순·심상규 등이다. 따로 설명하지 않아도 당파를 초월해 당시의 핵심 인물이 망라되어 있음을 한눈에 알 수 있다. 특히 19세기 '세도정치'의 발원으로 평가되는 김조순이 들어 있다는 사실이 매우 주목된다.

이런 『양문양공 외예보』의 내용은 조선 시대를 설명하는 주요한 통설 중 하나인 '훈구-사림론'에 중요한 반론을 제기한다고 여겨진다. 현재 한국사의 통설에서는 앞서 본 대로 세조 대를 거치면서 형성된 일군의 지배층을 '훈구파'라고 부르면서 그 뒤의 '사림파'와 거의 모든 측면에서 상반된 세력으로 파악하고 있다.

즉 '훈구파'는 중앙의 대지주 출신으로 보수적 정치 성향이 있는 의정부와 육조를 중심으로 한 요직을 독점한 구세력이었지만, 성종 중반부터 영남과 기호 지방의 중소지주 출신인 '사림파'가 삼사를 거점으로 중앙 조정에 진출해 '훈구파'와 일련의 사화로 폭발하는 치열한 정치적 갈등을 벌인 끝에 결국 그들을 축출하고 역사의 주인공이 되었다는 것이다.

그러나 이런 서술은 몇 가지의 실증적·논리적 허점이 있다. 가장 중요하게 지적해야 할 사항은 한국사의 전체적인 전개 과정을 충분히 고려하지 않았다는 것이다. 앞서 말했듯이 한국사에서는 가장 큰 변화라고 할 수 있는 왕조 교체 자체가 적었고, 그 교체도 이민족의 침입에 따른 붕괴가 아니라 내부 세력의 투쟁이 빚어낸 결과였다. 물론 지배층의 변화는 있었지만, 전면적이지는 않았다.

이런 역사적 전개의 가장 중요한 원인이자 결과는 지금까지도 강고하고 복잡하게 남아 있는 친족 구조일 것이다. 주로 고려 초기부터 시작하고 멀리는 삼국 시대까지 거슬러 올라가는 한국의 주요 가문은 사실이든 아니든 복잡하고 연속적인 계보를 형성하면서 지금까지 이어지고 있다. 그러므로 왕조 교체가 일어나지도 않은 15세기 후반에 '사림파'라는 새로운 사회 세력이 등장해 기존의 '훈구파'와 대립하다가 1세기쯤 뒤 그들을 물리치고 역사의 주도권을 잡았다는 방식의 설명은 다시 생각해 볼 여지가 있다. 이 설명은 조선 시대사를 역동적인 변화의 관점에서 파악할 수 있다는 장점은 있지만, 견고한 실증의 토대 없이 논리에 의지해 구축한 역사상으로 여겨진다.

실제로 '사림파' 중에서 새로 등장한 가문 출신은 드물었고 대부분 기존의 주요한 가문 출신이었다. 이런 사례는 거론하기 어려울 정도로 많다. 그렇다면 유명한 '훈구파'를 조상으로 둔 후대의 '사림파'는 자신의 선조를 도덕적 관점에서 비판적으로 생각했을까? 아마 그러지 않았을 것이다. 그는 자신의 조상이 반역 등의 결정적인 과오만 저지르지 않았다면 매우 자랑스럽게 생각하고 기렸을 것이다.

『양문양공 외예보』는 바로 그런 측면을 웅변하는 자료다. '사림'의 시대로 평가되는 조선 후기를 대표하는 인물들은 '훈구파'의 주요 인물인 양성지의 외예였다. 그들은 그런 사실을 알게 되자 숨기기는커녕 독특한 형식의 족보까지 만들어 그것을 널리 기리고 공표했다. 그들에게 지금의 통설에서 지칭하는 '훈구'는 아주 적은 예외를 빼고는 그 원래의 의미대로 '큰 공훈을 세운 나이 많은 신하元勳舊臣'였던 것이다.

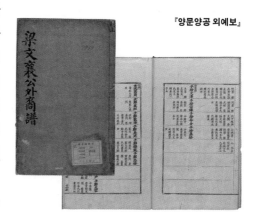

『양문양공 외예보』

3.
조선적 체제의
완성

조선 왕의 상징, 일월오봉병 해와 달과 곤륜산을 주제로 한 그림으로 왕이 앉는 용상의 뒤편을 장식한다. 해와 달은 왕과 왕비를 상징하며, 다섯 개의 봉우리로 표현된 곤륜산은 왕이 다스리는 국토를 상징한다. 해와 달은 음양, 다섯 봉우리는 오행을 의미한다. 영원한 세상 만물의 질서를 통해 국가와 왕실의 항구적인 번영을 기원하고 있다.

그리 길지는 않았지만 세조의 치세를 거치면서 조선의 여러 체제는 크게 정비되었다. 그렇게 평가할 수 있는 가장 중요한 논거는 조선의 국법인 『경국대전』이 세조 때 거의 완성되었다는 사실이다. 『경국대전』은 1460년 7월에 「호전戶典」이 가장 먼저 완성된 데 이어 이듬해 7월에 「형전」이, 1466년에 나머지 부분인 「이전」·「예전」·「병전」·「공전」이 마무리되었다. 그러나 그 뒤에도 약간의 수정이 필요했기 때문에 최종적인 반포는 성종 중반1475에 이뤄졌다.

세조를 이은 예종의 즉위는 여러 가지로 순조로웠다. 열여덟이라는 나이가 약간 어리기는 했지만 정통성을 가진 세자였고, 어머니인 자성대비가 든든하게 뒤를 받치고 있었다. 그리고 일찍 세상을 떠나기는 했지만, 그의 비가 한명회의 딸인 장순왕후라는 사실도 그의 통치가 안착하는 데 중요한 조건이었다.

그러나 예종은 재위 14개월 만에 붕어했다. 인위적인 사고는 아니지만, 원자인 제안대군이 세 살밖에 안 된 상황에서 국왕이 붕어한 것은 왕위 계승을 둘러싸고 또 한 번 격동이 일어날 가능성이 짙은 큰 위기였다. 하지만 그 가능성은 실현되지 않았다. 15년 전 어린 국왕의 등극이 가져온 정치적 공백을 파고들어 집권한 훈구 대신들은 그때의 경험을 살려 이 위기를 진정시켰다. 왕실과 대신은 가장 중요한 후사 문제에 신속하게 합의했다.

자산군, 즉 성종의 즉위는 상당히 이례적이었다. 무엇보다도 그는 아버지가 국왕이 아니었고 맏아들도 아니었다. 1457년세조 3 19세로 요절한 세조의 맏아들 의경세자의 둘째 아들이던 자산군을 후사로 결정한 사람은 당시 왕실의 가장 어른이었던 세조비 자성대비였다. 1469년 11월 28일, 대비는 중신들에게 물었다.

"원자는 아직 포대기에 싸여 있고, 월산군은 본래 질병이 많다. 자산군은 나이는 어리지만 세조께서 항상 그의 기상과 도량을 칭찬해 태조에 견주기까지 하셨으니 후계로 삼는 것이 어떻겠는가?"

예종의 태실 예종이 젊은 나이에 붕어하자 그의 어머니였던 자성대비는 조선 역사상 최초의 수렴청정을 통해 성종을 보호하고 왕실의 권력을 지켜 나간다. 전북 전주시 완산구 풍남동 경기전에 있는 태실. 민속자료 제26호.

여기서 원자는 3세에 불과한 제안대군을 말하고, 월산군은 성종의 형을 가리킨다.

입궐해 있던 신숙주·한명회·구치관·최항·홍윤성·조석문·윤자운·김국광 등 당시의 주요 대신들은 이 결정에 바로 찬성했다. 이런 일치된 의견에 따라 그동안 왕위 계승과는 거의 무관한 위치에 있던 열두살의 성종은 예종이 붕어한 그날 전격적으로 조선의 최고 권력자에 오르는 행운을 거머쥐었다.

지극히 중대한 사안인 후사의 결정은 이처럼 신속하게 합의되었다. 바로 그날 "알리기도 전에 자산군은 이미 부름을 받고 입궐해 있었다."라는 실록의 기록에서도 유추할 수 있듯이, 이 결정은 상당 부분 사전에 합의된 것이었다. 거기에는 세조대 이래 최고의 훈구 대신인 한명회가 성종의 장인[1]이었다는 사실이 결정적인 요인으로 작용했다. 왕실과 대신의 협력이 필수적인 상황에서 한명회를 장인으로 둔 성종을 후사로 결정한 것은 왕실로서나 대신들에게나 가장 합리적이며 현실적인 선택이었을 것이다.

갑작스러운 행운은 그것을 실감하고 누리기까지 일정한 시간과 어려움이 따를 때가 많다. 성종 또한 시련이라고는 할 수 없지만 변형된 왕정을 받아들이는 과정을 거쳐야 했다. 그것은 수렴청정垂簾聽政과 원상제院相制의 시행이었다.

성종 초반 왕권의 위상과 정치의 전체적인 양상은 이 시기를 이끈 두 개의 이례적 제도인 수렴청정과 원상제로 파악할 수 있다. 조선의 왕정은 전체적으로 국왕의 전제적 성격이 비교적 약하고 신하들의 영향력이 상대적으로 강하다는 특징을 갖고 있다. 어린 국왕의 등극으로 조선 최초의 수렴청정이 시행되고 오랜 기간 요직에 머문 다수의 대신들이 존재하는 성종 초반의 특수한 상황은 그런 특징을 더욱 두드러지게 했다. 이런 객관적 정황은 자성대비와 원상을 포함한 대신들이 이 시기의 정치적 주도권을 공유했으리라는 것을 자연스럽게 알려 준다.

먼저 수렴청정이 시행된 것은 당시 성종의 나이나 정치적 상

1 **성종의 장인** 한명회의 딸들 가운데 두 명이 각각 예종과 성종의 비였다.

세조비 자성대비의 옥보 부부는 닮는다고 했던가? 세조가 죽자 자성대비는 예종과 성종의 수렴청정을 맡아 왕권의 누수를 막았다.

황을 고려할 때 자연스러운 수순이고, 성종에게도 이로운 일이었다. 자성대비는 일찍이 계유정난에서 세조에게 갑옷을 입혀 주며 독려했다는 일화에서 짐작할 수 있듯이 만만찮은 결단력과 정치력이 있었다. 그런 역량으로 수렴청정을 무리 없이 운영해 어린 국왕의 믿음직한 보호막이 되어 주었다. 대신 중에 그녀의 인척이 많다는 사실도 큰 도움이 되었다. 성종의 어머니 인수대비 또한 자성대비의 후원을 받아 영향력을 키워 갔다. 수렴청정은 성종의 왕권을 제약하기는 했지만 그 제약은 우호적 성격의 제약이었다.

그러나 대신과의 관계는 약간 달랐다. 이 시기에는 대비와 대신들이 권력을 공유했다고 했지만, 무게중심은 훈구 대신들에게 기울어져 있었다. "국가의 여러 일들을 내가 어떻게 알겠는가? 신숙주·한명회·구치관은 여러 왕대에 걸쳐 두루 벼슬해 나랏일을 모르는 것이 없으니 함께 의논해 잘 처리하라."라는 1469년 12월 1일 대비의 전교나 "대비는 일마다 원상에게 자문했다."라는 1474년^{성종 5} 1월 23일의 실록 기사는 그런 정황을 잘 보여 준다.

대신들의 권력이 집중된 가장 중요한 기구는 원상이었다. '승정원의 재상'이라는 그 이름이 알려 주듯이, 원상은 국가의 최고 중신인 재상을 국왕과 가장 가까운 관서인 승정원에 근무케 하는, 그러니까 의정부와 승정원의 기능을 합친 매우 변칙적이며 강력한 특별 기구였다.

원상은 세조 후반의 가장 큰 정치적 위기였던 1467년 9월, 이시애의 난을 진압한 직후인 당시의 불안한 정치 상황을 수습하려는 목적으로 설치되었다. 처음에는 신숙주·한명회·구치관으로 짜였던 원상은 1년 뒤인 1468년 9월에는 9명으로 대폭 늘어나면서 권한도 한층 강화되었다. 이것은 당시 중요한 권력자로 떠오르던 구성군 이준과 병조판서 남이를 축출하고 한명회를 영의정에 복귀하게 하려는 전초적 수순이었다. 원상은 1476년^{성종 7} 5월에 혁파되기까지 다섯 차례에 걸쳐 부분적으로 개편되기는 했지만, 그 영향력을 거의 그대로 유지하면서 당시의 가장 핵심적인 권력 기구로 기능했다.

세조의 능을 지키는 호랑이 세조 부부를 안장한 광릉 앞을 지키는 석호(石虎). 광릉은 세조의 뜻에 따라 석실과 병풍석을 사용하지 않고 12신상 대신 난간동자석주를 새겨 경비와 민폐를 크게 줄었다. 또한 부부의 능을 이루는 두 언덕을 하나의 정자각으로 묶은 동원이강(同原異岡) 형식으로 왕릉 제도를 개혁해 조선 말기까지 영향을 미쳤다. 경기도 남양주시 진접읍. 사적 제197호.

원상들의 객관적 면모는 그런 부분을 잘 보여 준다. 평균 55.3세의 원숙한 나이에 임명된 원상들은 그 관서의 이름에 걸맞게 모두 승지와 정승을 역임했고, 한 번 이상 공신에 책봉되었으며, 대부분 문과에 급제한 화려한 경력이 있었다. 신숙주를 비롯한 6명이 세종 때 집현전 학사를 거쳤다는 사실도 주목할 만하다.

성종 초반 훈구 대신들의 영향력은 다양하게 나타났다. 우선 제도적 측면에서 실제의 판서 외에 국왕이 신임하는 대신에게 판서를 겸직하게 했던 세조 때의 겸판서兼判書 제도를 자성대비의 지시로 다시 시행한 것이 주목된다. 겸판서에는 한명회를 비롯해 한계미·구치관·노사신·윤필상·신숙주·조석문·윤자운 등 주요 대신들이 망라되었다. 대부분 원상인 이들의 권한은 해당 판서의 지위를 허직虛職으로 만들 만큼 강력했다. 1474년성종 5 10월 이조판서 정효상이 겸판서 윤필상의 재가 없이는 관직을 제수할 수 없자 "나는 자리만 채울 뿐"이라고 푸념한 사례는 그런 정황을 잘 보여 준다.

그 밖에도 경연에서 정1품과 정2품의 고관이 겸임하는 영사領事와 지사知事의 인원과 영향력이 증가했고, 일종의 인사 청탁인 분경奔競을 대신에게는 허용해 그들의 활동을 더욱 자유롭게 해 주었다. 성종은 좌리공신을 책봉한 뒤 개국 이래의 8공신과 그 자손을 거느리고 충성을 맹세하는 의식을 거행했다. 공신의 적장자는 자동으로 당상관에 임명하도록 했으며, 공신 중 자손이 끊어진 사람에게도 혜택을 주도록 충훈부忠勳府에 지시하는 등 다양한 우대 정책을 마련했다.

이처럼 제도적으로 보장된 대신들의 영향력은 현실에서도 다양하게 나타났다. 1472년성종 3 6월 지평 박시형은 원상을 혁파해야 한다고 주청했다가 논란이 커지자 동료들과 의논하지 않은 개인 의견이라고 물러섰다. 대사헌 김지경·집의 김계창·장령 배맹후 등 사헌부 관원의 태도도 의외였다. 그들은 "원상의 설치는 매우 좋은 일"이라면서 박시형을 비판하고 나섰다. 이런 대간의 모습은 "원상의 세력을 무서워해서 공격하지 못한 것"이었다.

성종과 자성대비 또한 대신에게 매우 우호적이었다. 그들은 대신을 겨냥한 대간의 탄핵을 좀처럼 받아들이지 않았다. 1472년 11월 장령 허적은 강희맹과 양성지가 실록 봉안사奉安使로 갔다가 민폐를 끼쳤다고 탄핵했지만, 대신이라는 이유로 윤허받지 못했다. 같은 해 12월 평창 군수에 제수된 김순성과 관련된 사례도 비슷하다. 김순성은 시골인 평창으로 발령되자 아내의 병을 핑계로 한명회에게 발령을 취소해 달라고 청탁했다. 대간은 한명회를 강력히 탄핵했지만 성종은 그렇게 작은 일로 대신을 탄핵해서는 안 된다면서 오히려 먼저 발언한 사람을 추궁한 뒤 사헌부 전원을 교체했다. 1477년 1월에도 대사간 최한정이 "요즘 훈구 대신의 잘못을 대간이 탄핵해도 받아들이지 않는다."라고 간언하자 성종은 "대신이 중죄를 저질렀으면 용서할 수 없지만 자질구레한 일은 꾸짖을 수 없다."라면서 거부했다. 그 결과 1476년 무렵 한명회·김국광·김질 등 주요 대신은 녹봉과 지위는 물론 부귀가 극진했으며, 특히 한명회의 권력은 국법보다 우위에 있다고 평가될 정도였다.

요컨대 성종 초반 왕권의 위상과 정치 상황은 자성대비의 수렴청정이 시행되는 가운데 원상에 포진한 세조대 이래의 훈구 대신들이 강력한 영향력을 행사함으로써 성종이 왕권을 제대로 행사할 수 없는 형국이었다. 그러나 이처럼 변형된 왕정은 수렴청정이 끝나 성종이 친정을 시작하고 곧이어 원상제가 혁파되면서 커다란 변화의 전기를 맞게 되었다.

순번	이름	생몰 연대	입사 경로	원상 임용 당시 나이	공신 경력	주요 관력	집현전 학사
1	신숙주	1417(태종17)~1475(성종6)	문과(1439, 세종21)	50	정난2, 좌익1, 익대1, 좌리1	도승지, 병판, 영의정	○
2	한명회	1415(태종15)~1487(성종18)	음서(1452, 문종2)	52	정난1, 좌익1, 익대1, 좌리1	도승지, 이판, 병판, 영의정	
3	구치관	1406(태종6)~1470(성종1)	문과(1434, 세종16)	61	좌익3, 좌리2	좌승지, 이판, 영의정	
4	박원형	1411(태종11)~1469(예종1)	문과(1434)	57	좌익3, 익대2	도승지, 이판, 좌의정, 영의정	
5	최항	1409(태종9)~1474(성종5)	문과(1434)	49	정난1, 좌익2, 좌리1	도승지, 이판, 영의정	○
6	홍윤성	1425(세종7)~1475(성종6)	문과(1450, 문종 0)	43	정난2, 좌익3, 좌리1	예판, 우의정, 영의정	
7	조석문	1413(태종13)~1477(성종8)	문과(1434)	55	좌익3, 적개1, 익대3, 좌리1	도승지, 호판, 영의정	○
8	김질	1422(세종4)~1478(성종9)	문과(1450)	46	좌익3, 좌리2	좌승지, 병판, 우의정, 좌의정	
9	김국광	1415(태종15)~1480(성종11)	문과(1441, 세종23)	53	적개2, 좌리1	좌부승지, 병판, 좌의정	
10	윤자운	1416(태종16)~1478(성종9)	문과(1444, 세종26)	52	좌익3, 좌리1	도승지, 병판, 우의정, 영의정	○
11	정인지	1396(태조5)~1478(성종9)	문과(1414, 태종14)	74	정난1, 좌익2, 익대3, 좌리2	이판, 병판, 영의정	○
12	정창손	1402(태종2)~1487(성종18)	문과(1426, 세종8)	58	좌익3, 익대3, 좌리2	우승지, 이판, 영의정	○
13	성봉조	1401(태종1)~1474(성종5)	음서	71	좌리3	우승지, 이판, 우의정	
14	윤사흔	?~1485(성종16)		53	좌리2	동부승지, 공판, 우의정	

성종이 친정을
시작하고
왕권을 강화하다

성종에게 진정한 원년은 수렴청정과 원상제가 종결되고 친정을 시작한 1476년이었을 것이다. 훈구 대신들의 강력한 영향력 때문에 변형된 왕정을 시행할 수밖에 없었던 성종에게 가장 시급한 정치적 과제는 왕권을 강화해 대신들의 입지를 축소하는 것이었다.

친정을 앞뒤로 성종의 정치적 영향력은 점차 커 갔다. 그런 변화는 여러 사실에서 알 수 있다. 우선 친정 직전인 1475년 9월 정창손·정인지 등 주요 대신의 반대를 뚫고 친부인 덕종德宗을 종묘에 모신 조처가 주목된다. 이듬해 1월에도 성종은 원상들의 논란을 제어하면서 종묘에서 덕종의 위차를 예종보다 높였다. 이것은 다소 취약했던 왕위 계승의 정통성을 보강하는 중요한 의례적 조처였을 뿐 아니라 주요 대신들의 반대를 뚫고 관철했다는 점에서 정치적 의미가 작지 않은 사건이었다.

모든 일이 그렇듯이 변화의 효과가 나타나는 데는 일정한 시간이 필요하다. 원상제가 혁파되고 친정이 시작되었다고 해서 대신의 영향력이 금방 수그러들지 않았다. 친정을 시작한 지 1년 뒤인 1477년 5월 7일자 실록 기사에도 "사간원이 대신을 탄핵하면 사헌부가 사간원을 탄핵하고, 사간원이 대신을 거스르면 사헌부가 대신의 편을 든다."라는 사관의 논평이 실릴 정도로 대신의 위상은 견고했다.

성종이 이런 현실에 점차 문제의식을 키워 간 것은 자연스러운 일이었다. 1475년 3월에 내린 책문은 그런 단초로 주목된다. 그 책문은 중국 전국시대 월越의 범려와 오吳의 오자서[1]를 거론하면서 "떠나서는 안 되는데 떠난 사람과 떠나야 하는데도 떠나지 않은 사람은 그 진퇴 출처의 선택에서 누가 옳았는가?"라는 질문을 담고 있었다. 책문은 현안과 관련된 질문과 답변이다. 그렇다면 오를 멸망시킨 공로를 세운 뒤, 떠나서 화를 입지 않은 범려의 고사를 원용한 의도는 무엇일까? 충분히 세조대 이후 큰 공로를 세운 훈구 대신의 처신을 암시한 것으로 읽힌다. 성종이 그 책문

[1] **범려와 오자서** 범려는 월왕 구천을 섬기며 적국인 오를 멸망시키는 공을 세운 뒤 월을 떠나 제(齊)로 가 재상에 올랐다. 오자서는 오왕 합려를 섬기며 오를 강대국으로 키웠으나, 합려의 아들 부차에게 중용되지 못하고 모함을 받아 자결한 인물이다.

성종의 어보 국왕의 도장은 외교 문서나 행정에 사용하던 국새와 의례용으로 사용하던 어보로 구분된다. 왕권을 상징하는 어보가 친정에 나선 성종의 위엄을 보여 주는 것 같다.

의 끝머리에서 현량賢良한 인재의 등용을 강조한 것도 친정을 앞두고 정치 세력의 교체를 염두에 둔 발언으로 볼 수 있다.

성종의 문제의식은 대간의 탄핵을 받은 주요 대신들이 대질을 요구하는 사례가 잦아지면서 더욱 심각해졌다. 1477년과 1478년에 걸쳐 양성지·정인지·김국광 등은 대간이 자신들의 축재를 비판하면서 탐욕스럽다고 탄핵하자 대질을 요구했다. 성종은 그런 문제점을 강하게 지적했다.

"내가 보니 요즘 대신들은 탄핵을 받으면 그때마다 대면해 따지려고 하는데 이 습관을 키워서는 안 된다. …… 대신은 탄핵을 받으면 마땅히 문을 닫고 들어앉아 스스로 반성해야 하는데 지금 김국광은 대간에 맞서 자신을 변론하려고 하니 잘못이다."

성종의 불만은 대신들의 국정 운영 능력으로 확대되었다. 1479년 12월, 성종은 대신들의 소극적인 국정 참여를 질책했다.

"지난번 논의할 때 대신들이 적지 않게 있었는데, 내가 두세 차례 자문을 구했는데도 대답하는 사람이 하나도 없었다. 대신의 체모가 어찌 이럴 수 있는가? 매우 유감스럽다. 내가 그때 즉시 추국하려고 했지만 대신을 대우하는 도리에 어긋나기 때문에 하지 않았을 뿐이다."

이 발언은 두 가지 중요한 변화를 알려 준다. 즉 성종은 친정 후 3년 정도 만에 대신에게 불만스러운 부분이 있으면 "즉시 추국하려고 할" 정도로 왕권을 확립했다. 한편 대신은 국정 운영에 소극적이라는 질책을 들을 정도로 그 입지가 위축된 것이다.

국왕이 보여 준 태도의 변화는 적지 않은 파장을 일으켰다. 다른 세력들도 대신을 겨

남효온과 더불어 생육신의 한 사람이 된 김시습 생육신은 세조가 단종으로부터 왕위를 찬탈하자 세상에 뜻이 없어 벼슬을 버리고 절개를 지킨 김시습(왼쪽)·원호·이맹전·조려·성담수·남효온을 가리키는 말이다. 단종 복위를 꾀하다 세조에게 죽임을 당한 성삼문·박팽년·하위지·이개·유성원·유응부 등 사육신과 대조해 그런 이름을 얻었다.

냉한 비판에 동참하기 시작한 것이다. 우선 1477년 11월 종친의 일원인 주계부정朱溪副正 이심원은 "10년이 지났어도 좌우에 있는 사람들은 그대로이기 때문에 전하께서 선善을 좋아하셔도 좌우의 신하들이 가로막고 있다."라면서 세조 이래 훈구 대신의 오랜 집권을 비판했다. 이듬해 4월 그는 "세조 때의 훈신을 쓰지 말자."라면서 노골적이고 전면적인 확전을 시도했다.

일주일 뒤에는 훗날 생육신의 한 명으로 선정된 남효온이 문종비 현덕왕후의 소릉을 복구하자는 내용이 담긴 상소를 올렸다. 세조가 훼철한 소릉을 복원해야 한다는 그 상소는 세조뿐 아니라 당시 대신들의 행위에 중대한 도덕적 결함이 있다는 뜻이었으므로 커다란 정치적 파란을 몰고 왔다. 도승지 임사홍은 그 상소가 "이심원의 상소와 같은 것"이라고 했고, 한명회는 "매우 통분하다."라면서 엄중한 국문을 주장했다. 그러나 성종의 반응은 의외였다. 이심원과 남효온의 상소에 문제가 있다는 데는 동의했지만, 구언求言의 응답을 처벌하면 언로가 막힐 우려가 있다는 이유로 처벌하지 않은 것이다.

이처럼 친정 이후 성종은 대신들의 지나친 영향력을 점진적이지만 분명하게 비판하고 있었다. 그의 생각과 행동은 점차 핵심으로 다가가고 있었던 것이다. 자타가 공인하는 최고의 대신은 바로 한명회였다. 수많은 역사적 선례가 입증하는 권력의 속성일 수도 있지만, 성종은 자신을 보위에 올리는 데 중요한 배경이 된 장인을 압박하기 시작했다. 이것은 그의 왕권이 그만큼 성장했다는 또 하나의 뚜렷한 증거였다.

한명회와 성종의 관계가 처음으로 삐걱거리기 시작한 계기는 수렴청정의 중지였다. 1476년 1월 자성대비가 그런 의사를 밝히자 한명회는 강력하게 반대했다.

"오늘의 태평한 정치는 대비께서 보호하고 이끌어 주신 덕분입니다. 수렴청정은 예로부터 전례가 있는 일이니 무엇을 혐의롭게 여기십니까? …… 대비께서 그러신다면 우리나라의 종사와

한강을 한눈에 한강에는 압구정을 비롯해 제천정·망원정(사진) 등 한눈에 강을 조망할 수 있는 정자들이 강을 따라 들어서 있었다. 양화도 동쪽 언덕에 있던 망원정의 본래 이름은 '희우정'으로 세종이 효령대군을 위해 내렸다. 1484년(성종 15)에 월산대군이 고쳐 짓고 망원정이라 불렀다.

백성들은 어떻게 되겠습니까? …… 주상께서 즉위한 뒤 아무 일도 하지 않아도 저절로 다스려지게 된 것은 모두 대비께서 보호하고 이끌어 주신 능력 때문이오니 권력을 돌려주지 마소서."

이것은 분명히 오해의 소지가 큰 발언이었다. 대간은 즉시 탄핵했고 같은 원상인 윤자운과 윤사흔도 동참했다. 가장 직접적인 비판은 한 달 뒤 유자광이 제기했다. 매우 긴 상소에서 그는 한명회가 그동안 품고 있던 속마음을 드러냈다고 지적하면서, 대간은 물론 대신들도 자기를 어쩌지 못하리라는 오만한 생각에서 참으로 불충한 발언을 했다고 규탄했다. 9일 뒤 한명회는 장문의 탄원서를 올려 해명한 뒤 사직을 요청했다.

한명회의 발언은 진의가 무엇이든 성종에게는 매우 불쾌한 내용임에 틀림없었다. 일단 성종은 유자광을 불러 "한번 역사에 기록된 말은 지울 수 없는데 발언이 너무 지나쳤다."라고 타일렀으며 대간에게도 지난 일을 자꾸 거론하지 말라고 지시했다.

그러나 한명회를 둘러싼 논란은 두 달 동안 지속되었고, 결국 모두에게 책임을 묻는 절충적 방향으로 해결되었다. 우선 대간에서 장령 손비장과 지평 성건이 교체되었고 유자광도 파직되었다. 그러나 무엇보다도 중요한 사건은 한명회가 지병을 명분으로 내세워 관직에서 물러난 것이었다. 이런 일련의 과정에서 성종이 한명회에게 가졌던 속마음은 곧 분명히 드러났다. 1년 반 뒤 성종은 유자광에게 "경이 지난번에 한명회를 탄핵했으니 내가 매우 가상하게 여긴다."라고 말했다.

그러나 "국법보다 강했던" 한명회의 권력은 금방 수그러들지 않았다. 그 뒤에도 그는 월권과 관련된 사건들을 몇 차례 더 일으켰다. 1481년성종 12 4월 한명회는 그전부터 친밀하게 지내던 중국 사신 정동鄭同에게 뇌물을 주었다는 혐의로 대간의 탄핵을 받았다. 성종은 "대간의 말이 옳지만 형편상 어쩔 수 없었던 일"이라고 두둔하면서도 "조정에 자기 마음대로 하는 대신이 있도록 하지는 않을 것"이라는 강한 의지를 나타냈다.

그러나 한명회는 대신의 전횡과 월권을 좌시하지 않을 것이라는 국왕의 결심을 과소평가했거나 무시했던 것 같다. 문제는 다시 정동과 관련되어 일어났다. 1482년 6월 한명회는 정동이 자신의 정자인 압구정狎鷗亭을 구경하고 싶다고 하자 기꺼이 응낙했다. 그런데 여름인 데다 정자가 좁아 더울지도 모르니 차일을 치는 것이 더 좋겠다고 생각했다. 한명회는 기왕이면 왕실에서 쓰는 용봉龍鳳이 수놓인 차일이면 미관이나 위세를 좀 더 돋보이게 만들 수 있을 것 같아서 성종에게 부탁했다. 그러나 중국 사신을 너무 융숭하게 대접하면 앞으로는 그 요구가 더 심해질지도 모르니 그냥 좀 더 넓은 제천정濟川亭으로 모시는 것이 좋겠다는 하교가 돌아왔다. 한명회는 자신의 소청이 받아들여지지 않자 상당히 불만스러웠던 것 같다. 그렇게 적극적으로 잔치를 준비하던 태도에서 돌변해 아내의 숙환 때문에 제천정 연회에는 참석하기 어려울 것 같다고 아뢴 것이다.

정황상 이것은 국왕에게 노골적인 반감을 드러낸 것이 분명했다. 대간은 즉시 한명회의 오만을 탄핵했다. 당황한 한명회는 압구정을 헐겠다고 했지만 이미 때는 늦었다. 성종은 "그가 내게 분한 마음을 품은 듯싶다."라고 판단했다. 영사 이극배가 "한명회는 옥에서 형장을 맞다가 죽어도 무례한 죄를 승복지 않을 것"이라고 탄핵하자 전적으로 공감하면서 한명회의 직첩을 거두고 도성 밖으로 쫓아내라고 지시했다. 이 지시는 결과적으로 관철되지 않았지만, 성종이 자신의 장인이자 당시 최고의 훈구 대신인 한명회를 하옥하고 도성 밖으로 쫓아내라고 하명한 사실은 매우 중요한 변화였다.

이 사건은 권력을 가진 대신의 오만함을 경계하는 중요한 교훈으로 그 뒤에도 자주 거론되었다. 특히 1680년숙종 6 영의정 허적이 궁궐의 기름 먹인 장막을 왕명 없이 사용해 경신대출척庚申大黜陟의 빌미가 된 유명한 사건이 "한명회도 못 하던 일"이라고 지적된 것은 흥미롭다.

이처럼 성종은 친정을 시작한 뒤 점차 왕권을 확립해 재위 10년 무렵에는 그동안 강력했던 대신의 위상을 약화하는 데 일단 성공했다. 이제 그는 좀 더 중요한 변화를 추진했다. 그것은 삼사를 육성한 것이다. 조선의 정치제도에서 매우 중요하고 독특한 위치에 있는 삼사는 이때부터 본격적으로 대두하기 시작했다.

한글로 펴낸 『삼강행실도』 1434년(세종 16)에 나온 『삼강행실도(三綱行實圖)』는 우리나라와 중국의 효자·충신·열녀 각각 110명의 행적을 한문과 그림으로 설명해 3권 3책으로 간행한 목판본이다. 한글은 그 이후인 1443년 창제되었다. 이후 『삼강행실도』를 백성에게 보급하기 위한 한글본(사진)은 성종 때 만들어졌다. 한글본 『삼강행실도』는 110명을 35명으로 각각 줄여서 언해를 한 다음 3권 1책의 목판본으로 1481년(성종 22)에 간행했다.

삼사가 대두해
조선적 체제가
형성되다

널리 알려졌듯이 삼사는 사헌부·사간원·홍문관을 함께 부르는 이름이다. 탄핵과 간쟁을 고유한 임무로 부여받은 삼사는 국왕 및 대신과 긴장 관계를 형성할 가능성이 본원적으로 큰 관서였다. 조선의 역사에서 삼사가 본격적으로 대두한 첫 시점은 성종 중반 무렵이었다. 이런 중요한 변화가 일어난 요인으로는 크게 두 가지를 꼽을 수 있다. 먼저 직접적인 동기는 성종의 정책이었다. 성종은 대신의 견제 세력으로 삼사를 육성해 신하들 내부의 견제 구도를 형성하려고 했다. 그럼으로써 왕권을 효과적이면서도 강력하게 행사하려는 정치적 구상을 추진한 것이다.

우선 성종은 친정을 시작한 이후 대간의 언론을 자주 지원하고 격려했다. 1477년^{성종 8} 9월에는 자신의 인사권에 도전한 지평 김언신을 "강개하고 굽히지 않아 대단히 기쁘다." 라고 칭찬했다. 또 같은 해 12월에는 "임금이 간언을 따르면 성인^{聖人}이 된다고 한다. …… 나의 잘못된 행동은 미리 말하지 않으면 안 된다."라면서 대간의 언론을 적극적으로 촉구했다. 그런가 하면 1479년 3월에는 홍문관 부교리 김흔이 "간언을 용납하는 태도가 이전 같지 않다."라고 지적하자 잘못을 솔직히 인정했다.

제도적인 지원도 병행했다. 1477년 8월 대간은 예문관과 육조에서 3년 이상 의무적으로 근무시키는 구임법^{久任法}에 구애되지 말고 강직한 인물을 널리 뽑아서 임명하도록 했다. 이듬해 5월에는 대간을 지방 수령으로 발령하지 않음으로써 중앙 조정에서 좀 더 안정적으로 근무할 수 있도록 해 주었다. 이런 지원의 동기는 대간을 대신의 견제 세력으로 육성해 정치 세력의 권력관계를 변화시키려는 구상이었다고 판단된다.

국왕의 이런 태도는 삼사의 위상을 눈에 띄게 높였다. 그런 정황은 삼사 언론 활동의 추이가 변화한 궤적에서 포착할 수 있다. 삼사의 발언은 친정을 시작한 해부터 급증한 뒤 지속해서 늘어났다. 그 결과 성종 후반의 언론 활동은 초반보다 두 배 가까이 많았으며, 특히 치세의 맨 끝 두 해는 모두 400회를 넘을 정도로 빈번한 발언을 제기했다. 삼사 언론의 많

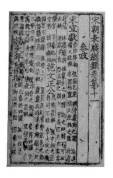
송의 신료는 황제에게 이런 글을 올렸다 송대의 명신들이 지은 표문과 전문을 모아서 책으로 펴낸 『송조표전총류』. 태종대인 1403~1418년에 국가 기강의 확립을 위해 모범이 될 만한 격식 있고 전아한 문장을 제시한 것이다.

은 부분은 대신을 지목한 탄핵이었다. 대략 2000회로 조사되며 그 발언 또한 후반으로 갈수록 늘어났고 강도도 높아졌다.[1]

　이런 과정을 거치면서 대신과 삼사의 권력 관계는 상당히 뒤집혔다. 예컨대 1479년 12월에는 국왕이 대신들에게 국정에 대한 의견을 두세 번씩 물어보았지만 대간의 탄핵이 두려워 아무도 대답하지 않았다. 1481년 8월에는 대신이 대간에게 선처를 부탁했다가 발각되는 사건도 일어났다. 처첩妻妾을 판정하는 문제로 곤경에 빠진 상산군商山君 황효원은 장령 안침의 집을 찾아가 잘 처리해 달라고 청탁했다가 사간원의 탄핵으로 고신告身. 임명장을 박탈당했다. 이는 사안의 특수성을 고려하더라도 대간의 영향력이 커졌음을 상징적으로 보여 준다. 1480년 4월, "송대의 신하들은 조그만 잘못이라도 반드시 탄핵했기 때문에 나라의 원로와 명현이 편안하지 못했다."라고 대신들이 하소연한 것은 이 시기에 제기되던 삼사 탄핵의 강도를 반증해 준다.

　이런 측면들을 종합하면 왕권의 확립을 바탕으로 삼사를 육성해 대신의 월권을 제어함으로써 정치 세력의 균형을 맞추려는 성종의 구상은 친정을 시작한 지 3~4년 만에 일단 성공했다고 판단된다. 이런 성종의 정책은 조선의 정치체제에 중요한 변화를 불러왔다. 삼사가 중앙 정치의 한 축으로 대두함으로써 그동안 국왕과 대신이 주도하던 체제에서 국왕 대신 삼사가 견제와 균형을 이루는 구도로 이행한 것이다. 이른바 '정치적 정립鼎立 구도'로 표현할 수 있는 체제가 처음으로 나타나게 된 직접적인 동기는 앞서 말했듯이 성종의 구상과 의지였다. 그러나 그가 그런 생각을 현실화할 수 있었던 데는 좀 더 근본적인 동력이 작용했다고 여겨진다. 그것은 1485년성종 16에 최종적으로 완성된 『경국대전』 체제의 성립이었다.

　앞서 말했듯이 현실적 변화의 궁극적 완성은 제도로 성립되는 것이다. 현실의 복잡하고 다양한 모습은 법률이라는 견고

1 **삼사의 대신 탄핵** 모두 1991회로 조사된 탄핵을 시기별로 나눠 보면 제1기는 463회(23.3퍼센트, 연평균 66.1회), 제2기는 741회(37.2퍼센트, 74.1회), 제3기는 787회(39.5퍼센트, 98.4회)였다. 이 수치 또한 1476년부터 167회로 크게 증가하고 그 대상도 130명으로 확대되는 동일한 흐름을 보였다.

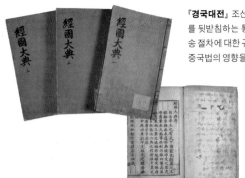

『경국대전』 조선의 최고 법전으로 국왕을 정점으로 하는 중앙집권적 관료제를 뒷받침하는 통치 규범을 확립했다. 「형전」의 자녀 균분 상속법, 민사적 소송 절차에 대한 규정, 「호전」의 매매와 사유권의 절대적 보호에 대한 규정 등은 중국법의 영향을 받지 않은 조선 고유의 법으로 평가된다.

하고 냉엄한 조문으로 규정되어 강제력과 규칙성을 띠게 된다. '조종祖宗의 성헌成憲'이라는 표현은『경국대전』의 위상과 지속성을 압축하고 있다. 1746년영조 22『속대전』, 1785년정조 9 『대전통편』, 1865년고종 2『대전회통』이 편찬되기는 했지만, 이들은 부수적인 보완에 그침으로써『경국대전』은 조선 시대 전체에 걸쳐 실질적으로 유일하고 압도적인 국법으로 기능했다.

『경국대전』에는 수많은 관서의 기능과 구조가 명시되어 있다. 이것은 그 관서의 고유 임무가 이제 국법의 보장을 받는 것을 뜻한다. 그동안 조선의 중앙 정치는 국왕과 대신이 주도해 왔다. 먼저 국왕은 최고 권력자였다. 그러므로 실제로든 상징에 그치든 그는 거의 모든 사안에서 최종적이며 최대의 결정권과 영향력을 행사했다.

다음으로 주로 의정부와 육조의 당상을 가리키는 대신은 나이와 품계에서 원숙한 위치에 오른 관원들이었다.『경국대전』「이전」에는 그들의 임무가 포괄적이거나 명시적으로 서술되어 있다. 의정부는 "모든 관원을 통솔하고 여러 정무를 고르게 하며, 음양을 다스리고 나라를 경영"했다. 매우 간단하지만 포괄적인 이 조문에 따라 의정부는 조선의 최고 관서로서 거의 모든 현안을 협의하고 결정하는 막중한 임무를 수행했다. 육조는 정치이조 · 경제호조 · 교육과 외교예조 · 국방병조 · 법률형조 · 산업공조 등으로 분화된 영역에서 행정 실무를 집행했다. 그러나 의정부와 육조의 대신들은 특정한 임무의 영역에 국한하지 않고 대부분의 국정을 함께 논의하고 집행했다. 이처럼 정책의 포괄적 심의와 실제적 집행을 담당한 의정부와 육조의 대신은 원숙한 나이와 높은 품계라는 조건과 맞물리면서 대체로 현실적이고 보수적인 생각과 행동을 보여 주었다.

그러나 성종 중반부터 중앙 정치의 새로운 한 축으로 등장한 삼사는 달랐다.『경국대전』에 정의된 그들의 기본 임무는 간쟁과 탄핵이었다. 사헌부는 당시의 현안을 논의해 바르게 이끌고 모든 관원을 규찰하며, 풍속을 바로잡고 원통함을 풀어 주며 비리를 막는 임

기간	제1기							제2기										제3기								합계
	1	2	3	4	5	6	7	8	9	10	11	12	13	14	15	16	17	18	19	20	21	22	23	24	25	
합계	129	157	213	183	210	153	322	271	247	252	265	316	325	213	162	203	194	252	335	327	344	357	394	549	411	6784
	1367(연평균 195.3회)							2448(연평균 244.8회)										2969(연평균 371.1회)								

성종대 삼사 언론 활동의 추이

무를 부여받았다. 사간원은 국왕에게 간언을 올리고 잘못된 일을 논박하는 직무를 맡았으며, 홍문관은 서적과 학술을 관장하고 국왕의 자문을 담당했다. 그러나 '삼사'라는 포괄적 명칭이 보여 주듯이 이들도 대신처럼 서로의 영역을 넘나들며 함께 행동했다. 그리고 삼사 관원은 대신보다 상대적으로 젊고 품계도 낮았다.

앞서 말했듯이 성종대 중반에 삼사가 본격적으로 대두하면서 중앙 정치의 구도는 국왕이 상위에 군림한 상태에서 대신과 삼사가 견제와 균형, 긴장과 갈등을 형성한 체제로 이행하는 중요한 변화를 겪었다. 이런 국면에서 대체로 대신은 현실적이고 보수적이며 타협적인 자세를 취했고 삼사는 이상과 원칙에 입각한 비타협적 자세를 견지했다.

그러나 대신과 삼사의 이런 상반된 태도는 해당 관원이나 통설처럼 '훈구파'와 '사림파'라는 정치 세력의 성향보다는 『경국대전』에서 규정하고 보장된 그 관서의 기본 임무에서 발원한 측면이 더 크다고 판단된다. 다시 말해 대신의 보수적 성향이나 삼사의 진보적 태도는 그 관원의 자발적 선택이나 집단적 성향에서 나온 것이 아니라 그가 소속한 관서의 고유한 임무를 수행하는 과정에서 자연스럽게 표출되었다는 것이다. "대신은 임금의 팔과 다리股肱이고 삼사는 눈과 귀耳目"라는 실록의 수많은 정형적 표현은 대신과 삼사가 서로 다른 직무를 가졌고, 그것은 매우 당연한 사실로 받아들여졌다는 측면을 또렷이 보여 준다.

아울러 중요하게 고려해야 할 사실은 이처럼 대신과 삼사의 기능은 서로 매우 다르고 고정적이었지만, 그 구성원은 언제나 유동적이었으며 긴밀한 인적 연속성을 띠고 있었다는 사실이다. 지금도 비슷하지만 당시의 유망한 관원들은 대부분 삼사를 거쳐 대신으로 승진했다. 여기서 논의한 성종 때의 삼사 장관만 살펴보면, 67명이 임명된 대사헌 중에서 34명이 의정부 당상으로 승진하고, 50명이 육조 판서로 승진했다. 대사간과 부제학이 대신으로 승진한 비율도 상당하다. 이런 수치는 삼사의 하위직까지 조사하면 더욱 올라갈 것이다.

　이처럼 대신과 삼사의 임무와 성향은 상반되지만 그 인적 구성은 긴밀한 연속성과 순환성 속에서 이루어졌다. 이는 이후의 역사를 설명하고 이해하는 데 적지 않은 의미가 있다. 즉 조선의 주요 관원들은 젊을 때는 삼사에 근무하면서 탄핵과 간쟁의 임무를 성실히 수행하지만, 그 뒤 나이를 먹고 품계가 올라 대신이 되면 그 관직에 합당한 현실론적 태도를 나타낼 가능성이 컸다. 이런 관직 운영 체계는 그 뒤 전개된 사화와 당쟁 등 정치적 갈등을 분석하는 데 중요하게 고려해야 할 부분이다.

　지금까지 살펴보았듯이 15세기 후반의 역사는 계유정난이라는 정치적 격동으로 시작해 『경국대전』의 완성으로 조선적 체제를 마련하는 모색과 발전의 과정이었다. 이런 독자적인 체제가 형성된 것은 건국부터 한 세기가 걸린 길고 어려운 역정의 결과였다.

　국법의 완성으로 조선의 제도는 질적으로 새로운 단계에 접어들었다. 특히 중앙 정치에서는 국왕이 상위에 군림하면서 대신과 삼사가 견제와 균형을 이루는 수준 높은 유교 정치의 기반이 마련되는 중요한 변화가 나타났다.

　물론 이런 변화가 현실에 뿌리내리기까지는 다시 한번 혼란과 진통을 거쳐야 했다. 바로 뒤의 연산군 때부터 발생한 일련의 사화는 그런 통과의례였다. 사화들을 관통한 주제는 이 시기에 나타난 제도적 변화의 핵심인 삼사였다. 탄핵과 간쟁이라는 고유한 기능상 삼사는 국왕, 대신과 긴장하거나 충돌할 수밖에 없었다. 그러나 사화의 시련을 거치면서 삼사의 언론 기능을 확립했고, 삼사로 대표되는 조선적 정치 운영은 그 핵심적 특징을 완성했다. 이런 체제는 그 뒤 여러 한계를 드러내면서 다양한 수정을 겪기도 했다. 그러나 이 시기에 형성된 제도의 구조는 그 뒤의 수많은 발전과 변화가 융합되고 흘러나오는 견고한 주형鑄型으로 남았다고 평가할 수 있다.

문치의 나라 조선 조선은 문신 중심의 지식 관료가 왕과 함께 통치하는 문치주의 왕조였다. 그런 조선의 틀을 결정한 왕이 『경국대전』을 완성하고 삼사를 육성한 성종이었다. 서울 강남구에 있는 성종의 무덤 선릉과 그 무덤을 지키는 무신상.

중국의 대간,
조선의 대간

'한자 문명권'이라는 표현이 알려 주듯 동아시아에서 중국의 영향력은 매우 컸다. 시행하는 과정에서 현실에 맞게 이런저런 수정을 거쳤지만, 전근대 한국 사회의 제도는 중국에 기원을 둔 것이 적지 않다. 대간 제도도 그중 하나다. '대간臺諫'이라는 이름은 신하를 감찰하고 탄핵하는 어사대御史臺의 '대관臺官'과 국왕에게 간쟁하는 간원諫院의 '간관諫官'에서 나왔다.

중국의 제도는 그들이 이상으로 생각한 주대에 기원해 한대에 일단 확립된 뒤 당·송대에 재정비되고 명·청대에 다시 한 번 수정되는 과정을 거쳤다.

대간 제도도 그랬다. 『주례周禮』에 감찰관의 전통적 이름인 '어사御史'가 나온다. 그러나 이때 어사가 담당한 것은 기록과 법률이었으며, 감찰을 담당한 것은 소재小宰와 재부宰夫라는 관원이었다.

대간이 제도로 성립된 시기는 한대였다. 한은 어사부御史府·어사대부시御史大夫寺·헌대憲臺라 불린 독립 관서를 설치하고 어사대부·어사중승御史中丞·시어사侍御史 등 관원을 배치해 제도적 골격을 완성했다. 이런 구조는 당에 들어와 어사대에 어사대부정3품·어사중승정4품·시어사종6품·전중殿中시어사종7품·감찰어사정8품 등의 관원을 두는 것으로 약간 변경된 뒤 송대까지 거의 그대로 계승되었다.

간관 제도는 한대에 산기散騎와 간대부諫大夫라는 관직을 두면서 시작되어 당·송대에는 문하성과 중서성에 산기상시散騎常侍·간의대부諫議大夫·보궐補闕·습유拾遺를 두는 것으로 정비되었다. 대관과 간관은 송대부터 서로의 임무를 넘나들며 활동한 것으로 평가된다.

전근대 한국과 중국의 제도에서 가장 두드러진 차이는 대간과 환관 제도였다고 지적된다. 한국에서는 대간 제도가 매우 발달하고 환관은 거의 권력을 행사하지 못했지만, 중국에서는 그 반대였다. 이것은 황제와 제후로서 각각의 군주가 가진 권력의 크기와 행사 방식의 차

황제 독재 체제의 실권자 환관 환관은 거세된 남자로 궁에서 일하는 직책을 말한다. 중국 역사에서 황제가 어리거나 병약할 때 외척과 더불어 크게 권력을 얻어 휘둘렀기 때문에 폐해가 컸다.

이에서 나온 결과이자 그런 특징을 결정한 원인이기도 했다.

중국의 황제는 '천자'라는 압도적인 권위와 전제적인 권력으로 광활한 제국을 다스렸다. 한 개인에게 엄청난 권력이 집중된 이런 구조는 필연적으로 소수의 측근을 형성했다. 특히 혼란기에 그런 측근은 대부분 환관으로 구성되었는데, 후한 말의 십상시十常侍와 당 현종 때의 고력사高力士 등은 그 대표적인 사례다.

환관의 팽창은 대간의 위축과 맞물렸다. 중국 대간 제도의 특징은 간쟁·탄핵 등 비판적 기능보다 감찰의 권한이 훨씬 컸다는 것이다. 이것은 대간이 황제나 권신을 견제하거나 제어하기보다는 신하들을 억압해 황제의 권력을 강화한 어용적 성격이 강했다는 뜻이다. 대간의 핵심적 기능은 관리를 임명할 때 심의하는 권한인 서경권署經權과 왕명에 반대할 수 있는 권한인 봉박권封駁權이다. 중국의 대간은 이 같은 핵심 기능이 없거나 크지 않았다.

환관과 대간에 관련된 이런 차이는 조선과 같은 시대인 명에서 두드러지게 나타났다. 우선 명의 환관은 12감監, 4사司, 8국局으로 이루어진 24개 아문衙門의 방대한 조직에 수많은 인원이 배치되었다. 환관은 3대 영락제 때 벌써 1만여 명에 이르렀지만 13대 만력제 초반에 6000명을 더 모집했다. 그 결과 명 말엽에는 중앙에만 7만여 명, 지방까지 더하면 10만여 명이라는 엄청난 수의 환관이 존재하게 되었다.

반면 대간의 기능은 감찰에 집중되었다. 그

임무를 맡은 도찰원都察院에는 정2품 좌·우 도어사都御史부터 정3품 좌·우 부副도어사, 정4품 좌·우 첨僉도어사, 종6품 경력經歷, 정7품 감찰어사, 종7품 조마照磨에 이르는 관원이 배치되었다. 특히 실제 감찰을 맡은 감찰어사에는 100명이 넘는 많은 인원이 편성되었다.

앞서 지적했듯이 조선의 삼사도 훗날 이런 저런 한계를 드러냈다. 조선 후기에 전개된 당쟁에서 삼사가 당파의 이해를 대변하는 데 앞장선 것은 대표적인 사례일 것이다. 그 때문에 실학자들은 삼사를 폐지해야 한다고 주장하기도 했다. 그러나 18세기의 지리서인 『택리지擇里志』가 지적했듯이 삼사는 "상하의 관원이 서로 유지하고 견제해 오랫동안 큰 권간權奸이 나오지 않게 하는" 중요한 순기능을 행사하면서 조선적 정치 운영의 핵심적 특징을 형성했다.

자금성의 용상 자금성은 세계에서 가장 큰 규모의 궁전으로 방의 개수만 해도 9000개에 이른다. 이런 규모의 자금성이 황제의 권력을 중심으로 촘촘하게 구성되어 있었다.

15세기 조선의 오디세이아
『표해록』의 세계

漂海錄

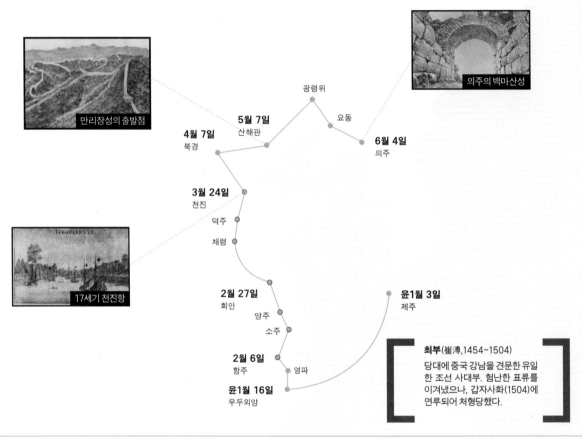

만리장성의 출발점

광령위

5월 7일
산해관

요동

4월 7일
북경

6월 4일
의주

의주의 백마산성

3월 24일
천진

덕주

채령

17세기 천진항

2월 27일
회안

양주

소주

윤1월 3일
제주

2월 6일
항주

영파

윤1월 16일
우두외양

최부(崔溥,1454~1504)
당대에 중국 강남을 견문한 유일한 조선 사대부. 험난한 표류를 이겨냈으나, 갑자사화(1504)에 연루되어 처형당했다.

최부의 『표해록』은 당(唐)을 방문한 일본 승려 엔닌의 『입당구법순례행기』, 원을 방문한 마르코 폴로의 『동방견문록』과 더불어 세계 3대 중국 여행기로 꼽히는 빼어난 기행 문학이다.
또한 통일신라 때 실크로드를 통해 인도를 방문한 승려 혜초의 『왕오천축국전』과 함께 한국인이 넓은 세상을 체험하고 남긴 여행기 가운데 백미로 꼽힌다.

세계 3대 중국 여행기

『표해록』

연대	**1488년**
발간지	조선
저자	최부

『동방견문록』

연대	**1269 ~ 1295년**
발간지	이탈리아
저자	마르코 폴로

『입당구법순례행기』

연대	**838 ~ 847년**
발간지	일본
저자	엔닌

최부와
마르코 폴로
엔닌의
이동경로

성리학의 나라 조선에서 왕명을 받든 외교 사절단이 아니면 바깥 세상을 구경한다는 것은 꿈도 꿀 수 없는 일이었다. 그런 시대에도 뜻밖의 '민간인' 해외 여행자들은 있었다. 표류민이었다. 『표해록』은 조선 전기의 대표적인 표류민 최부의 여행기로, 공식 기록에서는 찾아볼 수 없는 15세기 중국의 생생한 모습을 전해 준다.

최부. 33세. 제주도의 지방 행정을 감독하고 노비를 수색하는 추쇄경차관(推刷敬差官). 1488년(성종 17) 부친상을 당해 급히 고향으로 돌아가는 배에 올랐다가 폭풍우를 만난다. 바다를 떠돈 끝에 중국 강남(지금의 저장성 일대)에 이른 일행 43명은 온갖 시련을 이겨 내고 단 한 명의 희생도 없이 무사히 귀국한다.

조선 시대의 표류인들

표류 시기	표류인	출발지	표류지	기록
1450	만년 외 6명	미상	유구	
1456	양성 외 10명	제주	유구	
1462	초득성 외 8명	제주	유구	
1477	김비의 외 8명	제주	유구	
1483	이섬 외 33명	제주	중국 양주	
1488	최부 외 43명	제주	중국 영파부	『표해록』
1499	정회 외	미상	일본 큐슈	
1534	김기손	제주	중국	
1542	박손 외 12명	제주	유구	
1661	김여휘	제주	유구	
1679	우빈	제주	일본 취방도	
1687	고상영 외 24명	제주	안남(베트남)	
1687	김대황	제주	안남(베트남)	
1698	강두추, 고수경 외 54명	제주	일본 옥구도	
1704	산해	제주	일본 망구도	
1720	원구혁	제주	일본 신공포	
1723	김시위	제주	일본 오도	
1724	이건춘	제주	대마도	
1726	김일남, 부차웅	제주	유구	
1729	윤도성 외 30명	제주	대만	
1730	만적	제주	가라도	
1756	이지항 외 8명	부산	북해도	
1770	장한철 외 29명	제주	유구	『표해록』
1796	이방의 외 5명	제주	중국	
1801	문순득 외 6명	우이도	유구, 여송(필리핀)	『표해시말』
1817	풍계대사 외	동래	일본 오시마우라	『일본표해록』
1818	최두찬 외 50명	제주	중국	『승사록』
1828	김광현 외 7명	제주	중국	

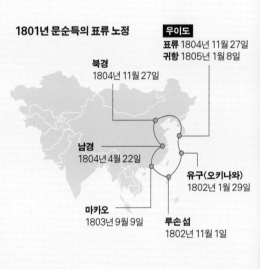

1801년 문순득의 표류 노정

우이도
표류 1804년 11월 27일
귀향 1805년 1월 8일

북경
1804년 11월 27일

남경
1804년 4월 22일

유구(오키나와)
1802년 1월 29일

마카오
1803년 9월 9일

루손섬
1802년 11월 1일

1488년 세계의 바다는

1433년 정화의 해양 원정이 막을 내린 후 중국해와 인도양에서 중국의 대규모 선단은 사라졌다. 동남아시아, 인도, 서남아시아를 잇는 이슬람 상선이 이 바다를 누볐다. 오스만튀르크에게 지중해를 빼앗긴 유럽은 대서양을 돌아 동양으로 가는 새 항로 개척에 열을 올렸다. 그들의 열정은 1488년 포르투갈 탐험가 바르톨로메우 디아스가 아프리카 대륙 남단에서 희망봉을 발견함으로써 첫 결실을 보았다. 4년 후 이탈리아 탐험가 크리스토퍼 콜럼버스는 대서양을 횡단해 아메리카 대륙에 도달했다. 최부가 제주 앞바다에서 난파한 것은 바다의 주역이 동에서 서로 넘어갈 무렵이었다.

1418	1433	1434	1453	1488	1492
포르투갈 엔히크 왕자	정화	포르투갈 질 에아네스	오스만튀르크	포르투갈 바르톨로메우 디아스	이탈리아 크리스토퍼 콜럼버스
대서양 항해 지원 시작	인도양 원정 종료	모로코의 보자도르 곶 돌파	콘스탄티노플 함락 지중해 장악	희망봉 발견	대서양 횡단

통관(通關)

14일 간의 표류 끝에 중국 땅에 닿다

윤1월3일

윤1월16일

윤1월 10일

비야말로 생명수다

열흘 가까이 바다를 떠돌았다. 마실 물이 없어 밥을 지어 먹을 수도, 목을 축일 수도 없었다. 남은 밀감과 청주를 찾아 위중한 사람에게 우선 나눠 주었다. 허나 이도 곧 떨어져 마른 쌀을 씹거나 오줌을 움켜쥐어 마셔야 했다. 그런 중에 생명수 같은 비가 내렸다. 간직해 둔 옷 몇 벌을 비에 적셔 물을 짜서 받게 했다. 이렇게 나온 몇 병의 물을 숟갈로 떠서 나눠 마시고 나서야 겨우 혀도 놀리고 숨도 쉴 수 있었다.

15세기에 제작된 「혼일강리역대국도지도」

윤1월 3일

제주를 떠나 고향 집으로

동풍이 불고 바다 빛은 몹시 파랗다. 배에 오를 채비를 하니 바람의 변화가 있다 하여 말리는 이도 있었으나, 마침 동풍이 좋다는 이야기도 있어 배에 올랐다. 얼마 지나지 않아 비가 쏟아지며 배는 점점 서쪽으로 향했다. 노를 저어 보았으나 그만 북풍에 휩쓸려 바다 가운데로 밀려 나갔다. 비는 그치지 않고 풍랑은 험악하니 배가 장차 어디로 갈지 망연했다.

제주도와 절강성 중간 지점 정도의 바다 위

제주 북부

영파부 앞 섬

윤1월 12일

섬에서 해적을 만나다

어느 큰 섬에 이르렀을 때 중선 두 척이 우리 배를 향했다. 배에 한어(중국어)를 쓰는 이들이 있기에 표류 사실을 알리고 그곳이 어디인지를 물었다. 그들의 대답으로 대당국(중국) 영파부임을 알 수 있었다. 오랫동안 허기진 일행이 바람 잔 곳에 배를 대고 잠이 들었는데, 낮의 패거리가 창을 들고 들이닥쳐 가진 것을 모두 빼앗았다. 그러고는 배의 닻, 노, 돛대 따위를 모두 부숴 바다에 던지고 떠났다.

명의 무인

제주 주변의 해류

제주 해류는 쿠로시오 해류의 지류로, 일본 규슈 서쪽을 흐르는 쓰시마 해류에서 갈라진 분파이다. 제주도 남서쪽을 스쳐 황해로 흐른다. 옛부터 갑자기 불어닥친 바람에 배를 잃고 바다귀신이 되거나, 표류하다 중국, 유구, 일본 등에 닿아 겨우 목숨을 건지곤 했다.

윤1월 3일	윤1월 10일	윤1월 12일	윤1월 16일	윤1월 18일	윤1월 23일

0리 (km)　　1,000리 (400km)　　2,000리 (800km)　　3,000리 (1,200km)

절강 도저소

윤1월 18일~19일
도저소에서 천호의 신문을 받다

저녁때 천호 등 관원 7, 8명이 큰 탁자 하나를 놓고 둘러서서 신문을 시작했다. 배가 몇 척인지, 약탈을 위해 상륙한 왜인은 아닌지, 아니라면 증거는 무엇인지, 또 이름과 벼슬, 출신지 등을 묻고는 별관에서 일행 모두에게 끼니를 주었다.

명의 해안 포대

명은 해금령을 내리고 해안 경계를 강화했다.

절강 건도소

윤1월 23일
건도소에서 간곡한 대접을 받다

건도소의 천호 이앙은 나(최부)를 객관에 안내했다. 객관에는 건도소의 점잖은 늙은 관원들이 있었다. 내가 표류하여 온 전말을 말했더니 이앙은 나에게 대청으로 올라오기를 청해 정중하게 손님 맞는 예를 행했다. 그러고는 이앙은 우리 일행에게 다과와 술, 고기를 권하고 자못 간곡한 성의를 보였다.

표류 사건의 빈도
임진왜란 뒤 19세기 중엽까지 일본에 표착한 사례는 1000건이 넘으며, 표착 조선인의 숫자는 1만 명을 웃돈다.

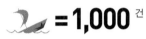
= **1,000** 건
= **10,000** 여명

윤1월 16~17일
인가가 어디쯤인가

검붉은 바다를 헤매다 육지를 발견했다. 풍랑이 세차고 비가 자욱이 내리는 두 섬 사이 언덕을 지나갈 때 다시 중선 여섯 척을 보았다. 그들에게 물어 그곳이 우두 앞바다이고 태주부 임해현에 속해 있음을 알았다. 그들이 앞뒤가 맞지 않게 말하는 것을 보고 배에서 내려 마을로 도망쳤다. 마을에서 우리는 구경거리가 되었는데, 용모가 점잖은 두 사람에게 우리의 신원을 알리고 도움을 청했다. 이들은 우리를 배불리 먹이고 서리당으로 이끌었다.

남쪽 대륙 발견

조선 시대 표류 기록의 유형

직접 기록

조정의 명

간접 기록

조선 시대의 표류 기록을 살펴보면, 사건의 수에 비해 표류 기록의 숫자는 현저히 적다. 이는 표류한 사람들 중에 어업이나 상업 활동을 하는 비문자 층이 많았기 때문이다. 최부의 일행이 쓴 부분이 일정 분량 있고, 조정의 명에 의해 귀환 직후 바로 기록된 최부의 『표해록』은 세 가지 유형 모두에 해당한다고 볼 수 있다.

중세 동아시아의 난민 처리 규정

15세기 명과 조선은 성리학을 국가의 지도 원리로 삼았기 때문에 난민의 처리도 유교적 가치관에 따라 이루어졌다. 표류, 망명 등의 형태로 국경을 넘은 자는 엄중히 조사해 처벌하거나 본국으로 송환했다. 그러나 최부 일행과 같은 난민에 대해서는 인도적인 대우를 아끼지 않았다. 의식주를 제공하고 다친 곳을 치료해 주었으며, 정해진 절차에 따라 본국으로 돌려보내 주었다.

『통문관지』

조선 시대 외교 관례를 기록했다.

5,000리 (2,000km)　　　6,000리 (2,400km)　　　7,000리 (2,800km)　　　8,000리 (3,200km)

가마에서 내려 물길로 접어들다

천호 이앙 등이 모두 나와서 바닷가에서 전송했다. 이들과 고별을 마치고 배에 올라 영해현 월계 순검사에 도착했다. 배에서 내려 가마를 탔다가 다시 배에 올라가며 길을 밟았다.

대운하

길이 1700킬로미터에 이르는 세계 최대 운하. 기존의 여러 운하를 연결한 것으로 10세기에 갑문이 발명되면서 활용도가 높아졌다. 경제 중심지인 강남의 물자를 북쪽 도시로 운반하기 위해 수 양제에 의해 만들어졌다. 이후 중국의 상업 발전과 경제 통합에 중요한 역할을 맡는다.

중국의 대운하

영해현 월계 순검사

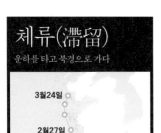
체류(滯留)
운하를 타고 북경으로 가다

3월 24일

2월 27일

2월 6일

970년(북송개보3), 지각선사가 전당강의 역류를 진정시키고자 지었다.

항주

육화탑

소주

소흥부에서 다시 진술하다

소흥부의 관부에 당도해 다시 진술했다. 조선의 역대 연혁·도읍·산천·인물·풍속·관혼상제·호구·병역 제도·토지·조세와 복식 제도 등에 대해 자세히 쓰라 했다. 역사 문헌과 맞춰 보아 우리의 정체를 판단하겠다는 이야기였다. 문답이 끝나고 그들은 우리에게 찬품과 양식 등을 주었고, 나는 이에 사례하는 시를 지어 주고 두 번 절했다. 우리는 물러 나와 영은교를 지나 봉래역 앞에 가서 잤다.

소주와 항주의 고사(故事)

춘추·전국 시대(서기전 770~221)에 맞수 관계를 형성하고 엎치락뒤치락했던 오와 월의 무대였다.

吳越同舟
오월동주

오나라 사람과 월나라 사람이 한 배에 탔다는 뜻. 불구대천의 원수가 한자리에 있는 상황을 가리킨다.

臥薪嘗膽
와신상담

가시에 눕고 쓸개를 씹는다는 뜻으로, 복수를 위해 절치부심하는 상황을 가리킨다. 오와 월의 대립에서 비롯된 고사이다.

항주에 머물다

천여 리 가까운 물길을 타고 항주에 도착했다. 이곳에서 조선의 과거 제도와 내가 공부한 경서에 대해 묻는 자가 있어 답했다. 항주는 동남에서 첫째가는 도회지로 집들이 즐비하고 오가는 사람이 가득하며, 저자에는 금은보화가 쌓이고 사람들은 비단으로 차렸다. 내외국인 배들의 돛대로 숲을 이루었으며 사철 꽃이 연달아 피어 언제나 봄 풍경을 이룬다. 과연 별천지라 할 수 있는 곳이다.

윤1월 25일

2

0리 (km)   1,000리 (400km)   2,000리 (800km)   3,000리 (1,200km)

중국의 수차

3월 15일

제일가는 향락지 소주

소주의 옛 이름은 오회. 동으로 바닷가에 나앉아 오송강, 누강, 동강을 끼고 오호를 둘렀으며 옥야가 천 리에 이른다. 숱한 인재가 이리로 몰려들고 바다와 육지의 진기한 보물로 가득하다. 능라 주단과 금은주옥이 사방에서 모여들고 온갖 장인바치들과 큰 장사꾼들이 다 여기 모인다. 예부터 강남이 아름답기로 천하제일이라 했지만 그중에서도 소주, 항주를 제일로 치며 또 거기서도 소주를 제일이라 한다. 사람들은 사치하고 누대는 화려하며 남방 각처의 상인과 선박들이 끊임없이 밀려든다.

3월 23~25일

수차 제작법을 가르쳐 주시구려!

정해현을 지나던 중 부영에게 수차를 만드는 법을 물었다. 처음에는 목공들이나 아는 것이라며 알려 주지 않았으나, 거듭 청하니 형태와 운용 방법 등을 알려 주었다. 내가 본 것은 발로 밟아 돌리는 것이었는데, 손으로 돌리는 것이 가장 편하다고 했다. 또 소나무는 가벼워서 적합하지 않으니 삼나무, 느릅나무, 녹나무 등 나뭇결이 굳고 질긴 것을 쓰라 했다.

소동파
항주의서호를무대로명시를 남긴북송시인.

패현

청원역

정해현치

2월 27~3월 7일

회하의 갑문을 통과하다

양자강을 거쳐 회하에 이르렀다. 유비·관우·장비 세 의형제의 사당인 삼결의묘가 있는 도원역, 공자가 옛 관직 제도에 대해 물었던 섬자(郯子)의 묘, 노공과 제나라 환공이 만났던 애산이 있는 하비역 등을 지났다. 한 고조가 「대풍가」를 노래한 가풍대가 있는 패현 부근도 지났다.

장비
명대에그려진장비초상.

항주의 역사

항주의절경 서호

항주는 수도인 북경과 항주를 잇는 경항 운하의 출발점으로, 예로부터 물산이 풍부하고 문화가 발달한 도시로 꼽혀 왔다. 12세기에는 금과 대립하던 남송의 수도였다. 13세기 원대에는 이븐 바투타, 마르코 폴로 등이 방문해 이 도시의 명성을 세계에 전하기도 했다.

2월 13일	2월 27일	3월 15일	3월 23일		
	5,000리 (2,000km)		6,000리 (2,400km)	7,000리 (2,800km)	8,000리 (3,200km)

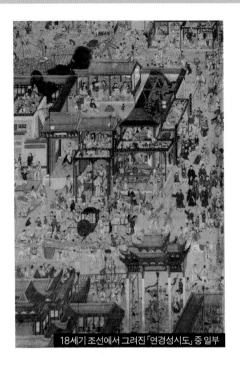

18세기 조선에서 그려진 「연경성시도」 중 일부

자금성의 정전 태화전

4월 7일

북경에 닿아
회동관에 들다

예부의 관리가 와서는 병부에서 예부로 이송된 공문을 보여 주었다. 내용은 다음과 같았다. "최부 일행이 해양 초소에서 수상한 외국인으로 잡혔으나, 심리 결과 조선의 해상 조난자로 판명됨에 따라 적당한 구호와 지원을 하는 것이 좋겠다. 옷가지와 쌀, 역마, 양식과 수레 등을 지원해 줄 것이며, 군인을 출동시켜 조선 국경까지 호송케 해 무사히 귀환케 할 것이다." 이에 대한 황제의 윤허도 전해 주었다.

4월 18~20일

상복을 벗고 황제를
배알하시오

예부의 소환장을 받아 예부로 들어가니, 한 관리가 "일행과 입조해 상을 받되, 의복은 길복으로 바꾸어 입으라." 했다. 이에 "상중에 있는 몸으로 길복을 입는다는 것은 예에 맞지 않고, 상복으로 입조하는 것은 의에 맞지 않으니 다시 지시해 달라."라고 청했다. 이튿날 "친상(親喪, 부모의 상)은 가볍고 천은(天恩, 황제의 은혜)이 무거우니 모두 상을 받은 의복을 입을 것"을 지시 받았다. 또 하루가 지나 장안문에 이르러 예부 관리의 강요로 결국 길복을 입고 입궐해 의식을 마쳤다.

북경 회동관

북경 옥하관

천하의 중심, 자금성

명·청 때 500여 년간 24명의 황제가 산 궁전. 명 3대 영락제는 권좌에 오른 지 4년째 되던 1406년, 수도를 남경에서 북경으로 옮기고 만리장성 이후 중국 최대의 역사로 불리는 자금성 축조에 들어갔다. 그곳은 카프카의 말 그대로 드넓은 뜰과 수많은 건물로 지어져 빠져 나올 수 없는 미로로 이루어졌다.

'금지된 성채' 자금성

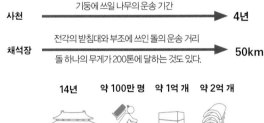

| 사천 | 기둥에 쓰일 나무의 운송 기간 → | 4년 |
| 채석장 | 전각의 받침대와 부조에 쓰인 돌의 운송 거리
돌 하나의 무게가 200톤에 달하는 것도 있다. → | 50km |

14년	약 100만 명	약 1억 개	약 2억 개
공사 기간	공사 인부	벽돌	기와

| 0리 (km) | 1,000리 (400km) | 2,000리 (800km) | 3,000리 (1,200km) |

귀국(歸國)

북경을 거처 고국으로 돌아오다

5월 7일
4월 7일
6월 4일

18세기 조선에서 그려진 「압록강변계도」

조선 시대 상복

북경 회동관

광녕역
의주

4월 24~27일

길을 나서 조선 사신을 만나다

회동관에서 길을 떠났다. 출발하고 사흘이 지났을 무렵, 어양역에서 우리가 떠나려는데, 어떤 사람이 달려오더니 조선 사신이 온다고 일러 주었다. 해가 기울 무렵 뜰에 나가 사신을 뵈었다. "임금께서 평안하시고 나라도 무고하며 공의 집도 무탈하다. 임금께서 예조에 명을 내려 각지에 수색할 것을 명하고, 쓰시마와 일본 여러 섬에서 온 문건에 회답을 쓸 때에 공이 표류한 사연도 함께 기록해 회답을 구하도록 하셨다."라고 전했다. 우리 같은 미천한 사람을 성상께서 그렇듯 걱정하실 줄이야 어찌 뜻했으랴!

5월 18~19일

나라의 덕을 잊지 말아야 한다

광녕역에 이르러, 정보 등 마흔여 명이 내 앞에 나란히 꿇어앉았다. 그들은 내게 이섬 현감과 그 일행이 표류하던 지난 일에 대해 이야기했다. 그때는 죽은 자도 매우 많았고 또 표착한 뒤 구속도 심했다고 한다. 북경에 호송되어서는 상을 받기는커녕 기갈과 고난을 겪다가 겨우 살아 돌아왔다고 한다. 그에 비해 우리는 북경에서 황제의 상과 의복 등을 받아, 빈손으로 왔다가 혜택을 입고 돌아가게 되었으니 이러한 다행이 어디서부터 온 것인지 알 수 없다는 이야기였다. 이에 나는, 이는 다 우리 성상의 어진 덕으로 이웃 나라와 우의가 두터우신 데서 온 것이니 언제나 나라의 덕을 잊지 말아야 한다고 했다.

6월 4일

반가울손, 압록강!

새벽에 탕산참과 이름 모를 하천 둘을 지나 구련성에 이르렀다. 아, 반가울손! 배로 압록강을 건넜다. 의주 목사가 군관 윤천선을 파견하여 나를 강변에서 맞아 위로했다. 어스름해서 또 배로 난자강을 건넜다. 이 두 강 또한 하나인 것이 갈려 내려오다가 다시 합쳐지는 것이다. 밤 3경에 의주성에 말을 달려 들어갔다. 이 성은 중국 사람들과 여진족들도 많이 오가는 곳이다. 성의 규모가 작기도 하거니와 퇴락했고 성 중(城中)의 민가들도 보잘것없으니 참으로 한스러운 일이다.

압록강

4월 7일
4월 18일
4월 24일
5월 18일
6월 4일

5,000리 (2,000km)
6,000리 (2,400km)
7,000리 (2,800km)
8,000리 (3,200km)

「경항운하도」 북경과 항주 사이를 가로지르는 대운하의 17세기 모습. 중국 경제의 대동맥으로, 최부는 이 운하를 따라 중원을 종주했다.

15세기를 나가며

15세기에 활약한 국가들

1 _ 조선 | 1392~1910 | 15세기는 제3대 태종으로 시작해 제10대 연산군의 치세로 마무리된다. 이 시기 조선은 국가의 기틀을 다지고 중앙집권 체제를 강화했다. 세종과 성종 때 문물이 크게 정비되지만, 연산군의 치세에 정치가 혼란스러워진 상태로 15세기를 마감한다.

2 _ [중국] 명 | 1368~1644 | 주원장(태조)이 한족 왕조 부흥을 내걸고 세운 명은 15세기 초 영락제(제3대 황제) 때 전성기를 맞이했다. 영락제는 북쪽으로는 초원의 몽골 세력을 공격하고 남쪽으로는 베트남을 장악하는 등 영역을 크게 넓혔다. 또한 정화에게 대함대를 이끌고 해외 원정을 하게 하며 위세를 떨쳤다. 그 뒤를 이은 홍희제(제4대 황제)와 선덕제(제6대 황제)는 국정을 안정적으로 운영하면서 명은 좋은 시절을 이어 갔다. 그러나 15세기 중엽 이후 안으로는 환관이 국정을 농단하고 밖으로는 몽골 세력과 왜구(북로남왜)의 침입이 이어지면서 명은 서서히 쇠약해진다.

3 _ [일본] 무로마치 바쿠후 | 1392~1573 | 무로마치 바쿠후가 세워지면서 둘로 갈라졌던(난보쿠초 시대, 1336~1392) 일본은 14세기 말 하나로 통합되었다. 무로마치 바쿠후는 난보쿠초 시대를 끝낸 제3대 쇼군 아시카가 요시미쓰 때 전성기를 맞이했다. 그러나 아시카가 요시미쓰 사후 각지의 슈고다이묘들의 힘이 커지면서 무로마치 바쿠후는 쇠퇴했다. 각지에서 농민들이 봉기한 것에 더해, 전국의 슈고다이묘들이 1467년부터 둘로 나뉘어 싸우면서(오닌의 난) 바쿠후의 권위는 땅에 떨어졌다. 오닌의 난은 1477년 일단 막을 내리지만, 이 난을 계기로 100여 년에 걸쳐 각지의 다이묘들이 할거하며 서로 전쟁을 벌이는 센고쿠 시대가 이어진다. 한편 이처럼 일본이 혼란에 빠지면서, 해적 집단인 왜구가 조선과 중국의 연안을 습격하는 일도 늘어난다.

4 _ 유구 왕국 | 1429~1879 | 중국은 물론 조선과 일본에도 조공한다. 1879년 일본에 병합되어 오키나와 현으로 편입된다.

5 _ [몽골] 오이라트와 타타르 | 14세기 후반 원이 무너지면서 몽골족은 만리장성 이북의 몽골 초원으로 밀려났다. 15세기 들어 몽골 서쪽에서는 오이라트, 동쪽에서는 타타르가 힘을 키워 명 북부를 위협했다. 1449년 오이라트 부족은 토목보에서 명군을 대파하고 정통제를 포로로 잡기도 했다.

6 _ [말레이시아] 믈라카 왕국 | 1402~1511 | 파라메스와라가 세운 국가로 중국·인도·아랍을 연결하는 해상 무역 거점으로 번성했다. 파라메스와라가 1414년 이슬람교로 개종하면서 왕국 전역에서 이슬람교가 세를 확산했다. 믈라카 왕국은 말레이 반도의 대부분과 수마트라 섬 중동부를 지배했으나 1511년 포르투갈에 의해 멸망한다.

7 _ [베트남] 레 왕조 | 1428~1788 | 레 러이가 1428년 명군을 물리치고 레 왕조를 세웠다. 이때까지 베트남의 역사는 1000년 넘게 이어진 중국의 침략 및 지배, 그리고 그에 맞선 저항으로 점철되었다. 939년 중국의 지배에서 벗어난 최초의 왕조(응오 왕조)가 탄생했으나, 1406년 베트남은 다시 명의 지배를 받게 된다. 레 러이는 1418년부터 명에 맞서 싸운 끝에 1428년 레 왕조를 탄생시켰다. 레 왕조는 유교를 국가 지도 이념으로 삼고 중국식 관료제와 균전제를 도입했다.

8 _ [타이] 아유타야 왕조 | 1350~1767 | 15세기 후반 각종 제도와 법령을 정비해 중앙집권을 강화했다. 그 후 중국, 일본은 물론 서양 국가들과 교역하며 번창하지만 1767년 미얀마 군대에 점령당하며 멸망한다.

9 _ [우즈베키스탄, 이란] 티무르 제국 | 1370~1507 | 티무르가 세운 국가로 지금의 중앙아시아, 아프가니스탄, 이란 등을 지배했다. 짧은 시간 안에 대제국을 이루었으나, 티무르가 사망한 후 급격히 쇠약해졌다. 후계자 계승 분쟁과 외침에 시달리다 우즈베크족에게 멸망했다.

10 _ [터키] 오스만튀르크 제국 | 1299~1922 | 14세기에 소아시아 일대를 장악하고 유럽을 공격하기 시작한 오스만튀르크는 1402년 티무르 제국에 대패하며 시련을 맞았다. 위기를 극복한 오스만튀르크는 다시 유럽 공격에 박차를 가해 1453년 동로마 제국을 멸망시켰다. 그 후에도 발칸 반도를 비롯한 동유럽 일대를 장악하며 위세를 떨쳤다. 또한 인도 등에서 유럽으로 오는 후추 등 향신료 무역의 이권을 장악하며 번성했다. 16세기 중엽 최전성기를 누리지만 그 후 서서히 쇠퇴해 제1차 세계대전 후 멸망하고, 터키 공화국이 그 뒤를 잇는다.

11 _ [터키] 동로마 제국 | 395~1453 | 1453년 동로마 제국이 오스만튀르크에게 수도 콘스탄티노플을 함락당하며 멸망했다. 395년 로마 제국이 동서로 완전히 분열된 지 1058년 만이었다. 지중해 동쪽 세계의 학문과 문화의 중심이던 콘스탄티노플의 많은 학자들은 제국이 무너진 후

이탈리아로 건너가 르네상스를 더 풍성하게 하는 데 적잖은 영향을 끼쳤다. 제국의 주요 유산 중 하나인 그리스정교는 오늘날까지 동유럽과 러시아에 널리 퍼져 있다.

12 _ [러시아] 모스크바 대공국 | 1440~1505 | 15세기에 러시아의 중심 세력으로 떠올랐다. 그 중심에는 이반 3세 (1440~1505)가 있었다. 이반 3세는 노브고로드 공국을 비롯한 주변 슬라브족 국가들을 정복하는 한편, 킵차크 한국을 물리치고 200여 년에 걸친 몽골족의 지배에서 벗어났다. 또한 '차르'라는 칭호를 처음 사용하고 농노제의 법적 기초를 마련하는 등 강력한 중앙집권 국가 건설에 매진했다. 아울러 오스만튀르크에게 멸망한 동로마 제국의 황녀(마지막 황제의 조카)와 결혼하며 '비잔틴 제국의 후계자'를 자처했다. 이를 통해 이반 3세는 모스크바 대공국이 훗날 러시아 제국으로 성장할 수 있는 기반을 닦았다.

13 _ [프랑스] 발루아 왕조 | 1328~1589 | 15세기 초반 프랑스는 어려운 상황에 놓여 있었다. 백년전쟁을 통해 발루아 왕조는 칼레(프랑스 북부)를 제외한 나머지 땅에서 영국을 몰아냈다. 또한 중앙집권을 강화해 훗날 부르봉 왕가가 절대왕정을 구현할 수 있는 토대를 마련했다.

14 _ [영국] 튜더 왕조 | 1485~1603 | 밖으로는 백년전쟁에서 패하며 프랑스 내 영지를 대부분 잃었다. 안으로는 왕위 계승 문제를 둘러싼 귀족 간의 갈등이 전쟁으로 이어졌다. 14세기까지는 200년 넘게 플랜태저넷 왕가(1154~1399)가 영국을 지배했으나, 15세기 들어 랭카스터 왕가와 요크 왕가가 왕위 경쟁을 치열하게 벌였다. 두 왕가는 백년전쟁 종식 2년 후인 1455년부터 30년 동안 왕위를 놓고 전쟁을 벌였다(장미전쟁). 1485년 헨리 튜더(헨리 7세)가 전쟁을 종식시키고 튜더 왕조를 열었다.

15 _ 에스파냐 왕국 | 1479~ | 15세기 이베리아 반도에는 크리스트교 국가인 카스티야·아라곤·포르투갈 왕국과 8세기 초부터 이베리아 반도를 지배해 온 이슬람 세력 (그라나다 왕국)이 있었다. 아라곤 왕 페르난도와 카스티야 여왕 이사벨이 결혼하면서, 1479년 두 왕국은 하나의 국가(에스파냐 왕국)로 통합되었다. 에스파냐 왕국은 1492년 그라나다를 점령하며 이베리아 반도에서 이슬람 세력을 완전히 축출했다.

16 _ 포르투갈 왕국 | 1479~ | 1249년 레콘키스타를 마무리한 포르투갈 왕국은 15세기 들어 인도로 가는 항로를 개척하는 데 주력했다. 1415년 지브롤터 해협 맞은편의 이슬람 도시 세우타를 점령한 것을 시작으로, 이슬람 지역을 우회해 아프리카 서해안을 따라 계속 남진했다.

17 _ 이탈리아 | 1479~ | 고대 그리스와 로마의 문화를 이상으로 삼아 이를 부흥시키고 인간에 대해 새롭게 조명하려는 르네상스운동이 문학·미술·건축 등 여러 부문에서 활발하게 전개되었다. 그러나 정치적으로 이탈리아는 분열되어 있었다. 작은 도시 국가들과 교황령, 나폴리 왕국 등으로 쪼개져 있었다. 이 때문에 프랑스와 에스파냐 등 주변 강대국들이 이탈리아에서 패권을 놓고 무력 충돌을 하기도 한다.

18 _ [페루] 잉카 제국 | 13세기~1533 | 남아메리카의 중앙 안데스 지역을 지배한 국가. 15세기 초부터 쿠스코를 중심으로 주변의 부족 국가들을 복속시키며 빠른 속도로 세력을 확장했다. 북쪽으로는 지금의 에콰도르, 남쪽으로는 칠레와 아르헨티나의 북부까지 장악했다. 태양신을 숭배했고, 도로망과 건축 등에서 놀라운 성과를 남겼다. 1533년 프란시스코 피사로가 이끄는 에스파냐 침략자들에게 멸망했다.

19 _ [멕시코] 아스테카 왕국 | 13세기~1521 | 13세기에 멕시코 북부에서 내려온 아즈텍족이 1325년 테노치티틀란(지금의 멕시코시티)이라는 도시를 세우고, 주위의 두 도시와 삼각 동맹을 맺고 인근 부족들을 정복하며 제국을 구축해 갔다. 1521년 에르난 코르테스가 이끄는 에스파냐 침략자들에게 멸망했다.

지도로 보는 15세기의 국가들
❶ 조선 ❷ 명 ❸ 유구 ❹ 믈라카 왕국 ❺ 레 왕조 ❻ 아유타야 왕국 ❼ 티무르 제국 ❽ 오스만튀르크 제국 ❾ 동로마 제국 ❿ 모스크바 대공국 ⓫ 잉카 제국 ⓬ 아스테카 왕국

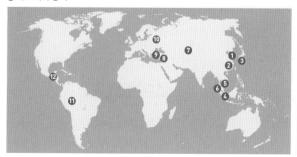

15세기를 이끌고 간 인물들

人

한국

1 _ 이성계 | 1335~1408 | 조선의 건국자. 지금의 함경도 출신 무장으로 최영과 더불어 왜구·홍건적 등 외적을 물리치며 명성을 얻었다. 1388년 요동 정벌에 나섰다가 위화도에서 회군해 정권을 잡고 왕조 개창의 기반을 닦았다.

2 _ 맹사성 | 1360~1438 | 황희와 더불어 조선을 대표하는 명재상으로 꼽히는 인물. 태조 이성계에게 죽임을 당한 고려의 명장 최영의 손녀사위. 고려 우왕 때 벼슬길에 올라 조선 세종 때 좌의정을 역임했다.

3 _ 황희 | 1363~1452 | 고려 말 조선 초의 문신. 명재상으로 이름이 높다. 고려가 망한 후 두문동에 은거하다가, 주변의 권유 등으로 조선의 벼슬길로 나아갔다. 태종의 신임을 얻었으나 양녕대군을 끝까지 옹호하다가 귀양살이를 했다. 세종 즉위 후 관직에 복귀했다.

4 _ 박연 | 1378~1458 | 문신이자 음악 이론가. 세종 때 음률을 정비하고 궁중 음악을 전반적으로 개혁했다. 왕산악·우륵과 함께 한국의 3대 악성으로 거론된다.

5 _ 김종서 | 1383~1453 | 세종 때 여진족을 물리치고 6진을 설치해 북방을 안정시키는 큰 공을 세웠다. 『고려사』를 편찬하는 등 문관으로서 능력도 발휘했다. 이처럼 문무를 겸비한 인물로 꼽히며 세종의 두터운 신임을 얻었다. 문종이 세상을 떠난 후 정계의 최고 실력자로서 단종을 보필하다가 계유정난 때 수양대군 세력에게 살해된다.

6 _ 세종 | 1397~1450 | 조선의 제4대 왕. 정안대군(훗날 태종)의 셋째 아들로 태어났다. 부친이 왕자의 난을 거쳐 임금이 되고 형인 양녕대군이 세자의 자리에서 내려오면서 왕위에 오를 길이 열렸다. 집현전을 만들어 인재를 양성하고, 각종 의례와 제도를 정비해 유교 정치를 꽃피웠으며, 훈민정음을 창제하는 등 많은 업적을 남겼다. 6진과 4군 설치, 농업과 과학기술 발전, 공법(貢法) 제정 등도 빼놓을 수 없는 치적이다.

7 _ 장영실 | 생몰년 미상 | 세종 때 활약한 노비 출신 과학자. 신분의 한계를 넘어 뛰어난 업적을 남겼다. 천문 관측 기기인 간의와 혼천의를 완성하고, 해시계와 물시계를 만들었으며, 측우기도 발명했다. 또한 조선 시대의 활판인쇄 기술을 대표하는 갑인자와 그 인쇄기를 완성하는 등 금속활자 주조에도 공을 세웠다.

8 _ 안견 | 생몰년 미상 | 조선 초기를 대표하는 화가. 세종 때 가장 활발하게 작품 활동을 했고, 세조 때까지 화원으로 일했다. 대표작은 「몽유도원도」.

9 _ 신숙주 | 1417~1475 | 학자이자 문신. 훈민정음 창제 과정에서 적잖은 공을 쌓았고, 왕명에 따라 다양한 책을 편찬하는 데도 기여했다. 명을 여러 차례 왕래하고 일본에도 다녀오는 등 외교 사절로도 크게 활약했다. 계유정난을 계기로 단종을 몰아내고 왕위에 오른 수양대군(세조)을 지지해 변절자라는 비난을 받기도 했다.

10 _ 성삼문 | 1418~1456 | 정인지·신숙주 등과 함께 훈민정음을 완성하는 데 크게 기여했다. 세조를 몰아내고 단종을 복위시키려 하다가 발각되어 형장의 이슬로 사라졌다. 사육신(성삼문·박팽년·하위지·이개·유성원·유응부)의 한 사람이다.

11 _ 김종직 | 1431~1492 | 고려 말 학자인 정몽주와 길재의 학통을 이어받은 조선 성리학의 중추로 평가된다. 김종직의 학풍은 김굉필과 그 제자 조광조로 이어진다. 김종직은 성종의 총애를 받으며 자신의 문인들을 관직에 여럿 등용시켰다. 영남 사림의 종조이다.

12 _ 김시습 | 1435~1493 | 생육신의 한 사람. 신동으로 유명했으나, 세조가 조카를 밀어내고 즉위했다는 소식을 들은 후 책을 불사르고 승려가 되었다. 한국 최초의 한문 소설로 꼽히는 『금오신화』 등을 남겼다.

13 _ 홍길동 | 생몰년 미상 | 연산군(재위 1494~1506) 대에 충청도 일대에서 활약한 '도적' 무리의 우두머리로, 허균의 소설 『홍길동전』의 모델이다. 명종대 임꺽정, 숙종대 장길산과 더불어 '조선의 3대 도적'으로 꼽힌다. 사진은 전라남도 담양에 조성된 '홍길동 생가터'.

세계

1 _ 이븐 할둔 | 1332~1406 | 튀니지 출신의 이슬람 사상가. 이 시기 최고의 역사가이자 철학자로 꼽힌다. 대표작은 『역사서설』. 훗날 아널드 토인비는 "인간이 만든 역사철학 가운데 가장 위대한 작품"이라고 이 책을 격찬했다.

2 _ 티무르 | 1336~1405 | 인도 서북부에서 오늘날 터키 동부 지방에 이르는 대제국을 건설한 정복자. 신흥 강국 오스만튀르크마저 대파한(1402년 앙카라전투) 후 동쪽의 명 정벌을 추진하던 중 병사했다. 군사적으로는 잔혹한 모습을 보였지만, 사마르칸트와 부하라를 중심으로 이슬람 학문과 예술이 꽃필 수 있는 기틀을 마련했다.

3 _ 영락제 | 1360~1424? | 명의 제3대 황제. 홍무제(주원장)의 넷째 아들로 조카인 건문제를 몰아내고 황위에 올랐다. 재위 기간 중 수도를 북경으로 옮겼다. 북방의 몽골 세력을 여러 차례 정벌하고, 환관 정화에게 대함대를 이끌고 원정을 하게 하는 등 위세를 떨쳤다. 안으로는 『영락대전』 등을 편찬했다.

4 _ 정화 | 1371~1433? | 환관으로서 영락제의 명에 따라 대함대를 이끌고 원정. 이 함대는 15세기 말 콜럼버스가 이끈 탐험대와는 비교가 안 되는 엄청난 규모였다. 또한 정화의 원정은 동남아시아에 대규모 화교 사회가 형성되는 계기로 작용했다.

5 _ 얀 후스 | 1372~1415 | 체코의 종교 개혁가. 교황 등 고위 성직자들이 돈을 받고 성직을 파는 행위를 비판하고 성서만이 유일한 권위라고 주장하다 화형당했다.

6 _ '항해왕' 엔히크 | 1394~1460 | 포르투갈의 왕자. 서아프리카 해안에 탐험대를 파견하며 해양 강국 포르투갈의 기틀을 다졌다. '항해왕'으로 불렸지만 항해에 나선 적은 한 번도 없다.

7 _ 요하네스 구텐베르크 | 1397~1468 | 독일의 인쇄업자. 기계식 활판인쇄기를 세계 최초로 만들었다. 구텐베르크 인쇄기는 지식과 정보의 보급을 확산해 지적 혁명을 촉발하고, 종교개혁과 과학혁명에도 영향을 끼쳤다.

8 _ 잔 다르크 | 1412~1431 | 프랑스의 여전사. 백년전쟁에서 영국에 밀리며 위기에 놓였던 프랑스의 샤를 왕세자(훗날 샤를 7세)를 도와 오를레앙 전투를 승리로 이끌며 전세를 뒤집을 발판을 마련했다. 1430년 적에게 사로잡혀 1431년 화형을 당했다. 오늘날 프랑스 애국주의를 상징하는 인물 중 하나로 추앙되고 있다.

9 _ '드라큘라' 블라드 체페슈 | 1431~1476 | 루마니아 남부 왈라키아의 영주. 크리스트교도이자 독재자로서 이슬람 세력인 오스만튀르크에 맞서 싸웠다. 1897년 아일랜드 작가 브램 스토커가 발표한 소설 『드라큘라』의 모티프가 된 인물이다. 드라큘라는 용의 아들이란 뜻이다.

10 _ 바르톨로메우 디아스 | 1450?~1500 | 포르투갈의 항해가. 서아프리카 연안을 따라 내려가 유럽인으로서는 최초로 아프리카 남단 희망봉까지 항해했다.

11 _ 크리스토퍼 콜럼버스 | 1451~1506 | 이탈리아 출신 항해가. 에스파냐 여왕 이사벨의 후원을 기반으로 아메리카 대륙에 도달했다. 콜럼버스 본인은 그곳이 인도라고 주장했지만 실제로는 인도가 아닌 신대륙(아메리카)이었다. 콜럼버스의 도달을 계기로 아메리카는 유럽 국가들의 식민지로 전락하고 원주민(인디언)들은 학살되는 시련을 맞이한다.

12 _ 레오나르도 다빈치 | 1452~1519 | 르네상스 시대 이탈리아를 대표하는 예술가. 「최후의 만찬」, 「모나리자」 등 수많은 걸작을 남겼다. 원근법, 인간 신체의 해부학적 구조, 그에 따른 수학적 비율 등 '인간 재발견'을 표방한 르네상스 예술을 완성했다는 평가를 받는다. 예술뿐 아니라 수학·과학·해부학 등 다방면에 걸친 연구 성과를 남긴 것으로도 유명하다.

13 _ 바스쿠 다가마 | 1469~1524 | 포르투갈의 항해가. 선단을 이끌고 희망봉을 돌아 1498년 인도에 도착했다.

14 _ 미켈란젤로 부오나로티 | 1475~1564 | 이탈리아의 조각가이자 건축가. 15세기 후반 작품 활동을 시작했고 16세기에 「다비드」, 「최후의 심판」을 비롯한 걸작을 남겼다.

15세기에 처음 나온 물건들

物

한국

1 _ 신문고 | 1401년(태종 1) 백성이 억울함을 풀고자 할 때 울릴 수 있도록 대궐 밖 문루에 달았던 북. 취지와 달리 실제로는 주로 서울의 관리들이 이용했고 서울의 평민이나 지방 거주민은 거의 활용하지 못했다.

2 _ 「혼일강리역대국도지도」 | 1402년(태종 2)에 만들어진 세계지도. 아시아, 아프리카, 유럽을 포함했다. 현재 전하는 세계지도 중 동양에서 가장 오래된 것으로 꼽힌다. 조선이 상대적으로 크게 그려져 있는 것이 특징이다.

3 _ 창덕궁 | 1405년(태종 5) 완공된 궁궐.

4 _ 화차 | 1409년(태종 9) 최해산이 만든 다연장 발사 무기. 철로 만든 날개를 단 철령전을 장전한 수십 개의 동통을 작은 수레에 실은 형태였다. 화약을 사용해 여러 동통을 발사할 수 있었으며, 수레를 이용했기에 움직이기 편리했던 것으로 전해진다. 그 후 화차 개량 작업이 이어져 조선 시대에 다섯 종의 화차가 만들어진 것으로 기록되어 있다. 최해산은 화약을 만든 최무선의 아들이다.

5 _ 경회루 | 1412년(태종 12) 경복궁 안에 만들어진 누각. 정면 7칸, 측면 5칸으로 경복궁 안에서는 정전(正殿)인 근정전 다음으로 규모가 큰 건물이다. 연못 속에 기단을 축조해 세웠으며, 나라에 경사가 있거나 외국에서 사신이 왔을 때 연회를 베푸는 곳으로 쓰였다.

6 _ 「삼강행실도」 | 1434년(세종 16) 만들어진 책으로 충신·효자·열녀의 행실을 기록했다.

7 _ 앙부일구 | 1434년(세종 16) 만들어진 해시계.

8 _ 자격루 | 앙부일구와 같은 해에 만들어진 물시계.

9 _ 측우기 | 1441년(세종 23) 비의 양을 측정하기 위해 만들어졌다.

10 _ 훈민정음 | 1443년(세종 25) 창제된 문자. 일부 학자의 반대를 무릅쓰고, 세종이 주도해 만들었다. 말소리를 기호로 나타낸 표음문자이며, 발음기관의 모양을 본떠 자음과 모음을 만들었다. 창제자와 창제 이유 및 원리가 명확히 기록으로 남은 세계 유일의 문자로 꼽힌다. 창제

원리를 담은 『훈민정음 해례본』은 1997년 유네스코 세계 기록유산으로 등재되었다. 한글 창제는 한국 문화사에 한 획을 그은 일대 사건이었다.

11 _ 「칠정산」 | 1444년(세종 26) 만들어진 역법 책으로 내편과 외편으로 이루어졌다. 원나라, 서역, 명나라의 역법을 참고했다. 1653년 시헌력을 도입할 때까지 조선의 기본 역법으로 쓰인다.

12 _ 신기전 | 1448년(세종 30) 만들어진 로켓형 화살 병기. 고려 말 최무선이 만든 주화(走火)를 개량한 무기다.

13 _ 「내훈」 | 1475년(성종 6년) 인수대비(성종의 어머니)가 여성 교육용으로 만든 책.

14 _ 「동문선」 | 1478년(성종 9) 편찬된 우리나라의 역대 시문 선집.

15 _ 창경궁 | 1484년(성종 15) 완공된 궁궐.

16 _ 「경국대전」 | 조선 왕조의 기본 법전. 개국 후 수십 년에 걸친 편찬 및 수정 작업을 거쳐 1484년(성종 15) 완성된 법전으로 1485년부터 시행되었다. 조정의 체제이던 육전(六典) 체제를 따라 6전으로 구성되었고, 각각 14~61개의 항목으로 이루어졌다. 『경국대전』 반포는 국왕을 중심으로 한 중앙집권적 관료제를 떠받치는 통치 규범이 확립되었음을 의미한다. 그 후 여러 법률이 만들어지고 사라지는 일이 계속되고 그것을 반영한 새로운 법전이 나오기도 하지만, 『경국대전』의 기본 체제와 이념은 큰 변화 없이 조선 시대 내내 이어졌다.

17 _ 「악학궤범」 | 1493년(성종 24) 왕명으로 만들어진 음악 서적. 궁중 음악을 비롯한 여러 음악의 이론·법식·제도 등을 그림과 함께 설명하고 우리말 가사를 기록했다.

세계

1 _ 감합 | 명이 일본(무로마치 바쿠후)과 무역을 할 때 사용한 표식. 14세기 후반 동남아시아 국가들과 교역할 때 감합을 활용한 명은 왜구로 인한 피해를 막기 위해 1404년 일본과 감합 무역을 시작했다. 일련번호를 붙인 감합부를 활용해 무역선인지, 해적선인지를 가리는 방식이었다.

2 _ 『영락대전』 | 1408년 명 영락제의 명에 따라 완성된 일종의 백과사전. 경서·역사책·시문집·의학서·천문서 등 온갖 사항에 관한 고금의 문헌을 모아서 엮었다. 본문 2만 2877권, 목록만 60권에 이를 정도로 규모가 방대했다. 명 말기의 혼란과 청 말기 외국 군대의 침공을 거치면서 많은 부분 소실되었다.

3 _ 자금성 | 1420년 북경에서 완공된 명 황궁. 1406년 공사를 시작해 14년 동안 약 100만 명을 동원해 건설한 거대한 궁전이다. 완공 이듬해인 1421년 영락제가 남경에서 북경으로 수도를 옮기고 자금성에 머물기 시작했다. 그 후 1912년 청이 멸망할 때까지 황궁으로 쓰였다. 그 기간 중 24명의 황제가 거처하며 중국 정치의 중심 역할을 하던 곳으로, 현재는 거대한 박물관으로 활용되고 있다.

4 _ 마녀사냥 | 사회의 일부 구성원을 마녀로 몰아 처형한 광기 어린 현상. 확산된 계기 중 하나는 1484년 교황 인노켄티우스 8세가 종교재판관들의 요청을 받아들여 이단 심문을 정당화하고 마녀재판을 공식화하는 교서를 발표한 것이다. 그 이전에 산발적으로 이뤄지던 마녀사냥은 이 교서를 계기로 널리 퍼진다. 악마에 홀린 마녀를 징벌해 사회를 보호해야 한다는 논리로 이뤄진 마녀사냥은 유럽 곳곳을 피로 물들였다. 합법이던 고문을 통해 희생양을 만들어 내는 방식이었다. 마녀사냥의 주요 희생자는 과부를 비롯한 힘없는 여성이었다. 마녀사냥은 전쟁과 경제 위기, 전염병 등으로 사회가 불안해질 때 더 심해지는 모습을 보였다. 이와 관련해 희생양을 만들어

불안감을 줄이는 방식으로 기존 체제를 유지했다는 시각도 있다. 16세기 후반부터 17세기까지 특히 고조되었던 마녀사냥은 계몽주의가 확산되는 등 사회 분위기가 변화하면서 18세기 말 유럽에서 사라졌다.

5 _ 「비너스의 탄생」 | 1485년경 이탈리아 화가 보티첼리가 그린 작품. 메디치 가문의 로렌초의 결혼 기념 의뢰를 받아 그린 것으로 추정된다. 그리스 신화를 바탕으로 한 이 작품은 피렌체의 우피치 미술관에 소장되어 있다. 보티첼리는 '피렌체 르네상스'의 주역 중 하나로 꼽힌다.

6 _ 덧셈(+)과 뺄셈(−) 기호 | 1489년 간행된 독일 수학자 요하네스 비드만의 책에서 처음 쓰였다. 덧셈 기호 +는 그 이전에 쓰이던 라틴어 'et'('그리고'라는 뜻)를, 뺄셈 기호 −는 'minus'의 첫 글자 m을 각각 빨리 쓰다가 나왔다고 비드만은 설명했다. +와 −가 탄생하면서 계산이 훨씬 간편해졌다.

7 _ 「최후의 만찬」 | 레오나르도 다빈치가 1495~1497년에 그린 그림이다. '최후의 만찬'은 예수 그리스도가 십자가에 못 박히기 전날 12명의 제자와 함께 만찬을 나눴다는 내용으로 그리스도와 관련된 예술 작품의 주요 소재 중 하나다. 레오나르도 다빈치 이전에도 여러 화가들이 이에 관한 작품을 남겼다. 그러나 레오나르도 다빈치는 수학적 구조에 바탕을 둔 화면 구도 등 이전과는 다른 방식을 활용해 '최후의 만찬'에 관한 걸작을 남겼다.

8 _ 원근법 | 인간의 눈에 비치는 3차원 이미지를 2차원의 평면에 재현하는 데 쓰이는 기법. 원근법에 관한 생각은 예전부터 있었지만, 기하학적인 근거를 기초로 원근법이 확립된 것은 15세기 이탈리아 르네상스기이다. 피렌체 출신 화가들을 중심으로 한 이탈리아 화단은 원근법을 적극 활용했다. 원근법은 회화뿐만 아니라 건축·도시계획·무대장치 등의 분야에서도 널리 활용된다.

참고 문헌

국내 저서

강신항, 『훈민정음 연구』 (성균관대학교출판부, 1987).

국사편찬위원회, 『한국사 22—조선 왕조의 성립과 대외관계』 (국사편찬위원회, 2013).

김범, 『사화와 반정의 시대—성종, 연산군, 중종과 그 신하들』 (역사비평사, 2007).

박용운, 『고려시대 대간제도 연구』 (일지사, 1980).

오상학, 『옛 삶터의 모습 고지도』 (국립중앙박물관, 2005).

오상학, 『조선 시대 세계지도와 세계 인식』 (창비, 2011).

이숭녕, 『혁신 국어학사』 (박영사, 1978).

이찬, 『한국의 고지도』 (범우사, 1991).

정두희, 『조선 초기 정치 지배 세력 연구』 (일조각, 1983).

지두환, 『단종대왕과 친인척』 (역사문화, 2008).

지두환, 『세조대왕과 친인척』 (역사문화, 2008).

지두환, 『예종대왕과 친인척』 (역사문화, 2008).

최승희, 『조선 초기 정치사 연구』 (지식산업사, 2002).

한영우, 『정도전 사상의 연구(개정판)』 (서울대학교 출판부, 1999).

한영우, 『조선 전기 사회 경제 연구』 (을유문화사, 2011).

논문

김용숙, 「明禮宮 研究—그 始源糾明을 중심으로」, 《서울문화》 3권 (1997), 80~104쪽.

김태영, 「조선 전기 사회의 성격」, 『한국사—중세사회의 발전 1』 7권 (1994), 61~110쪽.

송찬식, 「조선조 사림정치의 권력 구조—銓郎과 三司를 중심으로」, 《경제사학》 2권 1호 (1978), 120~140쪽.

안병희, 「훈민정음 사용에 관한 역사적 연구—창제로부터 19세기까지」, 《동방학지》 46 · 47 · 48권 (1985), 793~821쪽.

윤훈표, 「5위 체제의 성립과 중앙군」, 『한국군사사—조선 전기 1』 5권 (2012).

이기문, 「훈민정음 친제론」, 《한국문화》 13권 (1992), 1~18쪽.

사료

『경국대전』.

『고려사』.

『단종실록』.

『문종실록』.

『신증동국여지승람』.

『연려실기술』.

『조선왕조실록』.

『지봉유설』.

웹사이트

국립국어원 알고싶은한글 http://www.korean.go.kr/hangeul/

116~117 • 「요계관방도」 _ 규장각

117 • 천지 _ 문사철

118 • 선농단 _ 문사철

120 • 「경직도」 _ 『中華文明傳眞』

121 • 『농사직설』 _ 농업박물관

122 • 수차 _ 농업박물관

123 • 농토갈기 · 씨레질하기 · 털기 · 파종 _ 『圖說中國的文明』

125 • 양안 _ 농업박물관

126 • 세종 어보 _ 국립고궁박물관

128 • 조선의 도량형기 _ 호암미술관

130 • 당나귀를 끄는 소년 _ 호암미술관

131 • 「유외춘경도」 _ 넬슨-앳킨스 미술관

132 • 어린도책 _ 『中華文明傳眞』

132~133 • 「황하운하전도」 _ 『中華文明傳眞』

133 • 도다이지에서 개간한 토지 지도 _ 『日本の歷史』

134 • 「천상열차분야지도」 _ 국립민속박물관

136 • 선기옥형의 그림 _ 국립민속박물관

137 • 『보천가』 _ 국립민속박물관

138 • 『경진년대통력』 _ 국립민속박물관

139 • 『칠정산내편』 _ 규장각

141 • 토르퀘툼 _ 유로크레온

142 • 양부일구 _ 세종대왕유적관리소

144 • 옥루의 복원도 _ 한영호

145 • 측우대 _ 문사철

146 • 카스텔리의 우량계 _ 유로크레온

147 • 이슬람 천문대 _ 『이슬람』

148~149 • 간의 · 동표 _ 세종대왕유적관리소, 지중근, 천문관측터 _ 고려대학교박물관, 일성정시의 _ 국립민속박물관, 정남일구 _ 국립민속박물관, 자격루 _ 국립고궁박물관

150 • 『시용무보』 _ 『한국생활사박물관』

152 • 정간보 _ 『세종실록』

153 • 장악원 제조인 _ 국립고궁박물관

155 • 편경 악기 그림 _ 『세종실록』, 경돌 _ 국립국악원

157 • 악현도와 악기 _ 『세종실록오례』

159 • 보태평과 정대업 _ 국립문화재연구소

160 • 박연 _ 국립국악원

162~163 • 악현도와 악기 _ 『국조오례서례』

164 • 금속활자 을해자 _ 국립중앙박물관

166 • 세종대왕영릉신도비 _ 문화재청

167 • 한글회관의 훈민정음 _ 문사철

168 • 훈민정음해례본 _ 간송미술관

170 • 한글 창제 반대 상소문 _ 『세종실록』

171 • 『홍무정운역훈』 _ 유로크레온

172 • 집현전 _ 문사철

174 • 『월인석보』 _ 서강대학교

175 • 을해자 병용 한글 활자 _ 국립중앙박물관

177 • 언문감찰 _ 부평역사박물관

178 • 황궁우 _ 문사철

182~183 • 「몽유도원도」 _ 일본 天理大學 중앙도서관

185 • 주공의 성왕 보필을 나타낸 화상석 _ 『중국역사박물관』

186~187 • 「몽유도원도」표제 및 안평대군 시문 _ 일본 天理大學 중앙도서관

190 • 분청사기 철화 연꽃 · 물고기 무늬 병 _ 국립중앙박물관

191 • 김종서 글씨 _ 삼성미술관 Leeum

192 • 평안도 · 함경도 지도 _ 영남대학교박물관

193 • 토목보의 변 _ 『中華文明傳眞』

195 • 영도교 · 자규루 · 관풍헌 · 장릉 · 장릉과 제각 _ 문사철

198 • 세조 _ 국립민속박물관

201 • 세조의 어보가 찍힌 상원사 중창 권선문 _ 월정사성보박물관

203 • 횡간 _ 규장각

205 • 『북정록』 _ 호암미술관

210 • 좌리공신 정인지의 필적 _ 호암미술관

211 • 쌍용문 보개 _ 문사철

213 • 『양문양공 외예보』 _ 규장각

214~215 • 일월오봉병 _ 국립고궁박물관

217 • 예종의 태실 _ 문사철

218 • 자성대비의 옥보 _ 국립고궁박물관

219 • 광릉 석호 _ 문사철

223 • 성종 어보 _ 국립고궁박물관

225 • 마포구 망원정 _ 문사철

227 • 『삼강행실도』 _ 성암고서박물관

229 • 『송조표전총류』 _ 호암미술관

230 • 『경국대전』 _ 규장각

233 • 선릉과 선릉의 문인석 _ 문사철

236 • 『표해록』 _ 국립중앙도서관, 『입당구법순례행기』 _ 용산전쟁기념관

238 • 15세기에 제작된 「조선도」 _ 『한국의 고지도』, 명의 무인 _ 문사철

239 • 명의 해안 포대 _ 문사철, 『통문관지』 _ 규장각

240 • 육화탑 _ Patrickt morgan from en.wikipedia.org

241 • 소동파 _ 문사철, 김홍도의 「수차」 _ 문사철, 장비 _ 문사철

242 • 「연경성시도」 _ 국립중앙도서관, 자금성의 정전 태화전 _ 문사철

243 • 「압록강변계도」 _ 국립중앙박물관

(주)민음사는 이 책에 실린 모든 자료의 출처를 찾기 위해 최선을 다했습니다. 누락이나 착오가 있으면 다음 쇄를 찍을 때 꼭 수
정하도록 하겠습니다.

'민음 한국사'를
펴내며

최근 불붙은 역사 교과서 논쟁이나 동아시아 역사 전쟁을 바라보면 해묵은, 그러나 항상 새롭기만 한 질문이 떠오른다. '지금 우리에게 역사란 무엇인가?' 어느 때보다 더 엄중해진 이 화두를 안고 고민을 거듭하던 2011년, 민음사에서 함께 대형 역사 시리즈를 만들자는 제안을 해 왔다. 어려운 시기에 많은 비용과 제작 기간을 필요로 하는 출판 프로젝트에 투자를 해 보겠다는 뜻이 반갑고 고마웠다.

구상 중이던 몇 가지 기획안을 제시하고 논의한 끝에 대장정에 들어간 것이 이번에 내놓는 '민음 한국사' 시리즈였다. 이 시리즈의 프로젝트 명은 '세기의 서書'였다. 『한국생활사박물관』, 『세계사와 함께 보는 타임라인 한국사』 등 한국사를 시각적이고 입체적으로 조명한 전작의 바탕 위에서 100년 단위로 한국사를 세계사의 흐름 속에서 통찰하는 본격 통사에 도전해 보자는 취지였다.

통사를 다루면서 주제에 따른 시대구분을 하지 않고 무미건조한 100년의 시간대를 적용한 것은 기존의 역사 인식을 해체하고 새로운 것을 준비한다는 의미가 있다. 왕조사관, 민족사관, 민중사관 등 일세를 풍미한 역사관에 따른 시대구분은 과거와 같은 힘을 발휘하지 못하고 있다. 그러나 21세기에 걸맞은 새로운 사관은 아직 정립되지 않았다. '민음 한국사'는 바로 그런 시기에 누구에게나 '평등'하게 다가오는 세기 단위로 역사를 재배열하고 그동안 우리가 놓친 것은 없을까, 잘못 본 것은 없을까 들여다보고 동시대의 세계사와 비교도 하면서 한국사의 흐름을 새롭게 파악해 보자는 제안이다.

또 십진법 단위의 연대기에 익숙한 현대 한국인에게는 18세기, 19세기 등 100년 단위나 386, 7080, 8090 등 10년 단위의 시기 구분이 '제국주의 시대'나 '무슨 정부의 시대'보다 더 폭넓은 공감대를 불러일으키기도 한다. 과거의 역사를 대상으로 그런 공감대를 넓혀 가다 보면, 좀 더 열린 공간에서 한국사를 재구성할 계기가 마련될 수 있을 것이다.

'민음 한국사'는 험난한 항해 끝에 15세기와 16세기의 항구에 먼저 기착했다. 앞으로 17·18·19세기에 걸친 조선 시대를 지나면 고대와 고려 시대, 그리고 아직도 저 앞에서 어지럽게 일렁이고 있는 20세기로 설레는 항해를 계속해 나갈 것이다. 사료가 상대적으로 적은 선사 시대와 고대의 세기들을 일정하게 통폐합한다고 해도 15권을 훌쩍 넘게 될 대형 프로젝트를 조선 시대부터 시작한 것은, 근대를 다시 사유하기 시작한 현대인의 관심이 전근대의 마지막 왕조에 쏠리고 있다는 점 말고도 자료의 양과 질에서 비교적 접근하기 쉬우리라는 점이 고려되었다. 그러나 막상 두 권을 마무리하고 보니 마치 20권의 책을 만든 듯한 피로감이 한꺼번에 밀려온다. 훌륭한 필진과 편집진, 그리고 제작진의 전폭적인 지원이 있었음에도 불구하고 한국사는 아직 곳곳에 암초와 역풍과 세이렌의 노래가 도사리고 있는 대양이었다. 하물며 세계사와 함께 접근하려 할 때는 더 말할 것도 없다. 가까스로 첫 번째 항구에 도착하고 보니 한편으로는 계속될 항해에 대한 부담감과 공포감이, 다른 한편으로는 그 항해가 안겨 줄 도전 의식과 성취욕이 한꺼번에 몸을 휘감는다.

기획의 취지에 공감하고 기꺼이 집필과 자문을 맡아 준 저자 여러분, 멋진 시안 작업부터 마무리에 이르기까지 뛰어난 미감과 특유의 성실함을 발휘해 준 디자이너 3인방, 원고 조율·이미지 검색·교정 교열 등에서 애쓴 북스튜디오 토리의 편집진, 일러스트레이션·사진 등 여러 분야에서 도움을 준 분들께 진심으로 감사를 드린다.

2013년 세밑 광화문 서재에서

강응천

민음 한국사 조선01

I5세기

조선의 때 이른 절정

1판 1쇄 펴냄   2014년 1월 2일
1판 3쇄 펴냄   2015년 10월 15일

집필   강문식, 강웅천, 김범, 문중양, 박진호, 송지원, 염정섭, 오상학, 장지연
편저   문사철

발행인   박근섭, 박상준
펴낸곳   (주)민음사

출판등록   1966년 5월 19일 (제16-490호)
주소   서울특별시 강남구 신사동 506번지 강남출판문화센터 5층 (우편번호 06027)
대표전화   515-2000 | 팩시밀리 515-2007
홈페이지   www.minumsa.com

978-89-374-3711-3 04910

978-89-374-3700-7 (세트)